名师工程
《基础教育课程》丛书

教育部基础教育课程教材发展中心
《基础教育课程》杂志社组编

基于核心素养、着眼未来的学习

总 主 编　付宜红
本册主编　李文辉

西南大学出版社
国家一级出版社　全国百佳图书出版单位

图书在版编目（CIP）数据

基于核心素养、着眼未来的学习/李文辉主编.—
重庆：西南大学出版社，2022.6
（名师工程）
ISBN 978-7-5697-1352-7

Ⅰ.①基… Ⅱ.①李… Ⅲ.①教育-文集 Ⅳ.
①G40-53

中国版本图书馆CIP数据核字（2022）第085906号

基于核心素养、着眼未来的学习
JIYU HEXIN SUYANG ZHUOYAN WEILAI DE XUEXI
李文辉　主编

责任编辑：	牛振宇
责任校对：	张　丽
出版发行：	西南大学出版社（原西南师范大学出版社）
	地址：重庆市北碚区天生路2号
	邮编：400715　市场营销部电话：023-68868624
	网址：http://www.xdcbs.com
经　　销：	新华书店
印　　刷：	重庆康豪彩印有限公司
幅面尺寸：	170mm×240mm
印　　张：	16.5
字　　数：	305千字
版　　次：	2022年6月　第1版
印　　次：	2022年6月　第1次印刷
书　　号：	ISBN 978-7-5697-1352-7
定　　价：	68.00元

若有印装质量问题，请联系出版社调换
版权所有　翻印必究

foreword 序

本套丛书是由教育部基础教育课程教材发展中心《基础教育课程》杂志社策划编辑的系列教师读本。丛书中提炼的主题以及精选的文章聚焦当前教育重点、热点话题，体现了《基础教育课程》杂志的办刊理念，浓缩了《基础教育课程》杂志近年来的出刊精华，汇聚了全国一流专家学者、特级教师，以及教育行政、教研人员的科研成果与实践智慧。

课程是国家意志的体现，基础教育课程承载着我国人才培养的目标与路径设计。2004年，由教育部主管、教育部基础教育课程教材发展中心主办的《基础教育课程》杂志创刊，时任国务院副总理李岚清同志亲笔题写刊名。当时的杂志从教育部为各课程改革实验区编发的《基础教育课程改革通讯》改编而来。十几年来，杂志秉承"专业引领、服务实践"的办刊理念，以全面贯彻新时期党和国家教育方针，坚守素质教育阵地，弘扬课程改革主旋律，落实立德树人根本任务为宗旨，聚焦基础教育课程改革的推进，记录、跟踪改革发展历程，权威发布并深度解读国家基础教育改革及课程教材建设相关政策文件，提炼报道地方及学校改革经验和动态，宣传推广基础教育课程教材、教学教研及评价领域最新成果。如今，《基础教育课程》杂志已成

基于核心素养、着眼未来的学习

为国内一流的课程教学专业期刊,是国家课程教材专业研究机构——课程教材研究所指定期刊,全国中文核心期刊、中国人民大学复印报刊资料重要转载来源,为中国核心期刊(遴选)数据库、中国学术期刊网络出版总库全文收录。

近年来,《基础教育课程》杂志聚焦教育部主责主业,依托国家教材委员会、教育部基础教育课程教材专家咨询委员会,国家课程方案、各学科课程标准以及中高考命题改革等权威力量,在学生核心素养发展、国家课程方案、课程标准、新教材解读以及教学研究、考试评价制度改革、深度学习教学改进、高中育人模式变革等方面做了系列重点报道,已成为地方、学校执行国家课程方案,探索育人模式变革,落实立德树人根本任务的高端交流与展示平台。为使期刊近年来策划组织的相关重大选题和文章发挥更大的辐射作用,在西南大学出版社的支持下,我们策划编撰了此套丛书。

此套丛书共有两个系列,分别是"基于核心素养的课程建设系列"和"基于核心素养的教学改进系列"。"基于核心素养的课程建设系列"包含《新时代的劳动教育》《新时代的校本课程建设》《新时代的主题教育课程》和《新时代的教研工作》四个分册。"基于核心素养的教学改进系列"涵盖《基于核心素养教学改进的落地导引》《基于核心素养的大单元和大概念教学》《基于核心素养的深度学习》《基于核心素养的项目式学习》《基于核心素养的跨学科学习》《基于核心素养的任务驱动与问题解决式学习》及《基于核心素养、着眼未来的学习》等热点教学策略。此外,"基于核心素养的教学改进系列"还聚焦普通高中新课程标准(2017年版2020年修订)和新高考,涉及语文、数学、英语、思想政治、历史、地理、物理、化学、生物9个学科的新课标、新教材及其对应的新教学策略与教学设计和考试评价等内容。

有别于名家、名师的个人专著,本套丛书具有作者众多,研究视角多样、案例丰富、典型等特点,特别是导向前瞻,既有理论指导性又有实践操作性,希望能为广大教师在落实立德树人根本任务,构建"五育"并举的学校课程体系,开展基于核心素养的教学以及探索新中高考改革的路上提供切实的引导与帮助!

《基础教育课程》杂志社主编 付宜红
2020年8月1日

Preface 前言

未来已至：未来教育的挑战

李文辉[①]

  信息和人工智能时代的到来，给教育带来了新的挑战。未来教育要帮助年轻人应对当前和未来的经济和社会问题，帮助他们投入到未来社会的建设中。随着科学技术的发展，还要考虑现在学生所学的技能是否在未来还具有重要性。面向未来的教育，不仅仅包括教育内容和形式，也包括教育目的，我们可以看到在互联网、STEM、人工智能、大数据等领域蕴含着丰富的未来教育资源和方式方法。

  随着互联网的发展，人与人的联系更多地通过互联网在线行为实现。教育是面向未来的，如何使未来公民更好地适应在线社会，信息意识、计算思维、在线责任等信息素养的培养迫在眉睫。自新冠疫情暴发以来，在

[①] 李文辉，教育部基础教育课程教材发展中心、课程教材研究所博士后。

基于核心素养、着眼未来的学习

线课程与面授课程的融合教学模式进入了常态化，其中提升师生的信息素养是关键，涉及信息意识、计算思维、在线式学习与创新、在线社会责任等。当然在线教育也存在诸多问题，如何实现线上线下融合教育，使信息技术与教育教学深度融合，逐渐进入线上线下教学"相互勾连""多向呼应"的佳境，真正体现多样化、个性化教学，切实培养中小学生自主学习、自主发展的能力，是在线教育面临的挑战。

互联网＋是一个时代命题。一方面，传统的纸介质上的教育内容可以放置在互联网上，采用互动、虚拟等技术手段，激发学生的学习兴趣。另一方面，声音、动态画面等多种媒介构成了教育新资源，这些资源更容易引发学生的学习动力。此外，由于采用了电脑、平板等电子介质，学生的学习状况、学业表现等可以通过其便利地上传、反馈、统计，进而为教师改进教学提供及时的数据支持。互联网＋教育为教育资源、方法、评价等提供了革新的可能，支持的是学生的学习，追求的是新课程和新技术的深度融合，形成学生中心、学习中心、线上线下融合、交互探究的课堂，并且积极探索学科内外、课堂内外的融通，逐步构建互联网＋学习新生态，是当前优化育人方式变革，培养未来社会需要的创新型公民的必然选择。

STEM教育是以项目式为主要实施形式的跨学科教育，这种跨学科的教育聚焦真实世界的问题解决和经历实践性知识的生成过程。在实践中，我们越来越明晰唯有围绕解决真实情境问题发生的实战化学习过程，才是学生应用科学、技术、工程和数学等多门学科知识，协作和探究式地解决现实问题的一个自然而然应用跨学科知识的过程，才能让学生在学习过程中与周围世界和现实生活建立联系，提高创造性和发现问题、解决问题的能力。其中在真实问题情境下实战是核心、创新方法解决真实问题是必然、建立科学概念和提升理解能力是支撑。

技术迭代发展和政策重视的双重推动使我国的教育信息化走向"2.0时代"，走向了人工智能时代。人工智能时代，教育需要变革的不仅仅是教学的内容，诸如数据科学与大数据技术、机器人工程、智能制造工程等内容。更重要的是教师面临的多重挑战使得教师角色的变革成为必然，教师由知识的传授者变为学习情境的建构者，由学习的指导者变为学生基于人机交互协作学习的领导者，由知识灌输者变为学生发展潜力的"研究者"和"助产者"。

教育大数据的本质是对教师教学过程中产生的信息进行的数据量化，它的产生让教学从量的扩张转到质的变革。教育大数据促使教师突破固有经验

教学，实现对学生学习的数据记录与分析，把握学生的学习情况，精准预测教学的发展趋势。随着大数据技术的逐步发展和在教育各领域的使用，通过挖掘教育大数据，发现教学背后隐藏因素，教师能够准确进行教学决策，关注学生的个性发展和学习现状，对教学内容进行动态调整。另外，通过大数据驱动教学决策转变时教师不能唯数据论，在教学决策时需对各方面数据进行有效甄别，确保数据的合理性和有效性，切实为区域学校的课堂变革提供丰富的理论指导和实践参考。

Contents 目 录

第一章 在线教育

在线社会新挑战 / 熊 璋 1

走向"双线融合教学" / 韩志祥 7

小学线上线下混融教学的问题探析及对策研究 / 唐 斌 16

第二章 互联网+教育

聚焦学习 革新范式 / 陆志平 任 洁 26

"互联网+时代"课堂教学范式研究的价值 / 朱卫国 29

"互联网+"能为促进学生的"学"做什么?
——以北师大版初中物理教材中的《滑轮》一课为例 /
　　崔轶斌 刘亚英 潘莹莹 31

"互联网+教学"要摆好教学、技术与人的关系 / 王争录 张 博 35

"互联网+时代"课堂教学范式的核心元素与基本框架 / 戴晓娥 41

互联网+时代课堂教学范式构建教学新生态 / 潘晨阳 49

构建互联网+时代课堂教学范式教学系统 / 管雪沨 55

第三章　STEM 教育

加强中小学 STEM 教育恰逢其时 / 田慧生　61

从"学科人"到"素养人"
　　——走向融合的 STEM 教育 / 陈晓萍　潘瑶珍　65

STEM 教育非"儿戏" / 张建新　73

多维视角下 STEM 教育实践的关键问题 / 管光海　78

融于 STEM 项目的劳动教育
　　——以"我们的公益绿色蔬菜"为例 / 曹子瑜　85

STEM 课程的进阶与优化
　　——以"小小净水站"STEM 课程开发为例 /
　　申大山　付　静　李正福　91

STEM 教育普适化推进的陕西实践
　　——基于全面培养学生核心素养的 STEM 教育实施 / 王长远　99

STEM 教育的本土化实施
　　——基于小学科学教材开发延伸型 STEM 项目 / 左文飞　107

第四章　人工智能与教育

人工智能时代教师育人角色的再思考 / 刘金松　李一杉　115

人工智能时代中小学编程课程体系构建的实践探索 /
　　杜晓敏　史松竹　124

人工智能时代中小学课程建设的发展审视 / 贾建国　130

中小学人工智能课程建设初探 / 刘俊波　乐进军　139

智能化工具在英语教学中的辅助作用 / 霍雨佳　145

第五章　数据与教育

第一节　基于数据的教学改进 / 148

大数据可以为教师改进教学提供什么？　熊善军　148

小学语文课堂提问现状与改进建议

——基于大数据的分析与思考 / 刘　春　157

小学习作评改的现状与建议

——基于江苏省义务教育学业质量监测相关数据的分析与思考 /

倪　鸣　167

课程管理与评价的大数据应用

——北京市十一学校智慧校园的经验 / 王学男　宋　衍　178

语文教师备课的现状与建议

——基于对江苏省语文教师备课问卷数据的分析与思考 /

马建明　185

第二节　基于数据的学业监测与评价 / 194

让数据说话："多维度学习诊断"工具的开发与价值分析 /

黄　慧　194

数据驱动基础教育质量监测评价 / 刘　丹　202

与数据深度对话 依数据科学管理

——四川省成都市锦江区教育质量监测体系建设之路 /

蒋晓明　陈　瑾　邓小兵　206

我们期待怎样的教育评价

——以数据驱动教育变革的郑州实践 / 姬文广　214

需要导向：习作资源库建设的意义、向度及校本路径 / 王学进　224

第三节　基于数据的劳动教育和家庭教育改进 / 230

初中生劳动教育的现状、问题及对策研究

——基于浙江省综合评价监测数据的分析 / 周　鸿　230

区域监测视角下家庭教育行为的数据分析

——基于2017年苏州市义务教育学业质量监测数据的家庭教育研究 /

解问鼎　243

第一章

在线教育

在线社会新挑战

熊 璋[①]

人类经历了农业社会和工业社会后，在20世纪进入了信息社会。今天，我们已经处于一种新的社会形态，即在线社会。在线社会有明显不同于传统信息社会的特征，更多的人类活动以在线的方式呈现。悄然而至的在线社会应该引起各行各业的足够重视。作为教育工作者，如何引导青少年正确对待在线社会，如何开展融合教学，是必须关注与研究的。

一、在线社会悄然而至

18世纪以前的几千年中，人类社会都处于农业社会，农业社会的经济以农牧业为主，主要动力为人力和畜力，使用相对简单的手工农具，社会经济包含相对原始的手工业。18世纪蒸汽机的问世，给人类提供了一种新的动力，手工劳动开始向动力机器生产转型，推动了采矿、运输、冶炼、纺织、机器制造等工业的发展，人类进入工业社会。20世纪80年代，随着计算机科学的发展、电子技术和通信技术的普及应用，人类步入信息社会，信息成为和物

[①] 熊璋，北京航空航天大学教授，博士生导师，国家教材委员会科学学科专家委员会委员。

质、能源具有同等重要地位的生产资源，以信息开发和利用为主的信息经济成为社会经济发展的核心元素和主要推动力。

在线社会，是人类在不知不觉中步入的一个新的社会形态。越来越多的社会行为通过在线完成。从国际数据收集统计机构公布的数据看，到2020年7月，全球活跃社交媒体用户超过全球人口的一半，其中99%是通过移动设备在线的，所有用户平均日在线时间为6小时42分钟。这种客观统计数据说明，我们今天所处的社会，不仅不再是农业社会、工业社会，甚至应该与传统的信息社会区分开来，将其称为"在线社会"再合适不过了。有一个例子可以很好地诠释工业社会、信息社会和在线社会的差异：纸质出版物是典型的工业社会的产物，电子出版物是典型的信息社会的产物，而流媒体就是典型的在线社会的产物。

国内和国际政治越来越多地利用在线工具和在线方式。2020年5月18日，第73届世界卫生大会以线上虚拟会议的形式进行，中国国家主席习近平在线发表开幕式致辞。2020年5月28日，十三届全国人大三次会议闭幕后，国务院总理李克强出席记者会，记者会采用网络视频形式进行。与传统的电视直播相比，在线直播最大的特色是观众不用坐在电视机旁，而是可以手握手机在地铁上、在运动中观看。

在线社会作为一种新的社会形态，必然会伴随产生新的伦理冲击、新的社会行为准则、新的道德观念和新的价值取向。

18世纪，人类从农业社会进入工业社会，生产效率大大提高、社会分工越来越细，人们的文化程度提高、思想观念逐渐更新，竞争意识、时间观念、科学道理等成为行为准则和价值取向。

20世纪80年代，人类进入信息社会，以信息开发利用为主的信息经济成为社会经济发展的核心元素和主要推动力，产业结构的调整、转换和升级，改变了人类的生活方式、人际关系和社会文化，对人们的生活观念和价值取向产生了新的冲击，信息意识、创新思维、安全观念和终身学习成为新的行为准则和价值取向。

今天，人类进入在线社会，随着互联网、物联网的不断升级和进一步普及，人与人的关联更多通过互联网的在线行为实现。在线行为在政治、经济、安全、民生等各种场景中的存在比例越来越高，人与人、人与物、人与自然、人与社会组成了一个新的在线生态。保障在线社会的健康和谐是人类面临的新挑战，对公民的信息素养提出了新的要求。如，公民的信息意识、计算思维、在线社会中的学习与创新能力、在线社会责任等。我国的青少年一代成长在信息社会和在线社会，不管他们是不是原居民，他们的信息素养都是他们和在线社会和谐相处的保证。我们在推动经济民生在线化、科学教育在线化、传播娱乐在线化的同时，也应该认识到：信息素养同文化素养、科学素养具有同样重要的地位，信息科学课程同语、数、外、理、化、生课程一样具有基础作用，必须重视中小学信息素养的教育。

二、线上线下融合教学的基础与关键

2020 年秋季学期，在线课程与面授课程的融合教学模式进入了常态化，推动了在线课程的健康发展，其中，改善在线学习平台的适用性是基础，提升师生的信息素养是关键。

（一）改善在线学习平台的适用性是基础

2020 年秋季学期的开学与往年是不同的，因为教师和学生都经历了两个假期和一个不在教室的学期。当他们再次进入新学期时，他们要面对在线课程和面授课程的融合教学模式。保障融合教学模式的顺利推进、提升在线课程的教学质量、完成教师和学生对在线课程的适应，有很多因素需要关注。

疫情期间的在线课堂，信息科技提供了一个"停课不停学"的平台，学生可以通过网络远程上课学习，各种在线课堂、在线学习平台在抗击新冠肺炎疫情中功不可没。不过，由于新冠肺炎疫情的突然袭击，在线课堂的引入是一种应急措施，中小学、技术平台等相关各方并没有做好充分的准备。分析、总结过去一学期大规模在线课堂实践的经验和不足，及时改善和提升在线学习平台的适用性，是融合教学模式常态化顺利推进的基础。

教育工作者一般的工作模式是谨慎地设计教学模式，通过试点、总结，再推广。但疫情期间他们没有足够的时间按照他们习惯的节奏推进工作，信息科技强力接入教育超出了他们的预期。也可以说，大规模在线教学平台上线、大规模采用网络教学并不是一种按部就班的推进模式。在线课堂的开发者没有精准的关于开发需求规格说明的指导，只能摸索前进，以最快速度推出可用的平台，但其中显然多数都没有经过足够的测试和试用。教师面对形形色色的平台，由于缺少经验和借鉴，对于如何选择一个适用的平台，具有一定的盲目性。与此同时，学生也只是被动响应，有时还要面对不同科目必须采用不同平台才能学习的窘境。

在线课程的大规模应用不可避免地会暴露出一些不足。一线教师在利用在线平台实施课程教学中表现出一些困惑，比如，有些教师将教室面授原封不动地搬到在线课堂，没有根据在线授课的特点及时更新教学模式和手段。在教室里，老练的教师只凭一个眼神，就知道学生是不是跟上了课堂的节奏，但当师生远在网络的两端，不在同一屋檐下时，有的教师找不到有效手段来引发学生的关注。在在线学习平台上，有些教师没有足够的信心维持良好的教学效果，就靠加大作业量来弥补，殊不知这样一来，非但很难达成预期目标，反而给学生和家长带来了额外的压力。不少师生和家长抱怨在线学习平台用起来不够简单便利、友善性不足，影响他们对平台的信任，有些还有一定的抵触情绪。

教育工作者潜心关注信息科技、提出更精准的在线学习平台规范，是科学友善地使用在线学习平台的前提；软件开发者潜心关注教育，秉持以教学为本、以学生为本的宗旨，是推出师生喜欢的通用平台的关键；软件开发者提高软件开发迭代频率、及时完善，是保障在线学习平台融入师生学习环境的必备过程。在线学习平台引入大数据、人工智能，尝试过程化评价、个性化评价，是保证教学质量的一种潜在机制，同时利于推动个性化培养。改善在线学习平台的适用性是构筑线上线下融合教学模式常态化的基础。

（二）提升师生信息素养是关键

防控新冠肺炎疫情事实上让在线课程、远程教育强行接入了中小学教育，教育信息化价值得到集中呈现，这也是信息科技促进中小学教育改革创新的契机。"以学习者为中心"的差异化教学和个性化学习将逐步取代"以教师为主"的传统课堂教学方法；过程性评价、因材施教、关注个性化发展、关注创新能力将促进新的教学评价体系的形成；个性化教育能够实现与规模化培养的有机统一。

随着混合教学模式常态化的推进，探索基于信息科技的教学模式创新、教学手段创新、教学资源创新和教育平台创新，是中小学教育的一个新的方向。其中，基础设施的改善、课程平台的增强、软件应用的友善、教学资源的丰富，都还是物质的，是容易量化的指标。信息科技与教育教学的深度融合，要求教育工作者更新升级教育思想和理念，要求教师具备学科能力与信息素养的"双核要素"。面向在线社会的信息素养具体包括以下几方面。

其一，信息意识。在线社会最显著的变化是信息过载。纷繁芜杂的信息来源取代了过去简单单调的信息来源，流媒体信息取代了传统的电视广播信息，非结构化的信息（表格、图片、动画）取代了结构化的信息（文字）。大数据支持的兴趣挖掘与推荐式服务的广泛应用，要求我们不得不对信息做必要的过滤和筛选。信息的真伪，信息的价值，利用在线方式协同工作时信息传递的安全性，信息隐私保护与社会公共利益的平衡，都无时无刻不在考验每位线上参与者的信息意识。

其二，计算思维。在线社会最基础的科学是人工智能。人工智能的广泛应用可以为在线机制提供信用和安全的保障，在线活动的身份认证、疫情防控中的健康码、电子支付时的动态密码等都是具体表现。无处不在的人工智能支持、智能决策，要求我们随时随地准备面对新的挑战。

其三，在线式学习与创新。在线社会最重要的贡献是学习与生活的幸福感。不断更新的在线信息、丰富多元的在线资源、随选随用的在线工具，都成为在线社会公民学习与生活的环境因素。哪些在线信息过时？哪些在线信息最新？哪些在线资源最适合我的作业？哪些在线工具最适合我的创新？如何利用在线信息、资源、工具让学习更有趣、工作更高效、生活更从容？这些都无时无刻不在考验每位线上参与者的在线学习与创新能力。

其四，在线社会责任。在线社会最关键的挑战是维持在线社会的生态健康。即时、快速和参与是在线社会的基本元素，视频通话、线上课堂、网络会议、直播带货等在线交流模式同面对面交流具有相同的特征，都是"说出去的话、泼出去的水"，没法收回；但也同面对面交流具有不一样的特征，即每句话都记录在案，可以回放。在线社会不再有单纯的受众，短视频的观看者也可以实时参与讨论、评论，继续看或者换下一个都是态度。该不该说？该不该转？该不该做？怎么说？怎么转？怎么做？这些都无时无刻不在考验每位在线参与者的在线社会责任意识。

在这个改革创新的进程中，更加重要的是教育工作者、软件开发者、教师、学生和家长通过提升自身的信息素养，养成敏感的信息意识、科学的计算思维、适切的数字化学习和创新能力、内化的信息社会责任感，养成面对新的教学生态时的从容感、幸福感、危机感和使命感。

走向"双线融合教学"

韩志祥[①]

2019年2月,中共中央、国务院印发了《中国教育现代化2035》,文件指出:"加快信息化时代教育变革。建设智能化校园,统筹建设一体化智能化教学、管理与服务平台。利用现代技术加快推动人才培养模式改革,实现规模化教育与个性化培养的有机结合。"[1]2018年4月,教育部发布的《教育信息化2.0行动计划》中指出:"持续推动信息技术与教育深度融合,促进两个方面水平提高。促进教育信息化从融合应用向创新发展的高阶演进,信息技术和智能技术深度融入教育全过程,推动改进教学、优化管理、提升绩效。"[2]可以看出,信息化时代背景下,教学的形态将越来越强调信息技术、智能技术与教育教学的深度融合,而规模化与个性化是信息技术的优势所在。

将线上教学与线下教学以某种科学的方式进行融合,可以实现两种教学形态的优势互补,这也是教育信息化时代的发展需要。

一、把握线上、线下教学的优势与不足

线下教学从实践的角度来看,主要具有课堂学习氛围浓厚、互动交流自然、学科实践活动丰富、知识结构化、监督管理严格等优势,但也存在如教学资源不够丰富、个性需求难以满足、精准评价难以实施等明显的不足。

而线上教学相对线下教学有诸多优势:一是拥有丰富的优质资源,国家、省、市层面均建设了大量的优质教学资源库,且多为免费;二是便捷性良好,师生可以随时随地开展教与学,延展了教学时空;三是精准诊断,利用平台的数据统计分析技术,能够实现精准诊断,解决大规模教学中无法兼顾个体的问题。但线上教学也存在如缺少氛围、互动和监管,知识呈现碎片化,无

[①] 韩志祥,江苏省常州市教育科学研究院初中教育研究所所长。

法开展学科实践活动等不足。

针对后疫情时代疫情防控常态化的现实，探寻线上与线下"双线融合教学"的内涵及有效实施方式，对于发挥单线教学优势、突破线上与线下教学的分离割裂状态具有重要意义。

二、"双线融合教学"的方式、内涵和实施理念

（一）已有实践中的结合方式

为了找到"双线融合教学"的精准内涵，需要对当前已经开展的线上教学与线下教学相互结合的方式进行系统梳理。

1. 固定拼接

对于大多数教师来说，线上教学与线下教学能够产生关联的部分基本都在作业环节。比如，学生在教师的要求下，在家上传作业照片，教师公布答案，并提供适当反馈。采取这种方式可以延展课堂时空。然而，从结合的紧密程度来看，一个在课内，一个在课外，两者相互分离，且功能固定。这种教学形态或在课前，或在课后，只是一种固定的拼接，未能深入到课堂之中。

2. 散点式分布

有的教师在课堂教学过程中，将线上教学中的优势如丰富资源、便捷应用、数据分析等要素与线下教学中的某个环节相叠加。采取这种方式可以优化课堂教学的某一环节，制造教学亮点。从结合的紧密程度来看，两者在课堂中出现了交集，但这种散点式分布的教学形态仍旧未能深入到教学的各个环节。

3. 线上过度主导

有的学校有条件让师生在网络机房中使用专门的线上教学平台开展教学活动。教师可以事先将设计好的学习内容安装在平台内，课堂中学生根据平台内设置好的问题串开展学习探究活动，学生遇到问题后既可以在网络上查阅资料自主解决，也可以通过线下小组讨论进行合作学习，教师结合平台上

各个问题的作答数据统一点评,从而完成教学任务。这种方式让线上教学完全占据了前端,弱化了线下教学的功能,过分强调学生的自主性以及平台工具的精准性,忽视了教学的复杂性、情感性、灵活性和开放性,未能实现与线下教学的真正融合。

(二)"双线融合教学"的内涵

从已有实践结合方式来看,构成"双线融合教学"内涵的要素包括:人、目标、内容、学习方式、互动、管理以及信息技术。借鉴生物学领域的 DNA 结构,可以获得双线融合教学的基本内涵。

"双线融合教学"是在"学生为中心"的理念引领下,以规范化的教学目标为指向,充分考虑教学环境、学生状况以及教学现场的发展动态,搭建起如同生物 DNA 双螺旋结构一样的线上教学与线下教学融合结构,灵活地将线上教学的丰富资源、便捷应用、数据分析等优势要素与线下教学的流程动态配对,包括设计身临其境的学习经历,采用定制化的学习方式,通过开放式的教学互动,实施精准化的教学评价,开展协商式的监督管理,最终达成教学目标,促进学生发展。

从结合紧密度来看,这种教学形态强调在"学生为中心"的理念引领下,围绕教学目标,将线上教学优势贯穿于教学全过程,实现形式和实质的统一,即双线融合。

(三)"双线融合教学"的理念

"双线融合教学"的理念是"学生为中心",其出发点、过程以及落脚点均指向学生,融合两者的目的也是为了更好地服务于学生的发展。

1. 教学目标的设定。"双线融合教学"在设定教学目标时需要充分考虑学生经历双线教学后在价值观念、必备知识和关键能力方面获得的发展,目标的表述尽量使用在学生身上能够看得见的表现性动词。

2. 教学内容的选择与设计。要充分利用线上和线下相结合的方式营造多样化的情境、指向教学目标的问题串以及学科实践活动,让学生身临其境地经历知识形成的简约化过程。在重难点突破时，要充分考虑学生的最近发展区，搭建适合学生的学习支架，帮助他们达成目标。

3.学习方式的设计。"双线融合教学"应基于学生，利用线上平台的大数据分析和教师的经验判断充分了解学生的学习风格，为学生定制个性化的学习方式，满足其个性化发展需要。

4.教学互动。可以利用在线互动平台围绕开放性问题开展多方参与的讨论互动，充分展示学生的主体性和创造性。

5.教学评价。要充分尊重学生的表达，将大数据平台的搜集、分析、诊断等技术与课堂评价有机融合，让学生获得基于数据的精准评价，明确改进方向。

6.监督管理。教学的监督管理要与学生相互协商，从单向的发号施令向双向的协商转变，与学生共同制定监督管理协议和实施办法，在学生自愿的基础上利用多种手段实施监督，提供及时反馈，并进一步协商监督内容和方式。

三、"双线融合教学"的系统设计

在"学生为中心"的理念引领下，"双线融合教学"可分别从目标、内容、学习方式、教学互动、评价、监督管理等六个方面进行设计。

（一）规范化的教学目标

明确将线上教学内容和要求以可观测的表述方式纳入教学目标中，从目标层统领线上教学与线下教学的系统融合。

规范化的教学目标至少包括三个方面，即内容、要求和表述。内容和要求既要包括本学科核心素养及其表现水平，还应包括线上学习涉及的信息意识这一通用型素养及要求。教师要结合课程内容，对学生学完相关知识后的表现进行刻画，将线上学习的工具、内容、程度、期待达成的效果放入目标的设置中。目标的表述需要规范、明确且可操作，需要用师生都能懂的方式表达出来。

例如，在撰写高中《物理（必修二）》中《行星的运动》一节的教学目标时，可以将其表述为：能利用多种文献检索工具查阅第谷、托勒密、开普勒、牛顿等人对行星运动的详细研究历程、方法及结论；能建立正确的运动模型来解释行星运动的现象，熟练使用多样化的软件分析数据，发现行星运动的规律，了解开普勒第三定律；认识到科学研究是一种对自然现象进行抽象的创造性工作，领悟科学研究永无止境。

（二）经历式的教学内容

筛选并编辑丰富的网络优质教学资源，利用回放技术、智能化工具等，由教师精心设计多样化情境，营造浓厚的学习氛围，让学生回到知识的源头，在问题串的引导下体验学科实践活动，经历知识的发展过程，完成知识建构。

教师根据课程标准中的课程内容、教材内容等，在分析学生学情的基础上，搜索、筛选并编辑网络文本、图片、视频等相关背景资料，以符合学生认知规律的方式设计学习经历。学习经历主要包括以下三个方面：

一是创设多样化的情境。根据教学目标，教师利用网络搜集各类生活以及学习探究领域相关的素材，设计能够激发学生学习兴趣的真实的或模拟的多样化情境，引导学生走入情境，探寻问题。

二是设计指向教学目标的问题串。"双线融合教学"需要教师的有效引导，在多样化情境的基础上，设计符合学生认知发展规律和能够展现知识发展过程的问题串至关重要。通过问题串可以引导学生身临其境地经历知识形成的简约化过程，感受科学家研究中的所见、所闻、所思、所做、所悟。

三是设计学科实践活动。由于线上教学无法开展诸如理、化、生的实验以及文科类的戏剧表演等学科实践活动，因此就需要在线下课堂中花费更多精力去开展学科实践活动，活动的过程可以视频录制的方式上传至网络，便于部分未能及时跟上学习节奏的学生利用线上回放功能追上学习进度。

例如，在学习开普勒第三定律时，可以让学生通过线上搜索工具查找（相当于当年天文学家通过日积月累的观察记录）太阳系中八大行星的公转半径以及运行周期的数据，然后利用电子表格软件中的"插入图表"功能绘制出半径和周期关系图，最终探究出开普勒第三定律。这种教师引导下的学生搜集证据、提出猜想、分析数据、获得结论、验证猜想的探究过程基本重演了当年天文学家真实的研究历程，能够真正帮助学生建构起稳固的知识结构，发展学科素养。

（三）定制化的学习方式

利用大数据平台的智能统计功能，采集不同学生点击学习材料的文本、图片、视频类资源的频率，课堂应答情况，以及各类测验结果等长期的数据，生成不同学生的思维层次、认知风格、理论或实践类型的雷达图，结合教师的丰富经验，为学生定制个性化的学习方式，满足不同学生的学习需求。

从思维层次的高低来看，基础扎实、思维水平高的学生，可以选择层次高、难度大、节奏快的线上学习经历和任务；大多数普通学生可以参与现场课堂教学活动，紧跟教师节奏，完成问题串的探究；基础薄弱的学生，可以利用在线平台提供的直观性更强的教学资源及配套练习，先夯实基础，再逐步提升。教师根据平台反馈的学习数据对每一层次的学生开展及时的群体或个体辅导。通过分层学习资源的投放、学习与辅导，满足不同思维水平的学生需要。

从认知风格来看，场独立型学生可以根据自身情况选择在线学习内容、难度和节奏，但需要由教师根据平台的即时或阶段性测试数据指导学习的进程；场依存型学生则需要跟着教师的现场教学节奏循序渐进地学习。

从学生对理论或实践的偏好来看，有的学生擅长理论探究，有的学生喜欢动手实践探究。因此，需提前给不同类型的学生准备（或让学生自备）一些文献书籍或实验器材，精心设计好不同的学习经历，让学生自主选择，并组织活动让两类学生开展深入交流，充分发挥理论与实践学习的优势。

例如，在研究平抛运动的规律时，根据大数据分析以及教师的判断将班级学生进行分组，设计理论探究和实践探究两种学习经历。对擅长理论思维的学生可以向其推送前人研究平抛运动规律的文献，引导其从推理论证的角度学习平抛运动规律；而对喜欢动手实践的学生则提供实验器材或者让学生利用身边的材料自制实验器材，完成规律探究。接着，让两组学生汇报学习经历，互相评价。最后在教师的引导下，两组学生充分认识平抛运动的规律。

（四）开放式的教学互动

营造开放式的研讨氛围，利用在线互动平台围绕开放性问题开展多方参与的讨论互动。

一是开放的互动氛围。某些涉及学生自尊、隐私等容易触发学生心理防御机制的问题可以利用线上交流平台的匿名讨论功能，充分探寻学生的内心真实想法，让学生在真实的自然状态下，在价值观念、认识、思维的碰撞中形成正确的价值观念、必备知识和关键能力。当然，线下课堂也需要教师营造民主开放的氛围，鼓励学生敢说、愿说。

二是开放的互动对象。利用线下和线上相结合的方式，在师生之间、生生之间、学生群体与某一方面的专家之间，甚至是学生与自己之间开展专业化的深入讨论，形成开放式的互动格局。

三是开放的问题设计。设计内容多样化、形式多样化、路径多样化、结果多样化的开放性问题，让学生在课堂中互动，限于时间，可以将问题讨论延展到线上交流平台中，突破时空限制，让学生充分交流互动，并在后续的线下课堂中将线上讨论的结果进行分类汇总，现场交流展示，提升研讨深度和广度。

例如，在研究桥梁承受的最大压力时，可以通过定制化的理论分析和实验探究的学习方式开展研究，在进行集中交流展示时，可以直接连线国内某桥梁建设公司的总工程师，向其咨询桥梁建造过程中最大承重的研究思路。这样的互动，不仅从理论和实验层面，更从现场技术操作层面研究问题，使得学生的认识更加丰富、深刻。

（五）精准化的教学评价

设计测试问题，利用大数据平台搜集、统计、分析学生作答数据，辅助教师开展线下精准评价，调整教学节奏。

一是教学前测。教师编制测试问题，利用线上平台对学生进行测试，了解学生已经掌握的知识和存在的思维障碍，形成数据报告，为教学设计提供决策咨询。

二是开展短平快的即时测。教学过程中，当讲解完某一知识点后，利用线上平台，让学生完成预先设计的测试问题，及时搜集所有学生的应答数据，调整教学节奏。对于共性问题，教师可以集中进行现场答疑；对于少数来不及应答的个案，可以通过学习小组在线研讨或者课后教师辅导的方式解答。

三是教学后测。教学结束前，利用线上平台，让学生完成整节内容的随堂练习，利用数据平台统计数据，整体评估教学效果与教学目标之间的差距，用以改进教学。同时，平台根据学生个体错误情况自动推送同类型试题作为课后补充练习，帮助学生消化课堂上未能理解的知识。

例如，在完成相互作用力之间的大小关系教学后，教师让学生利用线上平台解答拔河比赛中获胜方拉动失败方的拉力大小关系，通过平台统计，发现近半的学生认为获胜方的拉力大于失败方的拉力。于是，教师立即增加现场教学环节，让两位学生拉动两个连在一起的大量程测力计，现场开展拔河比赛，观看测力计的示数，结果发现拉动过程中两个示数总是相等，从而解决了学生的疑惑。

（六）协商式的监督管理

利用平台的调查、沟通功能辅助师生制定监督管理协议和办法，并为实施监督管理提供技术保障。

一是通过网上问卷调查以及互动交流平台征集学生关于线上教学监督管理的需求。

二是从学生的视角设计监督管理的内容、方式，制定监督管理协议和实施办法，明确双方的权利义务和惩罚措施。

三是发布协议和办法，征集意见和建议，与学生个体充分协商后，完善监督管理协议和实施办法。

四是多管齐下实施监督管理。采用学生在协议中认可的方式和方法对其实施监督，包括采用视频直播、语音连线等技术方式，也可以通过家长监督、学习小组监督等人为方式。

五是教师将监督反馈的情况即时反馈给学生，提出改进建议，或者进一步协商更换监督管理方式，并采取相应措施实施跟进。

例如，A 同学在沟通中提出希望与和自己关系较好的 B 同学结成互相监督小组，教师便将线上学习的监督管理权利和义务以协议的形式拟定好，给这两位学生，得到两人的认同后，协议正式生效。在教学过程中，由教师根据协议内容利用技术平台和人工方式开展验证，如果发现执行不力，则由师生双方协商变更监督方式，进一步实施监督管理，直到该生能够保持良好的学习状态。

线下教学和线上教学各有利弊，只有牢牢树立"学生为中心"的教学理念，在规范化的教学目标引领下，将两种课堂的教学优势采用螺旋式结构进行融合，才能构建起一种适应智能化时代背景下的教学新要求的教学形式，真正引导学生学会学习，发展学生的核心素养。

参考文献：

[1] 中共中央，国务院. 中国教育现代化 2035［EB/OL］. http：//www.moe.gov.cn/jyb_XWFb/s6052/moe_838/201902/t20190223_370857.html，2019-2-23.

[2] 中华人民共和国教育部. 教育信息化 2.0 行动计划［EB/OL］. http：//www.moe.gov.cn/srcsite/A16/S3342/201804/t20180425_334188.html，2018-4-18.

小学线上线下混融教学的问题探析及对策研究

唐 斌[①]

2020年新冠肺炎疫情暴发,教育界迎来了一场"在场"转"在线"的挑战,众多教师重新认识了在线学习的内涵与价值,开始反思线下教育的不足,借助信息技术重构教学新样态,共享优质数字资源,促进教育现代化和教育公平。

一、当前线上线下教学中存在的问题

(一)一些线上学习学生参与度低

线上学习,师生处于虚拟网络中,在物理空间上分离,互动维系较弱。师生间缺乏认知互动、情感互动、态度互动,影响了学生,尤其是小学生对学科的学习兴趣和学习效果。同时,由于小学生自制力较弱,部分家长监管不到位,导致虚假学习现象不可避免地发生。资源缺乏集约化发展,资源重复建设、资源过载现象突出,致使学生重复学习、过度学习,每天在线时间长达约6小时。而网课孤独、宅家上课、与社会脱节,使学生容易出现焦虑情绪,与家长发生冲突,从而产生不愿上网课、被动学习的现象。

(二)一些线下学习难满足学生个性化发展需求

疫情防控取得阶段性胜利后,师生的"云端"生活终于结束,回到了线下面对面的班级教学,可又出现了意想不到的新问题:课堂情境化弱化,学生认为PPT死板,没有线上短视频有趣。课堂上,基础较弱的学生跟不上,基础稍好的学生是"陪客",部分自主学习能力较强的学生习惯了线上学习,对线下学习反而没兴趣。学生多样化学习、个性化学习需求得不到满足,学

[①] 唐斌,四川省成都市武侯实验中学附属小学副校长,中学高级教师。

习兴趣受到摧残，学习能力难以发展。

（三）"双线"并行却"各行其是"

线上教学与线下教学并存，将是后疫情时代的教学常态。虽然很多教师试着让"双线"并行，但大多仅是简单的组合而没有融通。通常是线上预习或课后作业拓展，线下学习解决教学重难点，任务都很清晰，但线上线下缺乏必要的关联。比如，教学设计缺乏系统思考，问题解决并非对应而彼此割裂；线上与线下学习问题不聚焦，目标不统一，内容没完全统整；缺乏对线上学习的精确评估，线下教学针对性不强等。将"线上"与"线下"截然分割，以"课外"与"课内"区分，线下教学缺少线上教学的元素，如课堂容量大、教学资源丰富；线上教学没有课堂教学的活力，如合作探究、交往互动。如此，现代教育技术的功能没有得到充分发挥，教师忙碌而无助，学生痛苦而无获。

二、线上线下混融教学对策

李政涛教授在"混合教学""双线教学"的基础上，提出了"双线混融教学"，即"线上教学与线下教学混融共生"的教学体系，更加注重线上、线下教学"融合""融通"，突出"共融""共生"的特点，试图打破双线教学间的传统屏障，让"线上教学＋线下教学"走向"融通思维"，构建新时代教学新体系。[1]在此理念指导下的线上线下混融教学，针对上述问题，结合小学生的认知特点，充分发挥现代教育技术的优势，打破固化的教学组织形态和组织结构，将线上教学、线下教学的教学理念、教学资源、教学场景、教学方式等要素充分融合，实现由"被动"学习到"主动"学习，由"虚假"学习到"真实"学习，由"浅层次"学习到"深度"学习，促进每位学生个性化发展。

（一）提高对线上线下混融教学的科学认知

线上线下混融教学，是教育现代化发展的必然结果，是培养新时代人才的需要。线上线下混融教学，是多种教育理论、学习环境、教学方法、教学资源、教学评价等的有机相融，能优化整合多种力量，推动教育教学管理与治理模式变革，充分发挥教师、学生的积极性和创造性。

1. 线上教学、线下教学的区别与联系

线上学习基于数字化、网络化平台，形式灵活，选择更方便，实现了"资源、空间、形式"的三大突破，有同步学习、异步学习两种形式可选择，适合个性化学习；线下教学，基本上只能同步教与学，但情感交流丰富，教师可以根据学生学习状况随时调整教学计划，教学更灵活。二者有各自的教学优势，相互融合，取长补短，教学效果更好（表1）。

表1 线上线下教学方式对比

	区别					联系
	观念	环境	内容	方式	评价	
线上教学	自主、开放，突出学习个性	依赖信息技术、网络平台，情境多样丰富	终端易更新、网络资源丰富，虚拟社会化，按需选择	远程互动，主要是直播、录播两种形式，可同步学习，也可异步学习，不受时空限制，可重复，自主性强	全过程记录，以数字画像进行数据分析与评价	以人为中心，强调人发展的自主性，实现教学目标
线下教学	规范、有序，突出学习共性	现场感强，便于情感交流，价格魅力影响大	限于教师安排，课程统一安排，不便于选择，难以真实社会化	面对面交流，一般在教育进行，更关注现场生成，针对性更强，基本上同步学习，可凭笔记、教材复习	即时评价	

2. 不同时段（课前、课中、课后）线上教学特点

课前线上教学具有学习任务性、学习预热等特性，比较适合设计一些识记和理解类的学习内容。学生根据教师的教学安排，在线上进行微课等资源的学习，发现问题并独立解决部分问题。课中线上教学有突破性，要求学生结合线上资源、自我练习、学习评价，突出重点、突破难点；而指向培养学生分析、评价、创造等能力的内容则在线下讨论探究。课后线上教学有巩固与拓展性，教师根据课堂内容设置巩固练习，引导学生在练习中提出新的问

题，拓展课堂所学。

3. 不同课程类型的线上线下混融教学特征

不同教学内容、不同课程类型，线上线下混融教学的特征不同。如预习课、测试课或教学内容较简单的课，混融教学主要体现自主学习特征；概念课、探索规律课等学习难度稍大的课，主要体现协作特征；计算课等呈现内容简单但理解有一定难度的课，主要体现网络交互式特征。线上学习主要侧重与新课有关的旧知复习、新课预习以及线上讨论、测试等，一般是在新课的课前、课后进行，课中开展线上学习的相对较少。小学生的练习课，主要是巩固与延伸，线上学习主要是复习和学习内容的再认识，耗时较少，更多的时间则用于线下练习，线下完成练习后在线上提交，通过与线上其他同学的对比，发现问题并尝试解决问题。对于经过自己思考仍无法解决的问题，可以在线上与同学进行交流讨论，教师可以在线评讲。

4. 不同年级的线上线下混融教学特征

由于小学生的认知特点，如注意力、记忆力、思维、想象力等方面，会随年龄变化有不同程度的变化，因此，对不同年龄的学生，应采用不同的教学方式。小学低段学生，注意力的集中性、稳定性较弱，主要是形象记忆。因此，小学低段应以线下学习为主导，以线下教学"融"线上教学；线上学习作为线下教学的辅助手段，以"趣"为主，将师生、生生的互动交流置于教学的首位。随着年龄的增长，学生的自制能力增强，线上教学时间可适度增加，内容也开始侧重对学习的归纳总结，线上线下教学结合度更高，传统的线下教学中的部分活动，如检测、反馈等，都可以在线上完成。小学从低段到高段，线上教学时间由短到长，教学内容由简单走向较复杂、由形象到抽象，线上教学管理也由他律向自律过渡。

（二）做好线上线下混融教学的充分准备

做好线上线下混融教学前端分析，先对课程教学的基本情况如学习目标、学生学习认知特点、学习环境等进行深入分析，确定线上线下教学结合度，分配内容、时间等，再根据分析进行教学准备。

1. 环境的准备

线上教学模拟教室空间建设，主要是基于室联网场景的构建，依托网络平台变革实体教室场景，建设室联网空间，让教室环境浸入学习终端。一是平台建设，要符合小学生特点，做到简洁、方便操作、常用功能明晰；一个区域建设一个专用的平台，避免卡顿。二是学习终端，主要是平板电脑或者智能手机、笔记本电脑等，平板电脑因其便携性、应用程序少、游戏功能可控制，更适合小学生使用。三是学习所需其他环境，如家庭网络环境、学习空间环境、教室的网络与应用环境等，必须能支持线上教学或线上到线下教学的转换，以实现各教学要素与教学环节的横向、纵向数字化联通，打通传统模拟化与数字化间的阻隔，使线下教学过程更加流畅。四是教学资源，必须主题集中、形式多样，针对性、选择性强。

2. 教师的准备

倡导教师通过研训、研讨交流等方式，由传统课堂教学过渡到线上线下混融教学：一是实现教学角色的转变，即由教室主讲到网络主播的变化；二是实现教学观念、教学能力的变化，如培养现代教育技术与教学融合的理念、线上教学的勇气、线上协作沟通的能力、线上线下相互转换的技术能力、混融教学管理能力、数据思维能力等。

3. 学生的准备

以榜样示范、案例分享等方式，引导学生认可、接受、支持线上学习，使其对线上学习抱有积极、肯定的态度，乐于参与线上线下混融学习，不会因学习方式的转换而抱怨，特别是对各种学习的环境都持开放、接纳的态度。

学习能力准备，主要指对自主学习、自主管理、信息技术的学习与应用能力的准备。这些能力需要教师在教学中长期持续培养，例如，以活动训练、评价激励学生逐渐形成自我控制能力；对学生进行技能培训和示范引导，让学生在操作中掌握信息技术，等等。

（三）线上线下混融教学的运用策略

1. 教学模式选择策略

教学中，教师要根据教学内容、学习对象的差异选择不同的线上线下混融教学模式。具体模式有：线上推送资源为主，线下面授为辅的自主学习式（图1）；教师线上直播，师生、生生线上互动讨论的网络交互式（半自主）（图2）；线下面授为主，线上移动终端学习为辅的协作式（图3）三种。陈述性知识的学习可以多在线上平台开展，以自主学习式为主体；探究性知识的学习多在线下，强调过程的生成以及思维的过程展示，以协作式为主体。自主管理能力较强的学生，可以多用自主学习式，反之则多用协作式。网络交互式突破了空间限制，适合在课余时间或无法在教室上课的情境下运用，此模式运用的难点在于线上的管理与情感的交流。

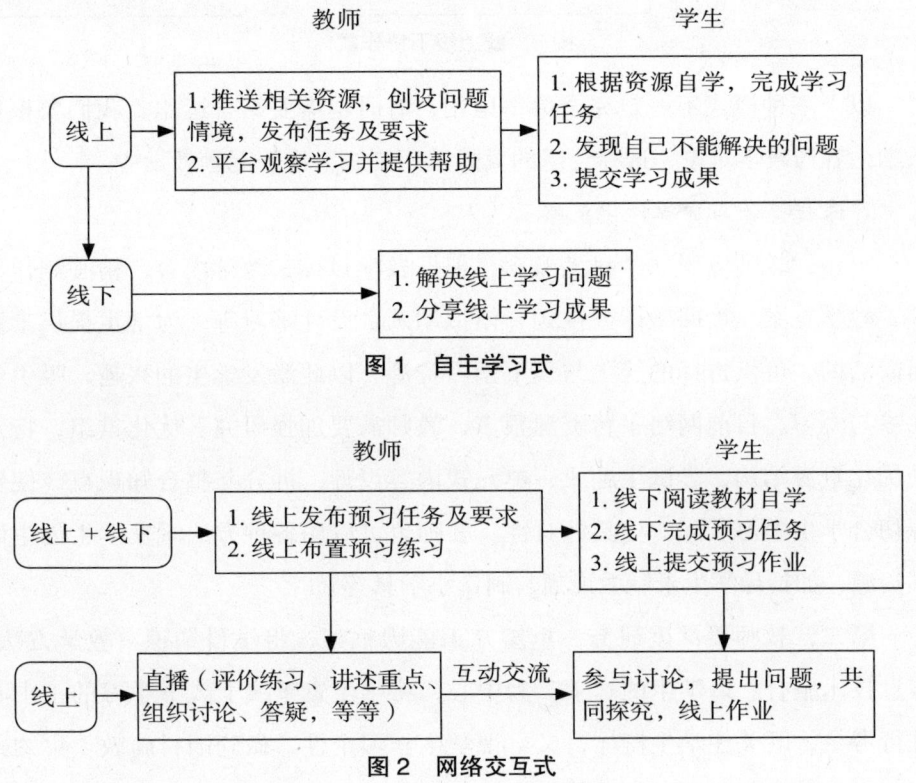

图1　自主学习式

图2　网络交互式

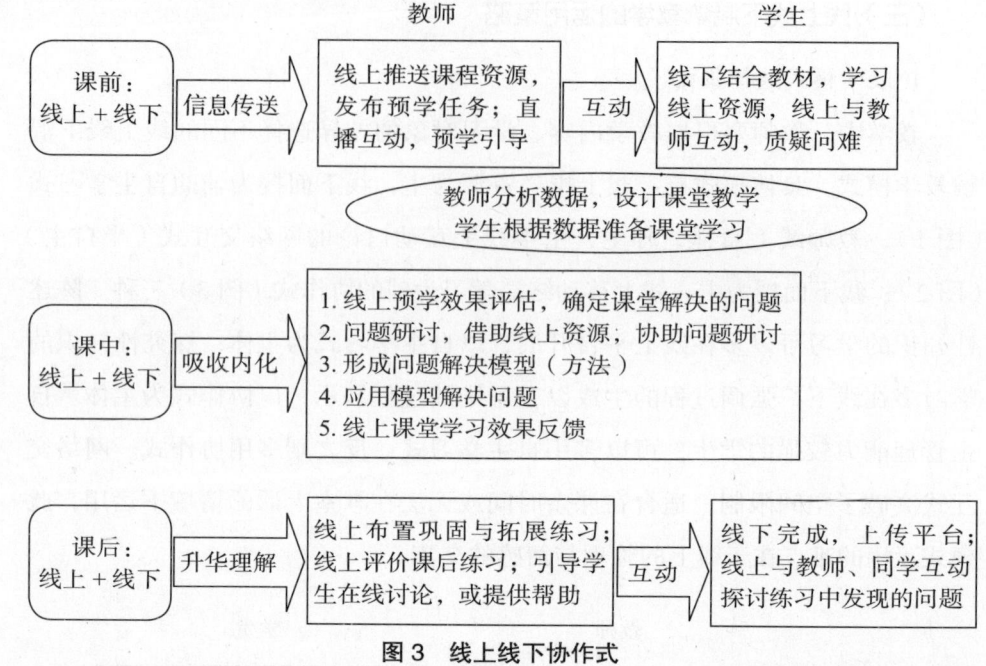

图3　线上线下协作式

以上三种模式不一定完全单一运用，有时也需要结合运用。我们要根据教学内容与教学对象，选择合适的模式运用到线上线下混融教学中。

2. 课程整合与资源优化策略

第一，教师应树立学科大概念，根据教学目标、教学内容，精心制作课件、教学方案、授课微课或视频、模拟动画、设计练习等，为学生提供丰富而简洁的、可供选择的线上与线下学习资源，以此激发学生的兴趣，吸引学生参与学习。目前网络平台资源很多，教师需要加强研究、优化重组，特别是优化资源结构，尝试主题式、单元式内容设计，拆分与整合知识点，使资源切合学生学习实际，更具针对性。教师也可以用各种方法激发学生创生课程资源，如指导学生录制微视频、制作小学具等。

第二，教师要深度研究，重塑知识能力框架，将学科知识、教学方法、信息技术整合。以学生的"学"为中心，将学生置于线上线下学习的正中心进行考量，既关注学生群体，又重视学生学习个性，做到因材施教。集约式课程资源管理可以减轻教师过重的教学负担，实现资源共建、共享、共生，不断优化课程。

3. 交往互动的协作策略

小学生注意力集中时间短，无论线上学习还是线下学习，均需加强师生、生生互动交流。教师要以任务引领、项目驱动、分工合作等学习方式，实现线下同步交互与线上异步交互相结合，师生、生生间相互启发、相互促进，优化学习过程，提高学习效率。线上教学人机协同，多用直播模式、在线会议模式，教师要用好全屏摄像头、连麦、音频交流等方式，不仅要自己常露脸，同时也要让学生出现在镜头中，让每位学生"在场"，实现互动常态化。

4. 线上线下教学混融共生策略

"学、导、做、评"贯穿于线上线下教学。自主学习、教师引导、学生实践操作、学习效果评价等学习过程，将线上线下学习较好地结合起来：线上教学为线下教学铺垫、延伸；线下教学与线上教学相互呼应、相互勾连。例如，恰当运用PBL教学法，基于问题解决，以知识的构建、能力的提升为主线，打破"双线教学"彼此分离、割裂的状态，走向"混融共生"。

在整个教学过程中，以理念创新、技术支持、方式混合等，实现数字化与模拟化统一、本地与异地统一、安静的教室与快速发展的社会统一。线下教学，基于线上教学大数据的收集、分析与评估，能够比较精准地了解学生的学习特点，描述和解释学生过去的现象，预警和干预正在发生的学习，推断发展趋势和预测将来；线上教学则是根据学生线下学习的表现或事实分析，进行针对性设计。

5. 情感沟通与交流策略

伴随着情感交流的信息传递，影响着信息接收者的心态。因此，培养学生的积极心态，增大其学习内驱力，对活跃学生思维、提高学习效率非常重要。线上教学设计，特别是情境和语言设计，要注意情感域的扩展，渗透感情，饱含喜、怒、哀、乐等情感，倾注对学生的关爱与理解；教学流程中要注意对情感的调动、培养与控制，让学生随着教学内容转换情感，在学习体验中感受情感。

6. 生态化教学策略

教学是一个复杂的生态系统,各要素间存在着必然的平衡关系,如网上学习时间与休息时间、互动与倾听、讨论与交流、教师的教与学生的学等,都有着密切的关系,不能只重视一个方面,而要努力将其结合。

(四)以评价促进线上线下混融教学质量提升

从考试评价走向"数字画像"评价,从静态结果评价走向动态过程评价,从具体事实到精准数据,从结果倒推原因,进行归因分析。从线上线下融合教学的评价框架、方法、工具以及教学的满意度、影响因素等角度研究教学改革过程,特别是分析影响效果的因素及改变影响的方法。

1. 线上线下混融教学评价的框架、方法、工具

评价框架:见图4。

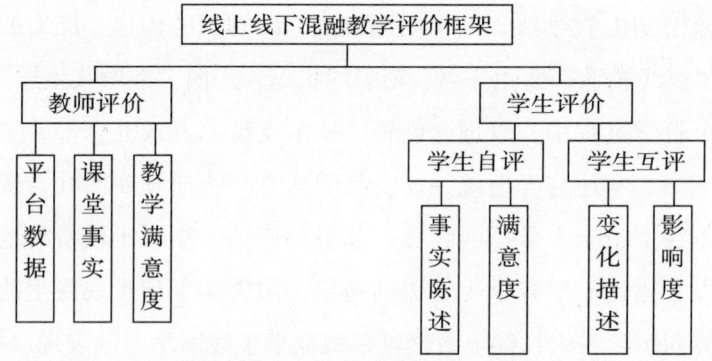

图4 线上线下混融教学评价框架

评价方法:问卷调查法、数据收集法、事实分析法、自我感觉法等。

评价工具:网络数据、问卷、案例等。

线上线下混融教学评价,数据采集是基础,案例或事实描述分析是拓展。

2. 线上线下混融教学的效果评价

对小学线上线下混融教学效果的评价,是基于数据与事例,评价学生主体地位的变化程度、学习方法和学习习惯的改变、学习认知能力提升、学习情感态度的变化等,以此评价线上线下混融教学对学生发展的影响力。

3. 线上线下混融教学的师生满意度

学生的满意度是指学生对教师教学指导、学习活动、平台支持、协作能力、预期目标实现情况、自我效能感等的满意情况；教师的满意度是指教师对自己工具的运用、技术的使用、课程效果等的满意情况。根据评价的效果及师生的满意度，进一步分析影响教学效果的因素，如平台建设、资源研发与运用、学习活动的设计与组织、学生学习的管理、学习习惯与能力等，进而从系统层面和课程层面探究如何优化线上线下混融教学，以构建"互联网+"背景下线上线下混融教学新模式、新实践。

在当前"互联网＋教育"理念引领下，我们要坚持信息技术与教育教学深度融合的理念，系统建构线上线下混融教学模式，逐渐进入线上线下教学"相互勾连""多向呼应"的佳境，真正体现多样化、个性化教学，切实培养小学生自主学习、自主发展的能力，培养新时代人才。

参考文献：

[1] 李政涛.基础教育的后疫情时代，是"双线混融教学"的新时代［J］.中国教育学刊，2020（5）：卷首语.

第二章

互联网＋教育

聚焦学习 革新范式

陆志平[①]　任　洁[②]

　　国务院推动的"互联网＋"行动，引领信息技术进入创新应用的新阶段，提出了"探索网络化教育新模式"的要求。"互联网＋"的广泛应用，使得传统的工业、商业、交通、金融等行业产生了颠覆性的变革，比较而言，教育领域的发展相对滞后。总体上看，教育的生态没有发生变化，学生每日每时的学习特别是中小学课堂学习，并没有发生根本性变化。信息技术仍然支持的是教师的教，而大量的教师的教，仍然是教授主义的。流行的支持课堂教学的电子课本、多媒体课件、数据评价系统等，支持的仍然是讲、听、练、考，学生的学习方式没有发生根本改变。在一些课堂上，旧的教学方式在技术的支持下，反而变本加厉。数字化的课堂走进了一个似乎难以走出的困境。

　　造成这种情况的原因很复杂，有教育理念问题，有对技术的理解问题，也有对学科改革的认识问题。核心问题在于很多人只是把教育信息化看成技术与工具的应用，不能从时代的高度，把教育信息化作为"教育理念和教学

---

① 陆志平，江苏省教育学会副会长，中国教育学会中小学信息技术专业委员会副理事长。
② 任洁，江苏省常州市教育文体局局长。

模式的一场深刻革命"。

信息技术不是一般的技术，它是划时代的技术，代表着一个新的时代的到来，使得人类社会进入一个文化转型期。正如习近平同志指出的那样："当今世界，科技进步日新月异，互联网、云计算、大数据等现代信息技术深刻改变着人类的思维、生产、生活、学习方式，深刻展示了世界发展的前景。因应信息技术的发展，推动教育变革和创新，构建网络化、数字化、个性化、终身化的教育体系，建设'人人皆学、处处能学、时时可学'的学习型社会，培养大批创新人才，是人类共同面临的重大课题。"网络化、数字化、个性化、终身化教育体系的构建，正是站在时代的高度，对教育改革创新的整体思考。这里非常重要的是，通过实现教育理念和教学模式的革命，"满足学习者的多样化与个性化需要，使教育更加体现以人为本"。

而教育理念和教学模式的革命，集中表现为"从以教为中心向以学为中心转变，从知识传授为主向能力培养为主转变，从课堂学习为主向多种学习方式转变"。

这就需要把教学改革与教育信息化作为一个整体来设计：统筹教育理念、教育方法、互联网技术、学科改革要求、学生学习心理等诸多要素，融合创新，探索网络化教育新模式。

网络化教育新模式在中小学重要的是构建新的课堂教学范式。互联网+时代移动终端普及，无线网络广泛覆盖。我国很多地方已经实现了校校通、班班通、人人通，给中小学课堂教学改革带来新的机遇。但是，这并不意味着可以削弱中小学课堂教学，更不意味着可以用泛在学习代替课堂教学。中小学学生每天仍然生活在课堂上，生活在班级里。我们需要做的是运用互联网技术，促进课堂的变革转型，形成与时代发展相适应的以学习为中心的新型课堂，进而大面积促进课堂转型。

课程教学改革的重点是聚焦学生的学习。互联网环境和技术为学生的学习提供了新的支持，原本需要听老师讲解才能理解的内容，在互联网环境、技术、资源的支持下，学生完全可以依靠自主、合作、探究的学习完成，而且学习的兴趣更浓，探索新知的愿望更加强烈。在这样的情况下，教师的角色应该转变，应该去研究怎样激发、启发和设计支持学生的学习。世界范围内新一轮教育信息化聚焦学习，聚焦学习方式的转变，理论和实践都有许多可资借鉴之处。柯林斯、哈尔弗森在《技术时代重新思考教育：数字革命与美国的学校教育》中，全面思考了信息技术时代教育的改革和重建，给我们深刻的启发。慕课、可汗学院、翻转课堂等影响很大，在我国中小学已经耳熟能详。在约翰·D·布兰思福特等著的《人是如何学习的》一书中，美国国家研究院行为科学、社会科学和教育委员会学习科学开发项目委员会主持的最新学习科学的研究也表达了这样一种观点：信息技术为学习的革命"展现了激动人心的前景"。

教学范式革新关注学生，聚焦学习。努力改变班级授课制下大一统、整齐划一、缺乏个性、极少创造的课堂，形成民主平等、互动对话、主动积极、个性创造的课堂。积极倡导自主学习、个性化学习，但个性化并非没有标准，每门学科的国家课程标准，仍然是教学的依据，新的范式追求的是有标准的个性化学习。新的范式努力改变讲听练考的教学方式，倡导交互式探究性学习方式，通过各个学科课堂教学范式的研究，逐步形成互联网+时代学科常态课堂。

因此，互联网+时代的课堂教学范式与信息技术辅助教学不同。信息技术辅助教学改变的是知识呈现方式，支持的是教师的教，是用新技术支持旧的教学模式。新的教学范式支持的是学生的学习，追求的是新课程和新技术的深度融合，形成学生中心、学习中心、线上线下融合、交互探究的课堂，并且积极探索学科内外、课堂内外的融通，逐步构建"互联网+"学习新生态，优化育人方式，培养未来社会需要的创新型公民。

"互联网+时代"课堂教学范式研究的价值

朱卫国[①]

开展"互联网+时代"课堂教学范式研究是当前探索网络环境下课堂教学变革新模式、建设智慧课堂的一项重要的基础性工作。因为智慧课堂的建设,不仅仅是教室基础设备建设,也不仅是课堂上简单的技术应用,更主要的是课堂模式的重建,正如刘延东同志所说,这是一场"教育理念和教学模式的深刻革命"。

"互联网+时代"课堂教学范式首先应体现以人为本思想。教育以人为本,主要表现在教育公平、教育民主和对学生核心素养的培养。"互联网+"创造了民主、平等的环境,倡导交互式探索性学习,把学生从被动接受性学习中解放出来,体现了平等对话的思想。项目设计的教学范式,是以学生自主、合作、探究的学习为主线,以发展学生的核心素养为旨归。

其次,互联网环境中的学习应该是主动积极的学习,创造性的学习。学生的创新精神应该是在一天天的创造性学习中培养出来的,而不是在围绕知识点的机械练习中训练出来的。互联网环境中的学习为改变简单的知识点的讲解和能力点的训练提供了新的环境和机制。

"互联网+时代"课堂教学范式还应努力突破信息技术应用的瓶颈。"为什么计算机改变了几乎所有的领域,却唯独对学校教育的影响小得令人吃惊?"乔布斯之问成为世界性难题。尽管全世界越来越多的专家学者意识到问题的关键在于信息技术支持的仍然是传统的课堂教学方式,仍然是教授主义的,但信息技术如何与新的教学理念融合、创造出新的教学方式,仍然是一个难题。

[①] 朱卫国,江苏省教育厅副厅长。

> **基于核心素养、着眼未来的**学习

　　统筹协调整体考虑正确的教育理念、科学的教育方法、先进的互联网环境、学科教育要求和学生的核心素养培育，进而设计、提炼出简明的教学程序是必要的。新理念、新方法、新技术融为一体，不仅有助于形成好的范式，也为解决信息技术应用的难题，提供了融合创新的新思路，即通过聚焦课堂融合创新，聚焦学习革新范式。

"互联网+"能为促进学生的"学"做什么?
——以北师大版初中物理教材中的《滑轮》一课为例

崔轶斌[①] 刘亚英[②] 潘莹莹[③]

物理作为中学的一门重要学科,无论从运算能力、抽象思维能力、实验探究能力,还是逻辑思考能力等方面,都对学生提出了很大的挑战。而教师往往会受到课时、升学考试等方面的压力与限制,采用题海战术进行教学。长此以往,学生与教师都陷入疲惫和厌倦的状态之中,更无从谈核心素养的提升。"互联网+教育"新模式的引入,为沉闷的课堂教学注入了一剂"强心针",教师可以借助互联网平台丰富的资源与技术手段,充分拓展物理课堂的广度与深度,在激发学生学习兴趣、生动课堂教学的同时,也能大幅度提高课堂教学的实效性,为学生核心素养的提升创造有利条件。笔者以北师大版初中物理教材中的《滑轮》一课为例,介绍互联网应用于物理课堂的几种教学手段,为今后的研究提供参考。

一、借助调查问卷App,提升课堂教学质量

在常规教学中,我们往往会通过书面的形式布置作业和收集调查问卷,这样会大大增加教师批阅作业、统计信息等方面的工作量。引入"互联网+教育"模式后,教师可以借助互联网强大的存储、计算、分析能力,通过电脑或者手机应用App,制作简单的调查问卷和布置作业,这样不仅能提高学生完成作业的积极性,也便于教师在后台实时监控和统计作业完成的情况与质量,降低工作强度。

[①] 崔轶斌,清华大学附属中学永丰学校教师。
[②] 刘亚英,清华大学附属中学永丰学校教师。
[③] 潘莹莹,清华大学附属中学永丰学校教师。

例如《滑轮》这节课，教师课前通过手机微信发布一则简单任务（图1），学生通过扫描二维码，完成相应的设计并上传，教师便可以在后台实时了解到学生的完成情况（图2）。根据学生实际完成任务的情况，教师利用课前时间及时调整教学策略，为课堂教学的顺利开展做好铺垫，从而提升教学质量。同样，在课后作业的布置上，教师也利用手机应用App下发作业（图3），学生通过扫描二维码，在线答题，系统便可自动完成作业的批改和信息的统计，方便快捷。

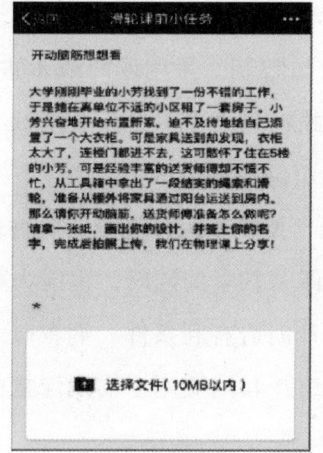

图1 利用手机应用发布课前任务

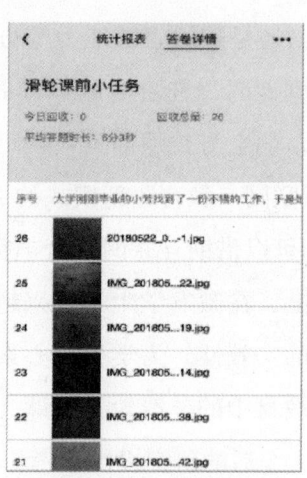

图2 任务完成情况统计

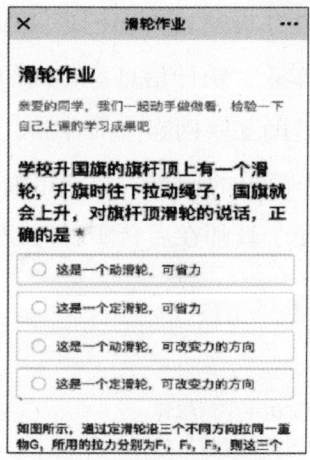

图3 在线发布作业

二、借助微视频，提高课堂教学效率

传统的教学模式，一般是在固定的场合和时间下，教师对学生进行集中授课，而近期流行的"翻转课堂"则将学习的主动权还给了学生。教师针对一个具体的知识内容，提前录制好一段微视频，学生利用自己碎片化的时间观看微视频，先进行自主性学习，再回到课堂进行充分的讨论和进一步探究。学生在学习的过程中如遇到不理解的问题，可以反复观看视频，如此便增加了学习的针对性和主动性。因此，借鉴"翻转课堂"中微视频的模式，教师可以针对课堂教学内容、学生具体情况制作语言精练、内容形象的小短片，在激发学生学习兴趣的同时，提高课堂教学效率。

《滑轮》这节课需要使用到电子测力计，而这种测量工具学生之前并未接触过，因此在实验前，需要教师对电子测力计的功能和使用方法进行说明与演示。由于测量工具较小，在课堂进行实物演示效果会大打折扣，同时由于该演示环节会在课堂教学中耗费部分时间，从而压缩了学生动手实践的时间。因此，针对这一环节，教师可以提前录制一段视频，并配以相应的字幕解释，通过互联网下发到学生手机中，这样既方便学生观看操作，又提高了课堂效率。

三、借助手机投屏，使课堂教学更生动

物理是一门以实验为基础的自然科学，在教学过程中，经常需要进行演示实验操作。演示实验具有真实性和示范性，是模拟动画和视频无法替代的。但在演示过程中，教师常常会面临实验器材太小、教室场地局限等情况，导致学生看不清操作。借助互联网便能够很好地解决这一问题。教师可以利用手机，通过网络与教室投影大屏连接。这样一来，借助手机摄像头便可以实时将画面投射到教室屏幕上，实现演示实验的同步直播。经过手机镜头和教室大屏的两次放大，实验操作的细节便能清晰地展现在学生面前。

在《滑轮》这节课中，教师请学生现场演示如何将绳索与滑轮连接来提升重物。由于教室场地和角度限制，学生并不能很清晰地观察到机械装置的

连接情况。教师利用手机进行实时直播,将画面同步投射到教室大屏上(图4),在场的所有学生对实验细节便可以观察得十分清楚。

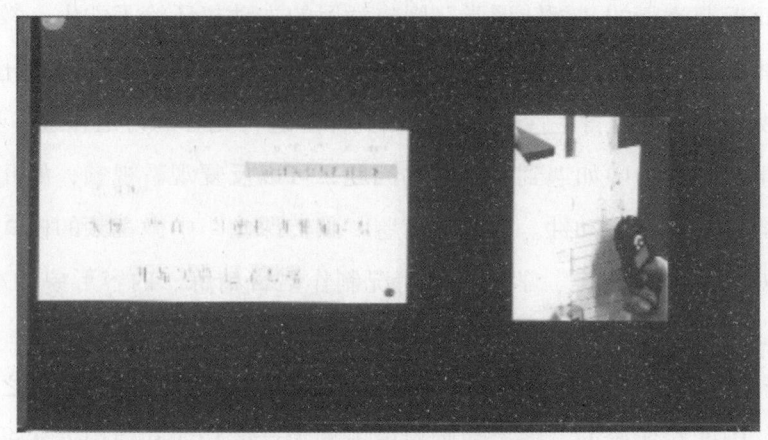

图4　利用手机进行实时直播

另外,在学生进行实验探究时,教师可以利用手机随时捕捉学生实验操作的画面,在随后的环节中进行展示,引发学生交流讨论,自我反思,发现实验操作中不到位的地方。利用手机将画面"定格"的这种特点,有助于学生进行自我纠正,起到了很好的提示和督促作用。

与此同时,利用手机投屏也可以替代传统的实物投影,将学生的实验报告、作业等纸质文件通过拍照投射到教室屏幕上,与传统实物投影相比,更加灵活方便。

随着时代的发展与进步,信息技术与教学相互融合已经成为必然的趋势。"互联网+教育"模式的提出,不仅为教师课堂教学提供了广阔的思路和资源,同时也对教育工作者提出了更大的挑战。教师要把握时代脉搏,紧密关注互联网信息技术的发展与动向,不断寻找、尝试、总结、改造,将互联网信息手段运用到日常的教学当中,使之与课堂教学有机结合,更好地为课堂服务。

"互联网+教学"要摆好教学、技术与人的关系

王争录[①] 张 博[②]

随着互联网的普及,"互联网+教学"的跨界融合,孕育着一种全新的教学形态。互联网与教学的有机融合,要求我们必须重新审视教学,发挥信息技术配置教学资源的独特优势,把互联网思维融入教学中,利用互联网技术改造教学,扩大有效的教学供给,促进教育信息化的深远发展,从而建立为每一位受教育者提供适合个体发展需要的教学新生态。

一、"互联网+教学"的本质是个性化

伴随着慕课、微课程、翻转课堂等新的网络技术在教学领域的广泛应用,有人提出运用网课取代传统课堂教学、取代教师的建议。然而,结果并没有人们预想得那么好。即使有网络的介入,教与学的方式并没有发生根本的改变,很多所谓的"翻转课堂",受教育者依然在教学过程中处于被动的地位。美国在教育信息化方面走在世界前列,"2001年,美国中小学校的网络化程度达99%"[1]。"2013年,美国政府正式启动'连接教育'(Connect ED)计划,推动高速网络和最新的教育技术进入校园。"[2]但是经过抽样测试发现,中学生在阅读与计算能力方面和30年前相比似乎也并没有明显的差异。[1] 2015年9月15日,OECD发布全球首个15岁学生数字化技能评估报告——《学生、计算机与学习:促进彼此联系》(Students, Computers and Learning: Making the Connection)。报告认为:部分国家虽然在教育上加强了对信息化的投入,但是在学生的阅读、数学及科学测试结果上成效并不明显,原因是我们还没有找到用好信息化的方法。[3]不可否认,先进的信息技术的确能够取

[①] 王争录,吉林外国语大学助理研究员。
[②] 张博,东北师范大学人文学院讲师。

代教师的部分职能，甚至因为网络的开放、共享等特性，可以扩大受教育的范围，突破时空限制进行教学，还可以运用先进的大数据进行科学准确的学情分析，但现实中的教学情况非常复杂，而且往往存在着许多不确定的因素。教学的过程不仅仅是一种传递知识、信息的过程，还是情感交流的过程。"互联网＋教学"从本质上说是为教学服务的，教学才是"互联网＋教学"的唯一目标。"互联网＋教学"具有鲜明的技术特征，但是不能够本末倒置，用技术来代替教学，否则就会陷入过度技术化的沼泽而不能自拔。在"互联网＋教学"中，网络信息技术应该成为教师了解学生的一种快捷工具，教师应将工作重心落在服务每一位学生个体的创新上，力争实现为每一位学生提供个性化的学习服务，促进学生个体的发展，这才是一切教学，包括"互联网＋教学"永恒的追求。可以说，"互联网＋教学"的本质不是技术工具的标准化，而是促进学生个体的个性化。

二、"互联网＋教学"的关键是人

教育信息化是教育现代化的主要特征，教育现代化离不开教育信息化。从根本上说，教育现代化是人的现代化。"教育现代化的终极价值判断是人的发展，是人的解放和主体性的跃升。"[4]教育信息化的发展方向是通过信息技术应用实现教育质量的显著提升，这是教育信息化的重大意义所在。[5]"互联网＋教学"成为当前不可逆转的现代教学潮流。

在推进"互联网＋教学"的过程中，要切实地将教学对象放在首位，依据学生的身心发展规律，巧妙灵活地运用网络信息技术为学生服务，始终将学生个体的发展贯穿在课堂教学的全过程，将学生个体潜能是否真正得到有效的开发、人性是否得到解放、身心是否得到全面发展作为教学成功与否的评判标准，而不能将运用信息技术作为教学的出发点。为了技术而应用技术的教学只能把学生变成技术的试验场，实质是一种物化的教学，将人沦为工具的教学。从根本上说，"互联网＋教学"应该是解放人、发展人的教学，人在"互联网＋教学"当中处于关键地位，解放人、发展人是教育教学的根本追求。而要真正做到这点，就需要正确理解教学、技术、人三者在教学中的关系。这里的人不仅指教育对象学生，同时还指教育者教师。

三者之间正确的关系应是：教学、技术都是手段，是为人服务的；人掌握、驾驭教学、技术，而非教学、技术驾驭人；人、教学、技术三者是紧密相关、密切联系的。人应该掌握教学、技术，实现熟练驾驭教学、技术为人服务的目的，而不能让技术束缚人、限制人、绑架人的发展。教学离不开技术、人，同样人也离不开教学、技术，技术同样需要运用到教学中并为人服务。正本溯源，从根本上厘清教学、技术、人三者的关系，解决思想观念认识问题，才能够在实践中做到教学为人而非为物。

三、"互联网＋教学"的核心是用户

互联网思维探究教学供给的新方式"互联网＋教学"是用一种全新的互联网思维变革现有的教学。"互联网思维"是互联网时代的新思维方式，具有跨界融合、平台开放、用户至上、免费为王、体验为核、大数据应用等六大特征。[6]"互联网＋教学"的核心是用互联网思维探索一种全新的教育供给方式。互联网给今天社会生活方式带来的全新革命，背后蕴藏的是一种新的思维、新的供给范式。这种全新的教育供给方式将会对教学的理念、主体、组织形式、评价等方面的变革产生深刻的影响。

1. 打破传统的教学理念

传统的教学理念来源于以赫尔巴特为代表的教育学家提出的教师中心、课堂中心、书本中心的教育模式，这种教学理念认为学生知识、技能的获得依赖教师，教师是学生获得知识、技能的唯一来源。因此，教师在课堂教学中不考虑学生的接受能力，将知识、技能强硬地塞进学生的大脑，满堂灌、一言堂、独角戏是这种课堂教学的典型体现。

伴随着网络信息技术时代的到来，新的知识、信息层出不穷，任何教师都不可能将所有的知识技能传递给学生，学生再也不可能凭借自己通过课堂所学的知识技能永远地适应社会。学生只有参与到课堂教学中去，通过课堂教学获得处理知识技能的能力，学会不断学习，才能够适应网络信息时代提出的要求。而现实中的教学要做到以上这些，前提是必须打破传统的教学理

念，端正思想认识，利用互联网，解放学生，满足学生个性发展的需要，构建出充满人文关怀、尊重个性差异、灵活多样的教学新生态，促进每个学生的发展。教师的教学只有与学生个体的身心发展相符合，才会对学生的身心发展起到积极的影响。

2. 改变教学主体消极被动的地位

由于互联网思维本质上是一种开放互动的对话性思维，学生在网络中要学会筛选、提取对自己有效的信息，这有助于改变学生等、靠、要的思想，让学生积极主动地参与到教学中去、去探寻适合自己的学习方式。由此可见，"互联网＋教学"对教学带来的深刻变革就是改变学生落后被动的地位。

3. 打破传统固定、僵化的教学组织形式

传统教学组织形式的典型代表是班级授课制，作为大工业时代的产物，它最典型的特征就是强调标准、同一、同步。由于追求标准，班级授课制为大工业时代培养了大批标准的工人。不可否认，班级授课制在当时能够最大限度地提高培养人才的效率，但是，班级授课制如同批量生产工业产品一样培养标准化学生，显然存在着不易关注学生个体差异等问题。互联网能够打破时空的限制，随时随地开展学习活动。将具有开放性、无限性、丰富性的互联网与教学结合起来，教学就不再拘束于固定的教学时间、教学人数、教学地点、教学内容，而是能够做到以受教育者自身接受知识技能的水平及学习偏向为依据，随时随地采用适合的教学组织形式进行教学。

4. 打破绝对的教学评价方式

传统的教学评价往往存在以某一固定的客观标准作为衡量依据，存在过于关注结果等弊端。而将互联网应用到教学评价中，可以运用网络的开放特性，对学生的学习过程进行随时监控和反馈，既关注了教学结果，也关注了教学过程，使教师能及时发现教学过程中存在的问题，做出相对合理的教学评价与教学改进。

四、"互联网+教学"——构建教学新形态

1. 充满人文关怀的教学新形态

通过"互联网+教学",可以最大限度地了解学生、解放学生。运用互联网思维来组织教学,可以最大限度地考虑教学过程中的人。这里的人不仅包括学生,也包括教师,依据这些人的需求差异,随时、随地组织各种适合的教学方式:可以是线上教学,也可以是线下教学;可以是一对一教学,也可以是一对多教学;可以是课堂教学,又可以是课后教学。构建出更加充满人文关怀的教学新形态。

2. 尊重个性差异的教学新形态

运用互联网可以精准地了解教学过程中人的个性差异,因此,我们可以利用互联网的丰富、开放的资源,打造更加尊重个性差异的教学新形态,即"互联网+教学"。具体来说,"互联网+教学"是指教学过程中教师与学生之间动态调适的过程,其动态调适的依据是作为教学对象的学生个体能够自主学会学习某种知识、技能。"互联网+教学"是以受教育对象学生的学力作为衡量尺度、尊重个性差异的教学新形态。

3. 灵活多样的教学新形态

互联网创造的教学形态具有多元性,体现在借助互联网可以实现一对多、多对一、多对多等交流沟通方式。互联网的这种立体特征运用到网络教学中,可以改变以往单调的一对多班级授课制的教学形态,借助互联网提供的教学平台优势,依据学生多样的学习需求,组织更加灵活多样的教学形态。由此,使我们的教学变得更加丰富多彩、灵动而创新。

参考文献:

[1] 曹培杰. 未来学校的变革路径——"互联网+教育"的定位与持续发展[J]. 教育研究,2016,(10):46-51.

[2] The White House. Obama's Connect ED:Training Students to Meet the Needs of Corporations [EB/OL]. https:// www.whitehouse.gov/issues/education/k-12/connected,2013.

［3］唐科莉编译.必须用新方法激发技术在学校中的潜力——OECD最新报告《学生、计算机与学习：促进彼此联系》发布［J］.基础教育参考，2016，（1）：70-74.

［4］裴娣娜.我国基础教育现代化发展的根本转化［J］.北京大学教育评论，2004（2）：63-69.

［5］何克抗.对国内外信息技术与课程整合途径与方法的比较分析［J］.中国电化教育，2009，（9）：7-16.

［6］岳瑞凤.基于互联网思维的大学生职业发展研究［J］.中州学刊，2015，（7）：89-91.

"互联网+时代"课堂教学范式的核心元素与基本框架

戴晓娥[①]

互联网+时代，新技术创造了新的学习机会，并对传统的学校教学产生了极大的挑战。然而，新技术在教学中的运用依然徘徊在学校的边缘，这些技术与现有的班级授课制下的课堂范式存在着极大的不协调。如何使新技术融入课堂，让课堂教学焕发出全新的生命活力？重新构建以学习者为中心的基于互联网+时代交互探究的课堂教学范式，是"互联网+"促进教育变革的必由之路。

一、互联网+时代课堂教学范式概念内涵

根据库恩的范式理论——"范式就是一种公认的模型或模式"，互联网+时代的课堂教学范式，是指在互联网+时代的技术、文化背景下，渗透了正确理念、科学方法的，具有范例支持的，以简化形式表示的关于教学活动的基本程序和基本框架。一个学科可以提供一个基本范式，也可以根据学科领域提供几个范式。

1. 互联网+时代课堂教学范式的特征

根据英国学者玛格丽特·玛斯特曼（Margaret Masterman）对库恩21种不同含义的范式观所做的系统划分，互联网+时代课堂教学范式应该是"作为一种依靠本身成功示范的工具、一个解疑难的方法、一个用来类比的模型，它是人工范式或构造范式"。互联网+时代课堂教学范式的构造主体是由课程、教学、技术等领域组成的教育实践研究的共同体，这一共同体的各组成部分有共同的专业追求，敢于突破固有的课堂结构，在实践的基础上不断变革创新、构造迭代，要求对旧范式进行观念和理论上的调整。当范式结构的

[①] 戴晓娥，江苏省常州市教师发展中心副主任。

调整趋于明显，并被接受、传播，进而将引起范式实践者世界观、认识论、方法论等方面的深刻变革。

2. 范式要考虑技术支持、学科要求、学习方式的协同构造

互联网＋时代课堂教学范式，作为课堂教学"示范的工具、解疑难的方法、可以类比的模型"，特别需要建立协同与融合的创新思维方式。互联网＋时代技术变革带来的新思想、提供的新工具、带来的新学习方式，每个学科在互联网＋时代提出的新需求，新的学习科学研究又带来什么样的新发现，都需要协同关照，特别要避免顾此失彼。如果没有这样的协同思维，仅仅关注技术更新下的范式转换就毫无意义。当然，教育领域应该和其他任何领域都一样，如果没有思维的突破、技术的更新，单纯的所谓"范式转换"也一定是毫无意义的。在互联网＋时代，原有课堂教学框架和范式无法适应新的学习需求，但新时代带来的新思想又往往带来范式转换的契机。

3. 新范式是一个不断迭代的过程

工业时代形成的普遍教育时代课堂教学范式，让教育变得系统化。班级授课制是这个系统的基本元素，在这个系统内，学习者的学习是相对统一的、封闭的、管理的、控制的过程。如果说普遍教育时代的课堂教学范式是稳定、缓慢、连续、积累的变化，那么互联网＋时代的课堂教学"范式转换"是极有意义的颠覆性的变化。正如库恩所说，确认了范式的存在，就没有不朽坏的范式。新范式的形成也是一个在时间和空间上建立结构的过程。互联网＋时代课堂教学范式思考知识经济时代对传统班级授课制的改革和重构，期望规划出技术支持下将知识的控制权置于学习者而不是教师和教育管理人员手中的方法。因此，一旦新范式产生并基本稳定，便进入新的常规时期，向前发展，不断迭代。

二、互联网＋时代课堂教学范式的核心元素

在"互联网＋"的环境下，教育理念、学习方法、学生发展的核心素养与学科的特点，是各学科建构范式必须思考的核心元素。这些核心元素重点鲜明，需要统筹兼顾、融合创新。

1. 教育理念

民主、平等、对话、个性、建构、开放包容是互联网+时代的文化特质，也是社会主义核心价值观的重要内容。学生作为互联网时代的"原住民"，在这样的文化浸润中成长。新的学习科学研究，揭示了人学习的秘密，建构理论与对话理论是最有代表性的学习理论。互联网+时代学科课堂范式，应该坚持民主平等，尊重个性差异，为个性学习，为积极建构、自由对话创造机会和可能。

统一内容、一致步调、一把尺度的评价让传统课堂教学范式很难实现真正的平等与民主。单一内容来源、教导主义和教师控制，使传统课堂教学范式无法尊重和发现每个学习者的个性，也无法超越物理时空实现多重对话。而互联网+时代的课堂教学范式倡导的是基于学习者需求的意义建构，只有打破传统课堂范式的强控制、高结构体系，基于各学科的课程标准，让学习内容可选择、学习方式多样化、学习过程可视化，并把学习放在有意义的真实或者虚拟的任务中，才能真正落实学习者控制的民主、个性、建构、对话的课堂。

2. 学习方法

选择性学习、探究性学习、合作学习、线上线下混合学习、深度学习，体现了新的教育理念，代表了互联网时代的学习方式。互联网+时代学科课堂范式，综合运用这些新的学习方法，支持学生主动积极地学习、支持学生的个性发展。

选择性学习将会舒缓传统课堂的无法破解内容单一、思维僵化问题，技术的应用为学习者个性化的选择创造令人兴奋的空间。选择性学习不再是基于知识点的训练，而是关注大主题、大单元、大问题，给学习者自由选择的空间，提供多样化的学习路径。

探究性学习需要引导学习者深入问题情境，帮助学习者获得用计算机工具去解决复杂问题的深度学习能力。而新技术、新工具为自主合作探究提供了海量的信息、跨时空互动、数据收集、抽象表征等多种探究方式。小组合作、远程协同、线上学习、线下实践……这些从学习者需求出发，与真实的生活紧密联系，以问题解决、任务驱动、项目实施为核心的学习方式，避免将知识孤立抽象、碎片化,避免了对知识点的"深挖洞""机械简单操练"。

3. 核心素养和学科要求

每个学科的范式设计都要落实学科核心素养,都要依据学科课程标准。课程标准提出的本学科改革的方向和改革的要点,应该成为互联网+时代学科课堂范式基本的出发点,在此基础上,梳理目前学科教学中普遍存在的问题,思考"互联网+"环境下解决关键问题的路径,形成本学科范式的基本思路和框架。

比如,地理学科的核心素养由人地协调观、综合思维、区域认知和地理实践力四部分组成。在教学过程中,教师期望学习者能够运用适当的地理学科工具完成既定的实践活动,对地理探究活动充满兴趣,逐步认识到因地制宜进行区域认知的重要性,获得区域认知的方法,养成综合思维的方式,在学习探究的过程中认识地理环境与人类活动之间的关系,进而初步形成人地协调观。

根据地理学科的核心素养和教学改革要点,针对当前地理学科教学中存在的学习者人地协调观不够清晰、综合性思维能力有待加强、非连续文本阅读能力薄弱、重知识轻实践运用的问题,从地理学习的四大内容"地球和地图、世界地理、中国地理、乡土地理"出发,确定基于地理核心素养的学习内容(图1)。

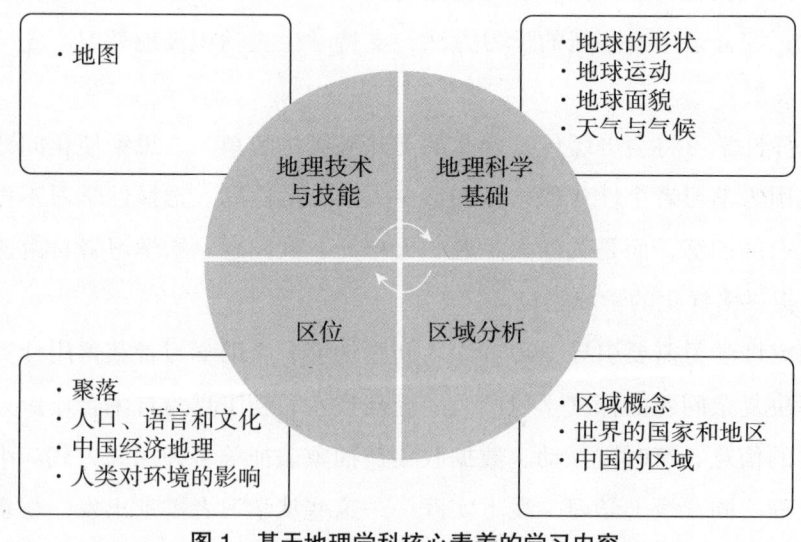

图1 基于地理学科核心素养的学习内容

关注学生现代地理生活，引导学生深入具有现实价值的问题情境，通过工具、平台、资源支持并促进学生基于任务驱动的学习，用多种表征工具、社交平台促进学生在交流与分享中形成地理综合思维、人地协调观。互联网+时代地理学科课堂教学范式模型框架如图2所示。

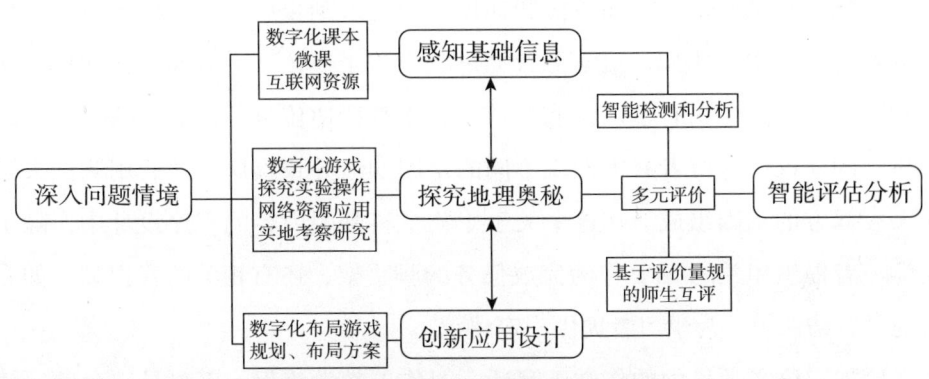

图2　初中地理数字化学习范式框架

4. "互联网+"技术环境

互联网+时代学科课堂范式，是在校校通、班班通、人人通的新技术环境下的探索。课堂教学的环境必须做到无线、有线网络全覆盖，每一位学生都有能够方便使用的各类学习工具、支持泛在学习的终端，以及能够流畅使用的网络。项目设计要跟踪新技术，学习新技术，运用新技术，让新技术服务教育，造福教育。根据不同学科的特点、具体学习内容，以及不同年龄段学生的学习心理和学习能力，设计、选择合适的数字化学习工具、学习资源、学习空间、学习路径。

当然，"互联网+"技术环境不仅仅是工具、技术等物理层面的增加。仅仅是把技术引入课堂，而不考虑技术支持下的学习环境该做出怎样的改变，并不是本范式所思考的基础。交互和用户化，是"互联网+"技术环境最本质的特点，因此必须要设计能够支持学习者控制的、多路径、可选择，以任务驱动、问题探究、项目实施为主体的学习情境。

5. 教学程序

教学程序是互联网+时代学科课堂范式的外在的表现形式，是在融合各种核心元素的基础上产生的新的教学结构和流程。教学程序必须科学、简明、高度提炼，便于推广应用。它具有关注低结构设计、多样化选择、个性化创造等特点。教学程序的设计，一定要走出知识中心、教导主义的框架，要从终身学习时代的要求出发，关注学习者的个人选择，关注交互探究，用即时学习的理念和策略，把认知技能和知识习得嵌入到今后将被使用的有意义的任务或者情境中。比如，给学习者提供一个关于遗传学的APP，让他们决定一对夫妻是否会生出有基因疾病的孩子，来教授遗传学。为了给这对夫妻提出科学的建议，学习者必须发现不同的基因如何导致疾病，然后用测试去了解夫妻双方的基因组成。在这个关于生物学科基因内容的程序设计中，除了向学习者提供相关的APP作为完成任务的脚手架，还有相关的音视频，如专家的录音访谈等，为学习者提供一定建议。

比如，语文学科中的作文（写话、习作）教学流程，不再是"命题—学生作文—评讲—修改"，而是教师引导学生从当代社会生活出发，并根据阶段目标观察体验，生成一个大的话题，给学生自由表达的时空。学生自由写作之后，不是作为一个最终结果交给老师，而是教师与学生在线交流，让学生通过网络分享交流、对比发现，探究问题并针对自己的文章情况进行修改完善，自己满意后在平台上发布展示。这样的作文教学流程（图3），真正指向自媒体时代负责任的表达能力的形成。

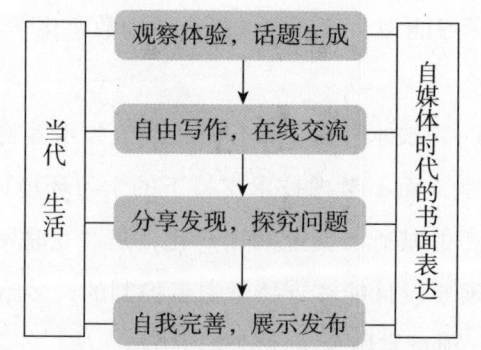

图3　互联网+时代语文学科中的作文教学流程

三、互联网+时代课堂教学范式的基本框架

"互联网+"环境下，根据自主、合作、探究的基本学习方式，课堂教学范式大体按三个步骤设计。具体到各个学科，应结合学科特点，设计学科范式。三个步骤作为一个教学单位，可以占用一堂课时间，也可以占用一堂课的部分时间，还可以占用几堂课时间；可以都在课堂内完成，也可以课内课外结合完成。但在具体的学科、具体的课例中，可以灵活选择、自由组合。

1. 任务情境中的学习

根据学习目标，设计真实的任务情境，为学习者提供丰富的资源和各类学习支架，方便其进行自主探究学习。学习者一旦被置于需要用计算机、网络等平台工具去解决复杂问题的情境中，会触发课堂结构的根本性变革。

真实的富有挑战性的任务情境的创设，可以使相对孤立的学科知识有丰富的附着点和切实的生长性，可以激活学科知识，让学习的过程不仅是知识的认知和加工，更能让学习者产生强烈的情感共鸣。因此，在真实的任务情境中进行阅读、实验、思考、建构，是互联网+时代课堂教学范式的一种基本方式。

比如，在生物学习中，让学习者在线上查找饮料配方，并根据配方制作各类饮料，与超市中购买的饮料进行饮用对比，并利用技术工具完成实验体验的任务报告。学习者在真实的任务中实验、尝试、体验、对比、思考，就会对饮料各成分的营养价值是否符合膳食标准，做出合理判断。

2. 问题情境中的学习

提炼核心问题，构建与课程知识内容、学习者生活经验及情感相联系的情境，组织线上、线下多种交流讨论，在合作探究中解决问题。情境能够有效增加学习活动的生动性、趣味性、直观性，问题则能促进学习者在学习中的思维水平和批判意识。而设计的问题情境，要能在学习者学习过程中为其提供脚手架，让他们能够解决超越自己能力的问题，当学习者需要的支持越来越少，脚手架就会自动撤出。

比如，在教学初中《数学》中的《勾股定理的应用》时，一名教师设计

> 基于核心素养、着眼未来的学习

了三个问题情境：1.有两棵树，一棵高8米，另一棵高2米，两树相距8米，一只小鸟从一棵树的树梢飞到另一棵树的树梢，至少飞了多少米？2.《九章算术》中的"折竹问题"：今有竹高一丈，未折抵地，去本三尺，问折者高几何？3.台风是一种自然灾害，面对灾害，我们能否提前做出判断和决策，把损失降到最低呢？为了帮助学习者解决问题，教师提供了"几何画板"作为脚手架，以便 学习者利用"几何画板"直接在图片上进行数学图形的建模。以第三个问题为例，学生在电脑上进行操作，将台风中心和城市抽象成点，将台风移动路线抽象成射线，将台风的影响范围抽象成动圆，待学生构建出完整的数学图形以后，再利用圆的运动模拟台风的运动，并隐藏原来的图片，这样就完成了数字化建模。接下来学生分组交流，明确已知数量和未知数量，并分析它们之间的关系，结合勾股定理，利用方程思想解决问题，从而体会应用数学的价值。

3. 拓展应用中巩固深化

从学生兴趣和需求出发，采用自主、合作、探究等学习方式学习，在拓展应用中巩固深化所学。充分利用平台获得学生学习行为和结果的数据，进行数据支持下的综合评价，及时改进教师的教和学生的学。

互联网+时代，以计算机为核心的技术能够模拟出浸润式学习环境，学习者可以在这些环境中学习各种技能，获得各种发展，发现自己的兴趣与潜能。因此，教师应从学习者的兴趣和需求出发，采用沉浸式学习的方式，充分利用平台获得学习行为和结果的数据，并进行数据支持下的综合评价。

个性拓展，应用深化，可以嵌入各学科学习的过程中，也可以跨学科统整，单独构建一种融学科知识、技能、方法、思维、文化于一体的整体性学习。比如，很多国家开放了线上博物馆，除了可以进行虚拟参观之外，还在线开放了虚拟解说员的招聘，学习者可以通过平台设计的解说场景，与参观者进行互动，让学习者在真实的场景中既学习了馆藏品的相关知识，还形成了应对各种服务需求的表达能力。

互联网+时代课堂教学范式构建教学新生态

潘晨阳[①]

重建符合互联网+时代的课堂教学范式,无疑是落实"教育理念和教学模式的一场深刻革命"的落地"工程",它的重建过程是"互联网+"深层融入学校教育系统的过程,同时也是"互联网+"在教育传统领域中发挥变革性作用的标志。通过渗透新课程改革的先进理念和科学方法,通过典型范例的支持,简洁地表示出基本的程序和基本框架,从而实现范式的可复制、可发展、可创造的大规模推广过程,最终形成互联网+时代课堂教学的新生态。

一、"互联网+"课堂教学范式构建的教学新理念

"互联网+"开启了信息技术创新应用新阶段,它以应用为导向,通过融合创新促进课堂的变革与转型。在移动互联网环境下,我们的教育模型和原来完全不一样了,开放互联、超越时空的学习环境,海量的可以及时共享的学习资源,支持个性合作、自主选择的学习方式,为技术与课程的融合创新,从教到学的课堂变革转型,学科核心素养与新的课程理念的实施,带来了机遇。用新技术打破旧模式,实现新技术和新课程的完美融合。

我们追求的课堂,努力改变的是班级授课制下大一统、整齐划一、缺乏个性、极少创造的课堂,形成民主平等、互动对话、主动积极、个性创造的课堂。积极倡导自主合作、有标准的个性化学习。

我们追求的课堂,技术支持嵌入式的综合评价,从关注学习结果到关注学习的过程和行为,并能够基于标志性的数据为学生的进阶性学习提供精准的支持。综合评价是对学习过程产生的各种数据及时生成和深入分析,可以帮助学生逐步进入技术支持下的自适应的学习,并最后获得终身学习的能力。

---

① 潘晨阳,江苏省常州市解放路小学校长。

基于核心素养、着眼未来的学习

我们追求的课堂，是以技术为中介的，支持的是学生的学习，追求的是新课程和新技术的深度融合，形成学生中心、学习中心、线上线下融合、交互探究的课堂，并且积极探索学科内外、课堂内外的融通，逐步构建"互联网+"学习新生态，不断优化育人方式，培养未来社会所需要的创新型公民。

二、"互联网+"课堂教学范式构建的课堂新环境

"互联网+"课堂教学范式的基本框架中，提倡以情境设计、任务驱动、问题引导、拓展应用等为基本教学程序，以及混合学习、协作学习和深度学习等为基本学习方式。如改变课堂物理空间的设计，满足师生日益多样的教与学对于课堂空间环境的需求；同时，通过更加多样化的课堂学习空间的设计，也可以帮助个体和群体找到更适合的学习方式。人影响课堂环境，课堂环境也影响人。"互联网+"课堂教学范式的课堂新环境正在从以传统讲授为主的秧田式环境，转变为基于项目合作、基于团队展示、基于自主学习、基于自由讨论等的多样化的课堂新环境。比如，常州市北郊小学数字化学习环境（图1）设计是这样的：

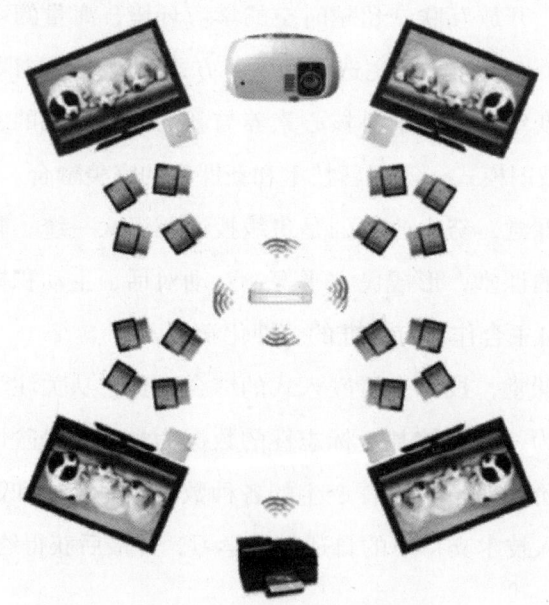

图1 学习环境设计示意图

数字化学习环境建设的"两理念"：学生为本，一切都要有利于学生自主、探究、合作学习方式的养成。在软、硬件中摒弃了教师全面控制的方式，而是赋予学生更多的学习自由。

便捷为要，一切基于无线。采用无线连接主要是为了打破学习的时空，试图创造随时随地、无处不在的学习。

数字化学习环境建设的"三块板"：

"探索板"。人手一台 iPad，我们称之为"探索板"。学生不仅能像使用纸质作业本一样随手在 iPad 上写下思维过程，更可以随时变成录音机、照相机、摄像机、扫描仪……形象地记录学习所需要的和正在发生的一切。更重要的是，可以利用其中数以几十万计的软件进行信息再加工，单一的学习信息被多层、多元、多样、多群的信息所取代，学生不再是学习信息的被动接收者，而是信息的采集者、整理者、分析者、表达者、分享者和创造者。

"讨论板"。6人1小组，每小组有一台大屏液晶电视，我们称之为"讨论板"，每一位孩子都能把自己的想法无线推送到讨论板上，为充分地分享和交流创造了有利的条件。

"聚焦板"。教室中间还有一个投影屏，我们称之为"聚焦板"。聚焦板可以聚焦学生的典型、优秀、独特的想法，最多可以达到 6 种方案，外加教室里的 6 台电视，12 种方案可以同时呈现在学生面前，便于学生对各种学习方案进行了解、判断、选择、比较、归纳、概括……

三、"互联网+"课堂教学范式构建的新的学习方式

通过微课程、慕课、智慧校园、教育大数据、翻转课堂和创客运动，我们看到了两种最普遍的教与学倾向：第一种是"用技术教"，即教师如何使用先进的"互联网+"技术更有效地进行知识的传授，快速获取学生巩固练习的结果。第二种是"用技术支持学习"，在正确教育观念引导下，应用科学的教育方法，通过"互联网+"的技术环境，形成新的学习方式。"互联网+"课堂教学范式主要是根据教师的学习路径，提供的技术与工具资源，学生自己主动学习、合作交互、个性建构的过程。

基于核心素养、着眼未来的学习

混合学习。"互联网+"课堂教学范式构建的线上线下相互结合，满足学生在课堂中更加多样化的学习需求。在"互联网+"的技术环境支持下，教师可以灵活地将线下与线上的资源"混合"，将传统的与现代的学习方式"混合"，巧妙地安排课堂的教与学活动，合理组织线上与线下的学习活动，使得教与学更加开放和灵动。例如，在教学苏教版《语文（三年级上册）》第15课《小露珠》之前，教师就将本课的10个生字"临、粒、珍、披、植、俊、戴、股、袭、奏"的甲骨文通过微视频展示给学生看，学生通过线上学习，了解字的本义，在线下，教师又让学生通过联系上下文的方式了解字在本课语境中的意思，让学生辨析是否使用本义，通过线上线下的混合学习让学生的生字学习也充满趣味和挑战。

合作学习。"互联网+"课堂教学范式构建的合作学习是指学生之间、师生之间以一种团队协作的方式开展学习。在互联网与移动互联网的技术背景下，人们很容易通过各种方式连接到一起，但是频繁联系并不代表合作学习。合作学习又往往出现成员贡献差异过大，一个人承包所有事情等状况。这就是范式在学习方式领域要解决的问题之一，"互联网+"课堂教学范式构建的合作学习围绕四个关键点展开，包括以学习者为中心、强调成员之间的互动、形成学习或研究团体、为真正的挑战共同制定解决方案。在技术的支持下，合作式学习可以使得课堂教学超越时空，甚至跨区域、跨文化、跨领域，从而提升学生们对复杂真实问题的理解力和解决问题的协作能力。例如，表演课本剧是学生喜欢的学习活动，学生以小组合作学习进行剧本创作，他们建立了QQ群，会在群中讨论剧本编写，分工合作，不仅站在自己的角色立场去思考，更会考虑自己的"对手戏"，在合作中把剧本创作得生动有趣。

深度学习。"互联网+"课堂教学范式构建的深度学习不仅是指为某个真实的问题找到更全面的信息和更多样化的观点，也不仅是指我们可以找到解决问题所需要的技术工具加以组合，更是指关注培养学生们的批判性思维、协作能力、解决问题能力以及自我导向的学习能力，从而更深入地探索真实而又复杂的问题情境。在教学苏教版《语文（四年级下册）》第9课《祁黄羊》时，学生依托创平台，阅读了许多关于祁黄羊的资料，一些学生对祁黄羊"外举不避亲，内举不避仇"的公心产生了质疑，他们认为这是祁黄羊使用的"欲擒故纵"的策略，学生的大胆质疑，引起了另一部分学生的不服气，他们依托互联网，列举了一些祁黄羊忠公体国、急公好义的事例，并且联系课文中的语句，又结合平台上的资料拓展来证明祁黄羊"出于公心"。精彩的质疑和争论，让学生情不自禁地深入文本，课后他们还写了许多争论的文章发表在平台上，发展了思维，锻炼了写作能力。

"互联网+"课堂教学范式构建的目标是什么？对个体而言，是应用"互联网+"技术提供个性化的学习支持；对群体而言，是运用"互联网+"技术为协同学习提供支持。这在没有技术支持的情况下，是不可想象的。

"互联网+"课堂教学范式构建的学习新方式，让学生在自主、探究、合作的学习活动中学会了自主、探究、合作的学习。他们在这样的学习中，有了更广阔的视野、更敏锐的头脑，同时又有更多的机会和选择。这样的学习，培养的是具有独立思考能力、自由意志和协作精神的个体，因此，社会文化中的积极因素才能生长出来，形成优秀的思想力量，从而积聚推动社会进步的能量。

四、"互联网+"课堂教学范式构建的教学新生活

"互联网+"课堂教学范式构建的师生新关系是民主、平等的，师生在享受尊重权利的需求上是民主、平等的，同时师生在课堂教学环境中追寻归属感和价值感的需求上也是民主、平等的。"互联网+"课堂教学范式构建的师生新关系也正积极寻找和创设师生的不同角色定位，以及师生在教与学之间保持平衡的方法。比如，教师如何真正地洞察学生的需求，如何发掘学生的潜能，如何组织学生一起探索，如何引导学生不断学习发展，在这样一个多元的时代，变得更加重要而迫切。

"互联网+"不是简单的加法，它开启了信息技术创新应用的阶段，它以应用为导向，通过融合创新促进课堂的变革转型，而最终指向的是更深层次的变化——重建教学新生活。

基于核心素养、着眼未来的 学习

"互联网+"课堂教学范式让师生走出第一步，随着项目的深入开展必然会引导其对课堂教学，乃至课程内容、课程组织和课程评价的思考，从而推进理念和行为的更新。因此，"互联网+"课堂教学范式构建的教学新生活正在努力成为每一位教师和每一位学生创新想法的出发地。通过激发，用可操作、可复制、可发展、可创造的范式，鼓励和支持每一位师生的内在想法，而不是给予统一标准的外部奖励机制，这样的课堂正在努力创建一整套孵化融合创新的体系。

构建互联网+时代课堂教学范式教学系统

管雪沨[1]

"教学系统"是指资源与平台支持下的教与学的体系。从辅助教学发展到主动学习，再发展到交互式探究性学习，课程资源作为一种"信息"已经融入了教学系统，互联网+时代的课堂教学包括了先进的理念、科学的方法、丰富的资源、交互的教学系统及互联网环境等，如何把这些元素整合在一起，呈现主动、积极、个性的教与学的生态，是课堂教学范式落地的关键，而关键中的关键则是"信息"的形态和"信息"的交互方式如何为教与学服务。

一、"互联网+"支持下的交互系统

（一）基于学生学习的交互

学生是教与学活动的主体，学生的学习本质上是接收来自各种渠道的学习信息，并在头脑中进行信息的分析、建构，最终将这些信息内化为自身的知识体系，以达成课程的学习目标。

以学生为核心，"教学系统"主要向学生提供了四个方面的信息来源渠道。首先，系统提供了教师课前制作的学习包（课件）和相关任务。学习包中已包含了教师针对某一内容设计好的学习材料，并按照学习任务和学习流程进行了组织。学生可以根据其内容在教师的指导下自主地进行学习与探究。其次，学生可以在学习过程中获得来自系统的智能反馈信息。反馈信息主要源自交互式学习和在线学习。再次，学生能够在系统中接收到教师提供的现场生成性学习信息。这些生成性学习信息多数来自于教师为教学活动准备的一些预案或对特殊教学的反馈。由于这些信息是一种教学预案或即时发挥，

---

[1] 管雪沨，江苏省常州市天宁区教师发展中心副主任。

所以一般不会出现在学习包中，学生需要在教师的课堂指导下进行相关的学习活动。最后，系统提供了在线讨论空间，学生可以获取到来自同学或其他人的各种学习交流信息。

此外，系统也为学生学习过程中必要的信息输出提供了渠道。如系统可将学生的任务完成情况发送至教师端；系统提供了拍照上传等功能，支持学生以图片形式发送各种复杂信息。此外，每个学生都可以通过在线讨论空间向其他同学发布交流信息。

（二）基于教师教学的交互

为了促进教师更好地设计和实施教学，"教学系统"面向教师提供了许多应用工具，以帮助教师更好地完成对各类教学信息的创设、发送、收集和分析。例如，系统提供了资源包的编辑工具，支持教师课前创设上课使用的各种内容信息；系统提供的内容分发功能为教师提供了将制作好的资源包（学习任务）发布给所有学生的渠道；课堂教学互动系统具有收集和分析学生反馈信息的功能，能够将学生完成任务、在线学习的情况即时地反馈给教师。学生终端的信息抓取功能能够支持教师随时调用任何学生的学习情况信息，实现教学过程中的精准支持。

除了情境创设、任务发送与学习反馈外，在教学系统中还有用于课堂管理的信息发布与信息采集功能。教师在课堂中不仅要围绕教学信息与学生展开交流，也需要随时把握课堂教学的整体状况。系统提供了同步翻书、学生终端黑屏、学生终端监控等功能模块，用于向全体学生或某些学生发布课堂管理指令信息，或基于课堂管理查看学生的学习情况。

（三）基于学习分析的交互

相对于传统教学范式中的交互方式，"互联网+"环境下的教学范式不仅信息互联互通的渠道和信息传播方式变得丰富，更为重要的是，教学系统还能够为教师和学生提供信息的分析服务，以促进师生更准确地把握在教学活动中生成的各种信息。课堂学习情况反馈是最为典型的通过信息分析来促进学习的方式。教师一般会在完成一个教学活动后，通过系统收集各类信息并进行分析，再以统计结果的形式发送给教师和学生。教师通过系统反馈的统计结果就可以大致了解学生在前一个教学活动中的实际学习水平，并在课堂上采取相应的教学措施。

在系统中，以学生为核心的交互、以教师为核心的交互和信息分析三者共同构成一个基于互联网的教学交互方式。在这个信息交互环中，教学内容、学习水平等方面的总信息量要远多于传统教学范式。但由于系统本身能够对这些信息进行一定程度的分析，因此教师和学生并不会因为实际获取和发送的信息量增多而感到在信息处理方面存在困难。

教学系统的应用可以全面采集师生教学活动的行为数据，并积累形成课堂教学行为大数据。大数据是当今互联网人工智能发展的前提，尽管我们目前还没有明确的分析方式或相关算法能够通过这些教学行为大数据完成准确的教学分析、教学评价，但这些数据的收集和积累本身就已经为将来更为先进的智能分析奠定了良好的基础。

二、教学系统的资源设计与范式模板

从教学理念的革新，到实现具有普及性的有效教学实践，与教学理念配套的教学资源开发是一个关键问题。传统的信息化教学资源大多为 CAI 资源，这导致中小学的教学实践中普遍存在资源应用水平低和教师备课难度大的问题。由于对资源进行设计时以"辅助"为目标，使得这些信息化资源在教学中处于从属地位，对教学的支持往往只是锦上添花，甚至是可有可无。如果教师希望将这类资源更好地应用于教学活动中，就必须针对课堂教学内容和资源本身的特点重构教学策略。这就使得教师的备课工作量成倍增长，也使得教育信息化的高水平普遍应用变得十分困难。

基于大量的研究和实践，我们认为基于教学范式来设计和建设信息化教学资源是解决上述问题的有效方式。与教学范式相结合后，资源的属性发生了一些变化。我们一般会从两个层面审视传统的信息化教学资源：一是这个资源包含了哪个（或哪些）知识，二是这个资源用什么样的媒体或交互方式

来表现这个（或这些）知识。而在新的资源设计与开发思路下，我们还要追加两个对资源的分析层面：这个资源在怎样的教学策略和教学模式下使用，以及这个资源的使用效果预期如何。

具体而言，教学系统首先为教师提供了课堂教学范式的模板，这类资源用于帮助教师快速进行备课。范式自身的有效性保障了教师在高效率的教学设计前提下创造最佳的教学效果。课堂教学范式模板由若干个教学活动模块组成，每个教学活动模块中包括若干教学（或学习）素材。就素材的资源形态而言，其实无外乎文本、图片、音频、视频、交互动画等形式，与传统信息化教学资源差异不大。但正如前面讨论过的，在对这些素材资源进行设计时除了考虑知识、呈现方式外，还充分考虑到了其应用方式及应用效果，并通过教学范式进行了合理的组织，使其在教学全过程中具有可便捷、高效应用的特点。

基于教学范式，我们还提供了与范式配套的"学习包"，包括供教师上课使用的授课资源和学生使用的学习资源。这些"学习包"由系统中自带的编辑器进行开发，采用 HTML5 技术，具有可跨平台和供操作系统使用的优点。"学习包"本身是文本、图片、音视频、交互动画等资源的集成，其内容编排主要取决于课堂教学所对应的教学范式设计。在教学系统中，课堂教学互动子系统中的信息可与学习包的信息交互，能够收集教师和学生实施教与学活动时应用资源包中的所有行为数据，统计并分析学生的课堂行为情况等。

从整体上看，教学系统中的资源设计、应用与教学范式之间有着相互支撑的效应。一方面，资源需要基于教学范式进行设计和开发，以确保其在教学实践中的应用能够具有较好的效率和效果。另一方面，新的教学范式也必须在一定资源体系的支撑下才能够真正有效实施。

三、基于教学系统的范式再创新

在互联网+时代的课堂教学范式信息教学系统中，基于教学范式所形成的模板除了具有课程实施所必需的科学性、规范性、指导性特征外，还具有个性化与发展性特征。新课堂教学范式的提出，并非希望课堂教学变得整齐划一，或消除教师、学生之间的差异。在教学范式相对稳定的前提下，教师完全可以根据自身的教学风格，教学情境的具体特征以及学生的具体学业水平、认知特点对教学范式进行调整。

教学系统中给出的范式模板具有模块化结构，每个模块都是一个教学活动环节。这些模块按照一定的教学逻辑和教学策略进行串联，构成一个完整的范式。针对教师的个性化需求，教学系统允许教师对现有范式进行修改，例如调整、替换现有范式中部分模块的内容，改变模块之间的连接次序，甚至设计生成新的教学活动模块类型。教师通过改变系统中的范式模板，就可以比较高效地实现课堂教学的个性化。

在教学系统中，教师对范式模板的改动可以在三个层面上进行。在学习内容层面，教师可以调整范式模板中各模块的具体内容。例如，教师认为范式模板中例题模块的题目难度或数量不能满足实际教学需要，就可以根据自身的教学实践需求对例题模块进行修改，增加、减少或替换原有模板中的例题。在教学活动层面，教师可以根据实际情况来改动范式模板中的某些活动模块。教学系统中提供了不同类型教学活动的模块模板，供教师选择和替换。例如，教师如果认为开展范式模板中设计的某个学生实验有一定难度（比如不具备相关仪器或实验场地），那么可以将这个学生实验活动改为虚拟探究实验活动或教师演示实验活动。在教学策略层面，教师还可以通过对活动模块及其次序的整体调整，尝试一些不同于已有范式的新教学策略。例如，针对某个知识点的教学，系统提供了一个由引入、假设、探究、总结、练习等活动模块构成的探究式教学范式模板。当教师希望尝试使用新的教学策略时，可以在原模板中选取假设、探究、总结、练习等内容，再添加课前微课、课上讨论、课上作业等新的活动模块，按照新的教学逻辑重新串联这些模块，形成一个新模板。

第三章

STEM 教育

STEM 课程以科学（SCIENCE）、技术（TECHNOLOGY）、工程（ENGINEERING）、数学（MATHEMATICS）四个英文单词的首字母缩写而成，它聚焦了科学技术的应用与创新，关注学生创新精神和实践能力的培养，成为当今世界课程改革的新方向。

STEM 教育研究最早起源于美国科学促进会（AAAS）在 1985 年发起的一项致力于改革美国科学、数学与科技教育的长期研究计划。STEM 教育模式以项目（PBL）为引领，学生基于真实世界的问题设计任务、参与体验，通过科学、技术、工程与数学等跨学科课程统整的教学方法，产生直接经验，从而内化为自己的能力。这种跨学科的融合教育模式，强调综合知识和综合能力的培养，无疑对我国的分科教学模式是一种大胆的挑战和有益的补充。

近年来，在加强 STEM 教育的同时，美国教育界产生了新的呼声，要求将艺术（Arts）纳入全国性教育战略中，将 STEM 转变为 STEAM，即加入艺术（Arts）教育。从 STEM 到 STEM+，STEM 教育已经成为当今促进学生创新精神和实践能力发展的新教育运动。

加强中小学 STEM 教育恰逢其时

田慧生 [①]

一、加强对 STEM 教育紧迫性的认识

李克强总理在十三届全国人大一次会议所做的政府工作报告中指出："加快建设创新型国家。把握世界新一轮科技革命和产业变革大势，深入实施创新驱动发展战略，不断增强经济创新力和竞争力。"

21世纪是知识与经济全球化的时代，科技创新的作用愈加凸显。在教育领域，对创新型、综合型人才的培养需求与日俱增、迫在眉睫。世界各国为了应对竞争压力，纷纷进行基础教育改革。尤其是美国自20世纪80年代发起的 STEM（即科学、技术、工程、数学）教育在全世界引起了广泛的关注和影响。STEM 教育是一种跨学科的教育方法，通过建立学校、社区与全球企业之间的联系，使学生将学术概念与现实世界的经验教训紧密结合起来，综合运用科学、技术、工程和数学知识，有效提升学习者创新实践及问题解决等核心素养，进而增强国家竞争力。近年来，以美国、英国、德国为代表的很多国家都在国家战略的高度制定了促进 STEM 人才培养的政策措施，协同政府各个部门、大中小学、企业、科研机构、社区和家庭的力量，共同促进 STEM 教育，在世界范围内形成了引领科技发展和人才培养的新潮流。

当前，中国经济进入新常态，面临着产业结构调整和加快转型升级的新挑战；信息化和工业化逐步走向深度融合，劳动密集型经济正在向知识密集型转变，急需培养大批具备科学素养、技术专长和实践能力的复合型创新型人才。在我国推进 STEM 教育不仅有助于我们抓住第四次工业革命机遇，促进制造业的智能升级；有助于我们抓住信息技术和互联网革命带来的契机，

---

① 田慧生，教育部基础教育课程教材发展中心主任。

在新兴产业领域抢占先机，实现经济上的飞跃和赶超；更有助于我国公民科学素养的培养和劳动者就业能力的提升，促进就业，维护社会和谐稳定。加快STEM教育发展，创新STEM教育模式，加强跨部门、跨领域的STEM教育合作已成为当前我国人才战略的重要任务，也是优化我国人力资源结构和质量、提升国家竞争力的紧迫要求。

党的十九大报告提出了到2035年基本实现社会主义现代化的宏伟目标。到那时，我国经济实力、科技实力将大幅跃升，跻身创新型国家前列。从现在算起到2035年，目前的中小学生到那个时候正处于创造力发展的高原阶段、正是努力攀登科技高峰的黄金年龄、正赶上现代化强国建设的关键时段。所以，现在加强中小学STEM教育恰逢其时，不可不为，不可慢为。

二、STEM教育在我国的推进与发展

近几年，STEM教育正在我国快速兴起。2016年，教育部印发的《教育信息化"十三五"规划》要求有条件的地区要积极探索信息技术在"众创空间"、跨学科学习（STEAM教育）、创客教育等新的教育模式中的应用。2017年初，教育部印发《义务教育小学科学课程标准》，明确建议教师在教学实践中尝试STEM教育。2017年10月，教育部印发的《中小学综合实践活动课程指导纲要》也明确地将创意物化能力培养作为课程目标，推荐了体验物联网、用计算机做科学实验、开源机器人初体验等活动主题，引导中小学开展STEM教育。2018年1月，新颁布的《普通高中课程标准》中，很多学科也都明确渗透或倡导了STEM教育思想。

在国家政策的积极引导下，我们欣喜地看到，我国许多地区、学校和机构已经开展了一些STEM教育的研究、实践和探索。可以说，STEM教育已成为我国进一步深化课程教学改革、创新人才培养模式和选拔模式、提升学生科学与创新素养的重要抓手。新政策指明新方向，新研究提供新支撑，新探索开创新局面，STEM教育中国特色体系正在逐渐显露。

当然，我国STEM教育还刚刚起步，在课程建设、教育标准与评估机制等方面还很不成熟，不同专家对STEM教育的理解、解读也不一致。特别是

师资和社会联动机制等还远不能支持STEM教育的开展。STEM教育的推进有赖于系统的顶层设计，有赖于跨部门的协作和全社会的参与，有赖于科学有效的研究引领和广泛深入的实践探索。

希望广大中小学校，在当前落实立德树人、加强创新型人才培养的大背景下，切实以落实中国学生发展核心素养为导向，积极变革教学与评价方式，加强推动中国STEM教育的研究与实践。

1. 加强跨学科的学习与合作。STEM教育将科学、技术、工程和数学等整合在一起，强调对知识的应用和对学科之间关系的关注。这就需要教师间加强合作，提升跨学科指导能力，促进各学段、各学科教育目标和内容的有机融合与学习的融会贯通。

2. 加强复合型师资队伍建设。创新教师培训方式，提升教师综合素质，关注小学全科教师的培养。开展具有跨学科背景的师资力量的培养，尤其是针对STEM教育相对落后地区和群体的师资培训，帮助教师们获得更多STEM学习经验，提高关于科学、数学和技术的本质认识和科学素养，并提倡教师将STEM教育融入课堂教学中。

3. 加强本土化的研究与实践。研究者应加强对已有经验的研究总结和梳理，积极引进国外STEM教育优质资源，借鉴有效的教育模式，并结合中国情况进行复制、移植、改造，加强本土化、特色化探索。

4. 加强资源的开发与相互协作。政府机构、科研院所、大中小学、社区、企业等应成为一个合作共同体，共同为国家储备、培养创新人才，推进STEM教育贡献力量。营造一个全社会共同参与的、一体化的STEM教育环境，促进教育研究者与实践者的协同合作。

总之，推进STEM教育已成为世界性教育发展趋势。我们必须抓住机遇，开拓进取，主动作为，在学习借鉴发达国家STEM教育实践经验的基础上，面向未来，立足本土，努力探索具有中国特色的STEM教育发展道路，为培养具有科学、技术、工程和数学素养的复合型创新型人才做出积极贡献。广大中小学校当以新高考改革、推进学生发展核心素养为契机，探索基于核心

> **基于核心素养、着眼未来的 学习**

素养的基础教育课程、教学及评价改革，创新STEM教育的实施方案、师资培养机制，完善课程标准和评价体系建设，搭建跨学科、跨学段的STEM课程群；发掘和推广STEM教育的成功实践模式，努力让STEM教育惠及最广泛的学生群体，让科学与创新进入每一个孩子的基因。

从"学科人"到"素养人"
——走向融合的 STEM 教育

陈晓萍[①]　潘瑶珍[②]

在 21 世纪的今天,科学、技术、工程和数学领域的发展越来越精细、深入,并且迅速改变着我们的生活。同时,这四个领域的联系又越来越紧密,解决任何一个领域的问题都会涉及其他三个领域;任何一个领域的发展都将为其他领域打开进步的空间;任何一个领域的素质都是未来公民的基本素质。[1] 由此,发端于美国的 STEM 教育,越来越多地出现在不同国家的教育改革中,并且成为教育研究、教育实践变革的热点。

一、科学·技术·工程·数学教育

STEM 是科学、技术、工程和数学(Science, Technology, Engineering and Mathematics)的英文单词首字母缩写。我们可以这样来认识 STEM:第一,STEM 是分科的,它代表着科学、技术、工程和数学四门独立的学科领域;第二、STEM 是整合的,这或许是今天强调和重视 STEM 教育时最为大家所关注和看重的;第三,STEM 教育是延伸和扩展的。[2]

就分科而言,几乎在所有国家中,科学、技术、工程和数学都作为独立的学科与课程形态存在于学校教育中。并且,每一个领域的发展,正越来越精细化、专业化与体系化。即使在同一个领域,也可以细化出许多不同的分支。越来越多的岗位与职业,要求其工作者具备相应的科学、技术、工程和数学领域的专业素养。每一个领域的核心知识体系,是我们理解科学、技术、

---

① 陈晓萍,浙江外国语学院副教授。
② 潘瑶珍,浙江外国语学院博士。

需的工具";"教育技术正在变革着 K-12 教育的面貌。随着技术延伸至课堂,学生不再是信息的被动接受者。当学生已经拥有智能手机或 iPad 时,很少有人能够静静地坐在课桌后面"。[5] 比如,在《声音工厂》这节课里,教师不仅结合了线上学习和线下学习,而且运用 iPad 里面的一个软件来测试声音,并直接把声波的特性通过非常直观的展示方式让孩子看到,使得声音的物理特性"振幅"和"频率"这两个对小学生来讲非常抽象的概念可视化了。在《美丽的分形》这堂课中,教师利用计算机向学生展示了生活与大自然界缤纷多彩的分形图案,将学生引入到一个美妙的数学世界中。

在利用技术来支持和促进 STEM 的教学活动时,一方面,技术的设计需要与课堂教学情境和学习内容相匹配,结合学生认知心理的特点和学习理论来设计技术支持,并不是将技术简单地"添加"到原有的课堂教学情境中;另一方面,硬件的学习技术与软件的学习技术之间,应该具有技术功能的匹配性和基于数据交流的匹配性。一般来说,移动学习技术不仅能在野外考察中帮助学习者实时查询相关信息,还可以通过声音、文本以及多媒体来记录观察情况。增强现实技术,能使学习者与虚拟的事物进行交互,帮助他们理解生活中隐形的规律,从而形成对事物的科学认识。基于手势的计算技术,可以在不同的情境中为学习者提供基于探索的学习体验。

三、STEM 教育的评价观念

STEM 教育要求对评价的意义要有全新的认识。作为必要的组成部分,评价使 STEM 学习活动的各个部分结合为一个整体,维持学生的学习动机,就每个学生的学习情况给教师和学生提供有用的信息。在 STEM 教学活动中,教师要把注意力从终结性评价转移到形成性评价。[6] 当关注的重点是实践性知识的生成过程(①评价不仅仅被视为对产品的量化,而更关注学习的过程;②学生对自己的学习过程有清晰的认识和体验)时,形成性评价重点强调对学生深度学习和素养形成的评价,例如,沟通与合作、批判性思维与问题解决、创造力与想象力等。

来自美国国际技术与工程教育协会的 STEM 教学中心在《融合的 STEM

教育焦点》一文中指出,在具体的教学活动实施过程中,教师应该在四个方面为评价做出准备:①可迁移的知识——学生能够迁移到不同现实情境中的关键概念、原则、理论和流程;②关键问题——来自可迁移的知识准备,用于建立课程的目标和深度;③行为预期——向学生详细表述他们应该如何展示对学习目标的理解,这是评价的基础;④行为要素——对学生的行为预期,偏向于使用量表、行为观察和产品成果等。

四、结语

STEM教育作为当前全球兴起的一种理念与热潮,以其鲜明的学科融合的特征并由此而带来的聚焦真实世界的问题解决和经历实践性知识的生成过程,受到教师、教育研究者、教育界以及政府的行政管理者、家长的关注,并且有越来越多的行动投入。从STEM教育的需求来说,当前的系统性、连贯性STEM课程开发是远远不够的,对教师的重要挑战是课程的开发与设计。教师在过去从来没有参与这样的实践活动,也很少将这样的实践活动融入他们以往的教学活动中。学习活动所涉及的知识具有复杂性、广泛性和不确定性,而且,学生与问题(任务)、知识、他人、学习材料与资源等多个要素之间有交互作用,这些都给如何更好地开展STEM教育带来了挑战,需要有更多的教育研究的引领,更多的教育实践的尝试,更多的社会资源的支持。

参考文献:

[1] Committee on Conceptual Framework for the New K-12 Science Education Standards, National Research Council. A Framework for K-12 Science Education: Practices, Crosscutting Concepts, and Core Ideas [M]. the National Academy Press, 2012.

[2] 赵中建选编. 美国STEM教育政策进展 [M]. 上海:上海科技教育出版社,2015.

[3] National Academy of Engineering, National Research Council. STEM Integration in K-12 Education: Status, Prospects, and an Agenda for Research. Washington, D.C: the National Academies Press, 2014.

[4] 赵中建选编. 美国STEM教育政策进展 [M]. 上海:上海科技教育出版社,2015.

［5］玛格丽特·赫尼，大卫·E.坎特主编，赵中建，张悦颖译.设计·制作·游戏——培养下一代STEM创新者［M］.上海：上海科技教育出版社，2015.

［6］罗伯特·M.卡普拉罗，玛丽·玛格丽特·卡普拉罗，詹姆斯·R·摩根编，王雪华，屈梅译.基于项目的STEM学习——一种整合科学、技术、工程和数学的学习方式［M］.上海：上海科技教育出版社，2016.

STEM 教育非"儿戏"

张建新[①]

STEM 教育受到世界各国的普遍关注和追捧,这场热潮也席卷了中国。"拿来主义"在一定程度上加快了我们进入 STEM 的步伐,但随之而来也产生了"没有掌握其精髓,走形式、抄范本十分普遍"和过度商业炒作等系列问题,盲目追风、良莠不齐现象令人担忧。笔者认为,要推进 STEM 教育,以下四个方面值得重视。

一、用战略的眼光看待 STEM 教育是关键

从国家战略层面强烈关注 STEM 的现象发端于美国,历经 30 余年发展到现在,期间历任政府(布什、奥巴马、特朗普等)都对 STEM 教育非常重视。2006 年,美国总统布什发布《美国竞争力计划》,提出培养具有 STEM 素养的人才是全球竞争力的关键。2011 年,美国总统奥巴马推出新版的《美国创新战略》,开展"创新教育运动",加强 STEM 教育,动员全国力量支持美国学生发展高水平的 STEM 知识和技能。更值得关注的是,2017 年 12 月 18 日,美国白宫发布了特朗普任期内第一份《国家安全战略报告》,支持为美国工人提供 21 世纪高薪制造业以及科学、技术、工程和数学(STEM)工作岗位的学徒和劳动力发展计划;提出培育健康的创新型经济,并与盟友和伙伴合作,改善 STEM 教育,吸引高级技术人才。STEM 教育对国家储备创新人才和未来国家竞争力影响的重要性不言而喻。正如教育部基础教育课程教材发展中心主任田慧生所说,加强中小学 STEM 教育恰逢其时,不可不为,不可慢为,必须以时不我待、只争朝夕的精神,脚踏实地,奋起直追,努力赶超,以确保我国在未来世界中的战略优势。

[①] 张建新,山西省晋中市榆次青少年活动中心副主任、教研员。

基于核心素养、着眼未来的学习

二、在真实问题情境下实战是核心

"仗怎么打，兵就怎么练。"STEM教育是基于现行教育与未来社会发展相匹配的需求，是以解决未来世界性的问题为目的的。基于真实问题（情境）下的实战化参与是提高解决问题能力的重要途径和抓手。央视播出的《国家记忆》之《探秘"南海1号"》中，"打捞沉船"给中国水下考古人员提出了前所未有的挑战。"打捞沉船"就是一个很好的真实情境。到底应该采取怎样的方式，才能安全地保护好这条在海底沉睡800多年、船体随时都可能被损坏、价值无法估量的沉船呢？

考古专家不断地讨论着各种方案，随之围绕"原地挖掘"和"整体打捞"两个设想的可行性展开多方论证。但是很快就发现，这个看似"完美"的既不破坏船体，又可以近距离观察、保护沉船的"原地挖掘"方案，由于自然环境的原因，只能停留在纸面上。

实践出真知。恰恰是当时被视为"不切实际的想法"，最终促成了一个大胆的沉井打捞计划，在多个部门协同合作，经历上百次模拟实验后，终于把船体和淤泥加在一起重量高达4000多吨的沉船"整体打捞"出水，从此揭开它的神秘面纱，给世人生动地展示了海上丝绸之路的风采。

"纸上得来终觉浅，绝知此事要躬行。"很多时候，"纸上谈兵"不足以解决现实的复杂问题。STEM教育的项目设计中，找准一个真实问题情境，学习过程围绕解决这一真实问题展开才是有意义的学习过程。若把"打捞沉船""在海底建立适合人类生活、工作和与海洋生物共同生活的海底之城""建造遮阳装置""防洪堤坝""智能盲人拐杖"等真实的故事情境转化到STEM教育中，紧紧围绕解决真实问题开展学习活动，便能真正做到学习过程灵活开放，方案设计丰富多样。学生只有在亲身参与问题解决中"摸爬滚打"，真实体验"成功与失败、希望与绝望、抉择与割舍"，才能不断修正、完善自己的认知，形成经验的积累，才能充分激发创造力和创新能力。

眼下有的STEM课程已经沦为实验课、制作课；有的STEM课程热衷于提新口号，做样子、图形式、走过场，甚至只要是跟科技沾边就叫 STEM。这种不负责、没有真正关注学生的 STEM 课程设计，必须从根本上加以修正。

唯有围绕解决真实情境问题发生的实战化学习过程，才是学生应用科学、技术、工程和数学等多门学科知识，协作和探究式地解决现实问题的一个自然而然应用跨学科知识的过程；才能让学生在学习过程中与周围世界和现实生活建立联系，提高创造性和发现问题、解决问题的能力。

三、创新方法解决真实问题是必然

在基于真实问题（情境）的基础上实施 STEM 项目，一定会遇到新的问题，也必然需要更灵活地创造和革新方法去解决。

"造桥"是 STEM 学习中十分典型的项目。因环境和所处地理位置不同，桥的设计、施工都不一样。作为世界级的超级工程，全长 55 公里的港珠澳大桥在创下"世界总体跨度最长、钢结构桥体最长、海底沉管隧道最长，世界公路建设史上技术最复杂、施工难度最高、工程规模最庞大"相关记录的同时，在创新地解决真实问题方面也表现得淋漓尽致。

为了同时满足航海与航空的通航需要，港珠澳大桥中间的 6.7 公里必须从数十米深、漆黑一片且暗流汹涌的深海里穿过。设计什么样的沉管？在什么地方预制？怎么运达？如何吊装？要保证沉管隧道滴水不漏，需要采取什么技术手段？

紧接着，在桥与隧道连接处建设"人工岛"。如果用传统的填海方式，投下的石块会沿淤泥滑出，无法到达预定位置，也会造成海洋污染。什么样的创新技术才能解决这一世界级难题？

还有，港珠澳大桥要求能抗 16 级台风、8 级地震，设计使用寿命长达 120 年。运用什么技术能延长桥的使用寿命？用什么办法可提高桥的抗灾害能力？

意想不到的问题、从未遇到过的难题接踵而来，但都一个个被不畏艰险、埋头苦干、充满智慧的中国工程师们攻克。仅仅在岛隧工程的设计建设中，形成的发明专利、新型实用专利多达 400 余项。"创新是被逼出来的。"港珠澳大桥岛隧工程项目副总经理刘晓东说。

在虚拟实验室与真实情境中，问题往往是以突变的方式到来，只有身处互动仿真平台，才可能极大地激发人们攻克难题的斗志，自然产生头脑风暴和智慧碰撞的冲动。这就是STEM学习中要坚持的"明确的目标，模糊的过程"，即解决某个确定的实际问题，解决方案和解决过程是多途径的，这正是鼓励学生努力探索、勇于创新的魅力之所在。

如果只是开展一些小制作，或是学生简单地跟随步进式引导打造一个产品，缺少问题发现、工程设计和构建创新解决方案的过程，不仅学生觉得了然无趣，理论创新和技术创新更无从谈起。

四、建立科学概念和理解提升是支撑

STEM项目重视跨学科的综合，强调以科学论文的方式研究STEM，强调科学思维和科学表达。但回顾2000年以来我国小学科学课程的实施情况，学生在这方面是比较欠缺的，一些STEM展示活动真正体现出技术含量的也不多，这主要表现在学生只知其一不知其二，缺少科学的语言，缺乏严谨的科学态度和对科学概念与理解的表达。

如小学科学内容"轮子"。若止步于让学生了解轮子的知识和用牙签、橡皮泥制作轮子，比比哪个跑得远，还不是真正意义上的STEM。因为，科学在于认识世界、解释自然界的客观规律，技术和工程则是在尊重自然规律的基础上改造世界、实现对自然界的控制和利用、解决社会发展过程中遇到的难题。如果在制作轮子的基础上，能深入了解其科学原理，帮助老弱病残设计一款上楼梯的轮子（车），致力于引导学生从小小科学家向小小工程师转变，便成了一个有价值的STEM项目。

在设计创作这款新颖的"轮子"过程中，必然会遇到意想不到的新问题，也必然会涉及已学或未学的知识，或产生与团队最初设计相左的新的科学方案，甚至在实际测试中因突发事件而放弃现有方案，从零开始。经历提出问题、做出假设、制订计划、收集证据、处理信息、得出结论、产品升级、表达交流和反思评价的完整阶段，再经历往复迭代后，当具有新颖性、实用性

和科学性的产品诞生之时，我们将实证和初始的想法做出关联——无疑，学生会在头脑中建构属于自己的认知体系，大大提升对科学概念的理解，从而形成自己的一套经验甚至一项（专利）技术，影响和推动新的科学理论的探索与发现。

  总之，我们要着眼于国家战略，依托 STEM 教育理念，创建开放性平台，让学生走出教室、走出校门，以更贴合实际的方式去解决现实生活方方面面的问题，从而促进学生全面而有个性地发展。

多维视角下 STEM 教育实践的关键问题

管光海[①]

源于美国的 STEM 教育被作为国家教育发展战略推进，影响了世界各国，已经成为一项教育运动，也引起了我国学者们的关注以及学校的积极探索和实践。对于 STEM 教育的研究和实践，从不同的视角和立场出发，有不同的侧重点。从实践层面看，STEM 教育实践者对 STEM 教育在培养学生创新精神、实践能力方面的价值和意义有着基本的共识，以不同视角来分析和探讨 STEM 教育，对于促进 STEM 的实践有重要的意义。

一、关注 STEM 教育的多维视角

STEM 教育涉及教育、课程、教学等多个层面，而作为跨学科的 STEM 教育还涉及科学、技术、工程、数学等多个教育领域。从我国目前关注 STEM 教育的学者身份来看，不同的身份有着不同的学术立场和关注视角。从文献分析来看，STEM 教育体系[1]、STEM 课程整合[2][3]、STEM 师资[4][5]、STEM 教育与创新精神和实践能力[6]、STEM 教育资源建设[7]等各个方面都受到关注。从 STEM 教育实践者对 STEM 教育的思考和不同程度的实践探索来看，STEM 教育已对我国教育实践层面，包括学校教育、校外活动、家庭教育等各个方面，产生深刻影响。

在学校教育方面，实践者们关注的是课程建设。一位从事科学教育教师培训的教授希望学校能借助 STEM 改进科学教育，通过 STEM 教育解决当前小学科学教育中存在的问题。事实上，很多学校已经关注到 STEM 教育对学生创新精神、实践能力及核心素养的培养的作用，而如何通过 STEM 教育促进科学、技术、工程、数学学科的发展，特别是如何将技术与工程的目标、

---

① 管光海，浙江省教育厅教研室通用技术（劳动与技术）教研员，STEAM 教育联系人。

内容结合更是受到重视。

在校外活动方面，实践者们关注的是 STEM 活动的开展。例如，一位从事青少年宫课外教育的工作者提出青少年宫从事 STEM 教育的主要途径有三：引进美国体现 STEM 教育的 DI 活动；通过模型机器人、电脑、科学实验和学习能力等培训项目；通过社团形式开展活动。科协工作者通过考察国外的科技馆，认为很有必要在国内开展一些 STEM 教育的示范活动，开阔孩子们的视野，提升孩子们看待世界的高度。

在家庭教育方面，实践者们关注的是宣传 STEM，推广相关资源。一位 STEM 教育产品开发者提出了具体建议：一方面做自媒体，希望能通过自媒体去建立家长社群，宣传 STEM 教育，以影响更多的家长培养孩子的科学素养和创造能力；另一方面开发 STEM 产品，提供家庭服务，让普通的家长认识到科学并不很复杂、深奥。

进一步分析实践者的关注点，可以发现他们有着不同的视角，比如科学教育、学校 STEM 课程、STEM 活动、STEM 资源等。不同的领域、不同的视角构成了 STEM 教育的多维视角，这意味着教育系统内外的实践者形成合力是十分必要的，因为大家面对的都是 STEM 教育，都是在 STEM 教育这个大背景下展开实践的。

二、STEM 教育的定位与价值

关于 STEM 教育价值的讨论是基于对 STEM 教育定位的认识。实践者们认为，STEM 教育应当定义为基础教育中应用性课程，是应用型人才的培养路径之一；STEM 教育应是培养青少年的应用意识和实践能力，形成关于劳动的正确认识和态度的教育活动；STEM 教育实质是围绕综合性的学习主题，开展实践性的学习活动，以产品化的学习成果来评价引导学生，从而将 STEM 理念渗透到常态教学活动中。

STEM 教育的价值在于经过整合为学生提供逼近真实、富有现实意义的学习情境，以利于学生高阶思维与积极情感的投入，解决复杂问题，从而全面提升学生知识、能力与情意方面的核心素养。在理论层面，学者们都强调跨学科、学习方式转变的价值，这两点都受到实践者们的关注。在跨学科价值方面，从事科学教育教师培训的教授认为，STEM教育所传递的价值在本质上应该是培养孩子跨学科、跨专业工作的能力。当前我们主要采用分科教学体系，学生的学习掌握也是分科目的。采用项目学习方式的STEM教育所带来的改变是，要在帮助学生们理解分科教学的基础上，能够深度地去理解并综合运用各种知识来解决问题。科学工作者认为，STEM教育强调融合性，而不是强调独立的学科，这就要求教师改变理念、授课方式和角色，改变以教为主的课堂教学，而目前在科技馆里，活动组织者设计并完成了许多具有融合、发散特点的活动。从这些观点来看，实践者们从项目、活动角度强调了跨学科价值。值得注意的是，拥有不同关注点的实践者们并未提到课程层面的融合，这也反映了目前的STEM实践在这方面比较薄弱，今后需要加强。在学习方式方面，项目学习受到关注。

STEM教育产品开发者提到，项目学习中，学生解决问题，与团队合作，可能经历挫折。这种学习方式跟真实工作中的工作方式是一致的，在工作中无论是做软件还是做硬件，都是以项目形式开展。然而多数实践者们对项目学习的关注，并没有凸显STEM教育中关键的科学探究与工程设计，也没有挖掘设计学习的价值。正是对STEM教育在学习方式转变本质上的把握，一位教研工作者指出，项目学习仅是学习方式的一个方面，将STEM作为推进学生学习方式转变的重要载体，本质上来说，要少一些"解答习题"的训练，多一些"解决真实问题"的锻炼，教育教学活动要尽可能多地给予学生开放学习、主动学习的空间，将开放学习、主动学习的方式变为常态。

STEM课程的价值跟当前我国深化课程改革强调"转变育人模式，促进学习方式和教学模式的变革追求"以及学生发展核心素养的培养是一致的，这也是当下STEM课程受到关注的原因之一。

三、学习环境的建设

在学习科学领域，随着对高阶能力培养的重视，教师的教与学生的学得到重新考虑，形成了关于"教学"的新隐喻——学习环境设计，学习被视为在"实习场"进行。从文献来看,只有少数文章将 STEM 教育与未来教室、学科教室关联起来。虽然 STEM 教育"实习场"在理论层面还没太多研究,但在实践层面,"学习空间"受到了实践者关注。

STEM 学习空间教育的价值是什么呢?一位教研工作者认为,它应当是能够支持学生自主学习的、包含课程学习意义的学习环境和场所,比如探究的空间、展示的空间、主动学习的空间以及个性化的空间等,让课程沉淀在教室里,让墙壁也具有学习的意义,这些都将是未来的方向。校外 STEM 教育工作者用自行车车铺来比喻 STEM 学习空间形态,他们认为这样的物理空间考虑到了学生的自主性和适龄性。一位关注 STEM 教育的小学校长进一步提出,这应是一个自由创作的空间,在这个毫无拘束的空间中,学生就会把全部的注意集中在他的创新上……学生们在这里可以自由地发挥,自由地创作,不用担心中断。他还结合自己在英国访学的见闻来描述 STEM 学习空间形态,认为也许在拾掇物品、清理干净垃圾的时候,人们不知不觉地将创新的火花给熄灭了。而从事科学教育教师培训的教授根据自己在德国学习时的观察提出了不同的看法:在德国可以动手的教室很多,如木工、电工……有很多这样的教室,但教室都非常干净整洁,甚至每一根电线、每一个插座都排得整整齐齐的。从科学的角度来讲,需要一丝不苟的精神,需要通过小事情慢慢地让孩子去体验和把握。从这两种不同的观点可以看出,不同的经历对实践者们的观点形成有很大的影响,这也反映了学习空间形态的多样性。如果说自行车车铺的环境特点在于丰富、廉价、便利、自由,那么德国的专用教室环境特点在于科学严谨、专注;虽然两者的环境特点有所不同,但两者都强调提供创造的环境,强调建设实践场、创造场,让学生在其中进行动手实践、实现创造。

当然,学校建设 STEM 学习空间还需要依据学校的特色、地方的特色,以及实践路线并关注学习空间的适龄性。未来的学习空间,最好能适合学生的年龄特点,从他们能解决实际问题的角度切入。

四、课程资源的开发与利用

课程资源是课程教学中可资利用的一切人力、物力以及自然资源的总和。

在广义的学习环境理解中，课程资源也属于学习环境的一部分。与学习环境的讨论聚焦于学习空间相比，对课程资源的讨论，实践者们更关注实物资源、文字资源和信息化资源。

从设备角度看，实践者认为，STEM 教育需要专业的设备，比如，要让学生真正动手进行木材加工，就涉及钻床、热熔枪等专业设备。现在，越来越多的学校开始涉及 3D 打印、激光切割甚至小型加工中心等设备，但配备 3D 打印并不意味着建 3D 打印教室。有实践者认为，可以配备 3D 打印，但没有必要建设 3D 打印机实验室等，3D 打印机属于工具类产品，不要为了学使用 3D 打印机而去学 3D 打印。设备的配备应强调适当、适合，而不是盲目追求高科技。某位从事科学教育教师培训的教授指出，当前中小学科学以及 STEM 教育可能有一点偏离，那就是过分关注技术，强调高科技，缺乏科学的教育设计，缺乏与基础科学的融合。从材料角度来说，STEM 的实施可以采用简单的材料，例如可采用吸管、简易纸杯、泡沫盘等简易材料来实施 STEM 教育。

无论是设备配备还是材料配置，关键都在于把资源用好，让更多的学校受益，这需要充分发挥 STEM 教师的作用，注重挖掘生活中、自然中的资源，充分利用相关教材中已有的资源。那位从事科学教育教师培训的教授还提出，资源建设应当统筹规划，比如德国在资源方面很节俭，注重最大化地发挥资源的作用，一所学校建起一个 3D 打印教室，附近的另一所学校则建了另外方向的教室，同一区域的不同学校进行不同模块的投资，然后共享。可见，STEM 教育课程资源的开发与利用不仅仅是教师、学校层面的事，而且涉及区域层面。

课程资源还包括支持教师教学的资源。在当前信息时代大背景下，STEM 教育的学习过程与创客一样，离不开技术的支撑和服务。一方面，技术可以更好地支撑学习，帮助学生投入到 STEM 教育中去；另一方面，技术可以更好地支撑课程的管理、组织，促进 STEM 教师的工作。出版行业工作者认为，STEM 教育不仅需要教材、教师用书、学生手册等，还需要有数字化的线上课程资源，帮助教师组织线上线下的混合学习，而且线上的课程资源还应支持师生互动。

五、STEM 师资队伍建设

STEM 课程的实施不仅需要灵活的课程方案，更需要有较强动手能力、有跨学科思维、有学生立场的教师。然而相关的研究表明，我国 STEM 教师严重短缺。[1] 在理论层面，职前教师培养、职后教师培训以及学校层面促进教师协同发展等受到关注；而在实践层面，大家关注的则是操作层面怎样展开培训，怎样从学校层面解决师资问题。

在培训方面，可以通过真实情境、任务驱动来培养教师。那位从事科学教育教师培训的教授提出，要将 STEM 课程以学生为本、注重学习任务设计、建设学习共同体的理念引申到培训中，真正以参训对象为主体。她以自己举办的培训为例，要求参加培训的 STEM 教师都带着一份事先设计的 STEM 方案来，一方面了解教师关于 STEM 的前概念，促进教师培前就对该问题有所思考；另一方面，将完善这个 STEM 方案作为该教师参加培训的重要作业。社会上的青少年宫也经常举办科技教师的培训活动，因此青少年宫工作者提出，教师培训应跳出学科局限，采用跨学科形式，这更有利于教师的专业发展。跨学科培训还包括信息技术应用能力的培养，例如数学学科在学习面积计算时，可利用 google earth 算一下西湖的面积，一方面是解决真实世界的问题，另一方面在算面积的同时，也在应用信息技术、学习地理知识。与以往以理论讲授为主的培训方式不同，实践者们所倡导的教师培训方式跟 STEM 学习所强调的"基于真实情境""跨学科"是一致的。

学校层面如何解决师资的问题呢？借鉴美国的经验：一是培训，学校在购买相关公司或研究机构的资源后，这些机构会提供相关课程的课件、视频、学生用书等，并提供相应的、持续的培训；二是合作，科学老师和技术老师、数学老师进行深度合作，共同备课，共同上课；三是设立 STEM 教练，STEM 教练一方面研究 STEM，提供相关研究信息给科学老师、技术老师、数学老师用，另一方面协调各学科教师，共同开展项目。随着 STEM 教育受到广泛关注，我国的 STEM 教育已经从理论走向实践。STEM 的研究与实践者认为，STEM 教育价值不会自动发生，学习环境的建设、课程资源的建设、师资队伍建设在实施中面临的情况是复杂的，挑战是巨大的，需要进一步的研究和实践。从未来发展来说，关注 STEM 教育，不仅要关注发展学生科技创新素养的学习实践，还要促使承载这些实践的基础学科更好地体现综合学习、实践学习、项目学习等思想，转变学生的学习方式。推进 STEM 教育发展，必须系统运筹，要建设支持学生自主学习的学习环境、开发促进学生探究学习的学习资源、构建教师专业成长的路径。STEM 教育的发展，将必然是师生共同成长的新的历程。

参考文献：

[1] 胡卫平，首新，陈勇刚. 中小学 STEAM 教育体系的建构与实践［J］. 华东师范大学学报（教育科学版），2017，35（4）：31-39.

[2] 余胜泉，胡翔. STEM 教育理念与跨学科整合模式［J］. 开放教育研究，2015，（4）：13-22.

[3] 李春密，赵芸赫. STEM 相关学科课程整合模式国际比较研究［J］. 比较教育研究，2017，39（5）：11-18.

[4] 王雪华. STEM 教师是确保 STEM+ 项目/课程成功的核心钥匙［J］. 上海教育，2015．（15）：5.

[5] 罗滨. 教师 STEM 教育能力提升的区域实践［J］. 现代教育，2017，（7）：14-15，22.

[6] 张民生. 在中小学课程改革中，要重点关注跨学科、实践与创新——由 STEM 教育引发的思考［J］. 上海课程教学研究，2016，（1）：3-4，60.

[7] 叶兆宁，周建中，郝瑞辉，等. 课内外融合的 STEM 教育资源开发的探索与实践［C］. 中国科学技术协会学会学术部. 第十六届中国科协年会——分 16 以科学发展的新视野，努力创新科技教育内容论坛论文集. 2014.

融于 STEM 项目的劳动教育
——以"我们的公益绿色蔬菜"为例

曹子瑜[1]

近几年,国家提出了新时代加强劳动教育的新要求。在学校层面,落实劳动教育必须选择合适的载体,通过对实施劳动教育过程的必要设计,使之有明确的育人导向,使学生在学习过程中获得基本的劳动技能与习惯,并形成正确的情感态度价值观。宁波上海世界外国语学校是浙江省首批 STEM 种子学校。劳动教育基本内涵中的"让学生动手实践、出力流汗,在劳动实践中进行教育",与 STEM 项目学习强调的亲身实践探究要求不谋而合;劳动教育发生的环境与 STEM 项目学习所要求的真实情境也有着相通之处。为此,学校利用正在开展的 STEM 项目,将劳动教育有机融入其中,希望以此能更有效地培养学生勤俭、奋斗、创新、奉献的劳动精神和动手解决真实情境下的问题的能力以及创新实践能力,最终促进学生的全面、优质发展。本文以学校三年级的 STEM 项目"我们的公益绿色蔬菜"为例,介绍如何在 STEM 项目中融入劳动教育。

"我们的公益绿色蔬菜"项目简介:三年级学生在校园内种植蔬菜,在六一儿童节义卖,最后将销售所得捐给贵州省册亨县的结对学校。在这个项目中,学生需要经历实地调研、规划学校的种植场地、调查蔬菜的生长条件、选择种植蔬菜的品种、日常养护管理、广告设计宣传、摊位准备、公开售卖、计算利润等真实事件,在其中既能培养劳动意识、体验劳动过程,又能提升学生资料搜集、数学工程思维、计算能力、沟通表达、团队协作以及创新创造能力等综合素养。

---

[1] 曹子瑜,浙江省宁波上海世界外国语学校校长。

→ 基于核心素养、着眼未来的 学习

一、设计真实而优质的问题

一个优质的问题能够驱动学生主动投入学习与思考，激发其内动力，指引学生持续思考和自我探究的方向。在STEM项目设计中，我们强调通过源自真实世界的问题来引发学生的思考，让学生感受劳动行为就在他们身边。以"我们的公益绿色蔬菜"项目为例，在该项目设计之初，我们反复思考、讨论了如何设计学习任务。

学习任务可以比较简单：让学生在校园四楼花园种植番茄。但这个任务缺乏明确的育人价值引导和具体的情境。任务虽指向明确，但对于如何种植番茄、在种植番茄之前需要做些什么、怎样管理番茄种植过程等问题缺乏更具体的、可以引发学生深度思考的问题设计。

利用STEM项目，我们设计了一个大任务，即学生在校园内种植蔬菜，在六一儿童节进行义卖，并将所得利润捐给贵州省册亨县的结对学校。具体、真实的情境和明确的目标，有助于激发学生的学习动力。学生需要思考：

在校园的什么地方种植蔬菜？

蔬菜的生长和哪些条件有关系？

选择的场地是否符合蔬菜的生长环境？

该什么时候开始种植？

如何管理我们的蔬菜？

怎样吸引大家来买我们的蔬菜？

利润和哪些因素有关系？

……

一连串的问题设计，引发学生不断思考创造，这不仅是学生个体认知与元认知建构的过程，也是学生在外界引导下自我发展、自我超越的过程，更是核心素养的培育过程。

二、在实践中认知真实世界

劳动是人类主体维持自我生存和自我发展，对生活生产资料进行加工、制作和改变的活动，是人类最为基本、最为普遍、最为崇高的实践活动。落实劳动教育，必须落实劳动实践，坚持让学生在劳动实践中做、学、悟，通过丰富多彩的劳动实践活动，实现劳动育人的教育目标。在实践中，学生会自然地认识他们所生活的真实世界，在劳动中发展他们的认知能力。

在马扎诺学习维度框架中，认知可分为高阶认知和低阶认知。高阶认知是基于低阶认知而进行的，高阶学习与低阶学习是密不可分的。

STEM项目学习中主要的认知能力指问题解决、创见、决策、实验、调研、系统分析。但如果没有低阶认知的信息搜集、知识概念的组织与记忆，学生就无法进行比较、分析、推理，不能很好地开展项目学习（图1）。好的项目学习，应该是学生根据低阶认知，促进思考，推进项目，在这过程中实现低阶认知与高阶认知的转化和整合。[1]

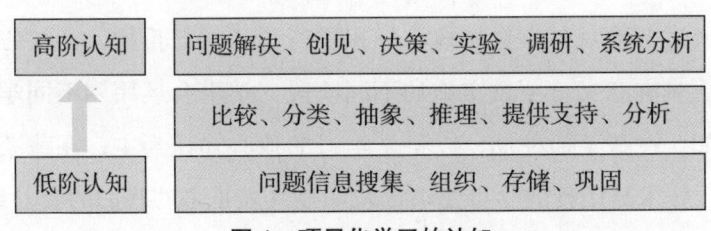

图1　项目化学习的认知

在设计"我们的公益绿色蔬菜"项目时，我们把从低阶认知到高阶认知的转化和整合过程自然地融入学习环节中，尤其注重高低阶认知能力的搭配，让学生在不知不觉中参与、思考、实践、反思，认知能力得到综合培养。如，"我们的公益绿色蔬菜"项目有四个主要任务：在校园里选择适合种植蔬菜的场地，选择蔬菜种植的品种，制作销售广告展板和销售蔬菜。要完成"选择适合种植蔬菜的场地"这一任务，学生需要根据蔬菜的生长条件与管理要求，通过调查判断选择学校里适合种植的场地，重点培养学生调研、比较、辨别、分析和决策的能力；要完成"选择蔬菜种植的品种"这一任务，学生需要查阅蔬菜种子发芽的基本条件、调查宁波地区3—6月份的平均气温、搜集蔬菜播种的方法、查阅蔬菜的生长周期和分析适宜的生长温度等，重点培养学生问题解决、决策和调研的能力；要完成"制作销售广告展板"这一任务，学生需要确定制作展板的目的、确定展板的主题和内容、设计和制作展板，重点培养学生的创见能力;而完成最后的"销售蔬菜"任务,则需要学生确定蔬菜售价、设计销售摊位、设计并完成蔬菜包装、确定吸引顾客的销售方法。如此真实的实践体验,丰富了学生对真实社会的认知和切身的劳动感受,培养了其解决实际问题的能力。

三、在融合中重构跨学科知识

劳动不是单一的认知自我、认识世界的过程,它具有综合性、实践性、开放性。在劳动过程中,学生不自觉地会运用到各学科的知识与能力,STEM项目学习的方式有助于学生拓宽劳动教育的价值,在体验劳动、掌握劳动技能的基础上,综合运用所学,使劳动教育与学科教学相结合。在"我们的公益绿色蔬菜"项目实施过程中,学生学习和加强了对各学科核心知识的理解与运用,通过劳动对各学科的核心知识进行了认知与重构,让核心知识在实践运用中更具有意义。项目实施的不同阶段,学生会运用到不同学科的核心知识。比如,在蔬菜播种期,以科学学科的核心知识为主;在蔬菜养护管理期,数学、技术与工程的学科要求比较明显。表1是"我们的公益绿色蔬菜"项目所涉及的部分学科与核心知识目标。

表1 "我们的公益绿色蔬菜"项目涉及的部分学科与核心知识目标

项目内容涉及学科	项目学科领域	核心知识目标
科学	物质科学领域	1.能使用简单的仪器测量物体的长度、质量、体积、温度等常见特征,并使用恰当的计量单位进行记录 2.能描述某些材料的性能,了解它们的主要用途
	生命科学领域	1.能说出植物的某些共同特征 2.知道植物需要水、阳光以维持生存和生长,能描述植物一般由根、茎、叶、花、果实和种子组成,这些部分具有帮助植物维持自身生存的相应功能 3.知道植物通常会经历种子萌发成为幼苗,再到开花、结出果实和种子的过程 4.能描述有的植物通过产生足够的种子来繁殖后代,有的植物通过根、茎、叶等来繁殖后代 5.能举例说出水、阳光、空气、温度等的变化对植物生长的影响
	地球与宇宙科学领域	知道土壤的主要组成部分;能描述沙质土、黏质土和壤土的不同特点

续表

项目内容 涉及学科	项目学科 领域	核心知识目标
技术与工程	技术与工程领域	1. 改变方法和程序可以提高工作效率 2. 工具是一种物化的技术。知道使用工具可以让工作更加精确、便利和快捷 3. 工程的关键是设计。知道工程设计的基本步骤包括明确问题、确定方案、设计制作、改进完善等 4. 针对一个具体的任务，按照设计的基本步骤设计产品或完成指定的任务
数字	图形与几何	1. 用不同方式测量物体的长度 2. 认识单位长度，能换算，能恰当地选择长度单位 3 能结合实例认识面积
	统计与概率	能用文字、图画、表格等呈现整理的数据的结果

四、在合作中提升人际交往能力

社会学将人际关系定义为人们在生产或生活活动过程中所建立的一种社会关系。在合作过程中，人与人之间将不可避免地产生人际关系。在"我们的公益绿色蔬菜"项目学习过程中有大量需要合作完成的任务，学生在学习过程中要经历多种形式的劳动，如蔬菜的日常管理、布置摊位、销售分工等。学生在劳动中学会分享、沟通、谦让等社会基本交往技能，其劳动素养得到了很大的提高。

例如，在调查蔬菜品种的环节中，学生用形态各异的思维导图展现了各个小组调查市场中蔬菜品种的结果（图2、图3）。学生借助思维导图，重新理解了蔬菜的生长条件、生长周期、种植条件等核心概念，并且以小组为单位在班级进行展示汇报，确定了小组要种植的蔬菜品种。学生汇报时使用的评价量表，其中的一些评价指标也体现了人际交往的基本能力要求。比如，评价展示技巧中的"团队参与"时，量表对展示时每个组员都参与的小组赋3分，部分参与的小组赋2分，一人参与的小组就只能赋1分。在评价展示技巧中的"眼睛与肢体"时，量表对展示时大部分时间能与观众保持眼神接触和交流，且大胆自信，偶尔看一下媒体或笔记的学生赋3分；偶尔能与观众保持眼神接触和交流，基本自信的学生赋2分；基本不能与观众保持眼神接触和交流，展示时比较紧张的学生赋 1 分。在"声音"和"对听众问题的回答"等项也同样设计了评价赋分标准，引导学生关注合作、重视合作。学生在评价中加深对自我的认识，了解个人与群体的关系，这也体现了劳动教育在加强自我认知、责任涵养方面的作用。

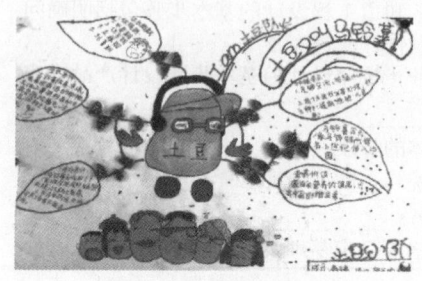
图 2　土豆的思维导图

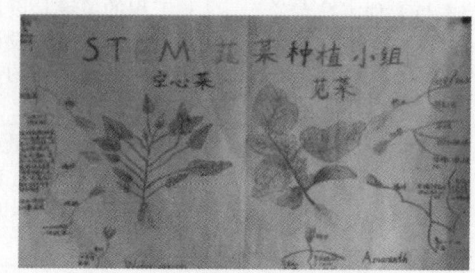
图 3　空心菜与苋菜的思维导图

此外，在蔬菜义卖前，学生用自己的记录单和拍摄的照片布置了销售广告展板与摊位，并在义卖当天向诸多买家展示了小组成果。通过这样的成果展示，学生既回顾了劳动实践过程，又展示了自己沟通交流的技巧，锻炼了语言表达能力，还体验了真实项目的完成。我们把学生在 STEM 项目学习中的表现和劳动素养评价结果记入学生综合素质评价档案，作为衡量学生全面发展情况的重要内容。

综上所述，在学校 STEM 项目学习中开展劳动教育是当前实施劳动教育的创新探索，丰富了劳动教育的途径，是非常值得探索与关注的一种方式。

参考文献：

[1] 夏雪梅.项目化学习设计：学习素养视角下的国际与本土实践[M].北京：教育科学出版社，2018.

STEM 课程的进阶与优化
——以"小小净水站"STEM 课程开发为例

申大山[①]　付　静[②]　李正福[③]

STEM 课程是系统开展 STEM 教育的基本依据，是切实达成 STEM 教育目的的主要支撑，是不断提高 STEM 教育质量的根本保证。[1] 好的 STEM 课程是在课堂实践中不断进阶与优化的。以下通过《小小净水站》课程案例的展示与分析，展示 STEM 课程的开发特点和优化经验。

一、案例简介

本课程以水质检测和净化为主题，涉及物理、化学和通用技术等多学科知识，利用开源硬件和传感器实现检测（图1），利用生活中常见的材料工具搭建产品原型，完成工程任务挑战，在过程中渗透科学探究方法和正确的数据意识。

图1　利用多种传感器进行水质检测

---

① 申大山，清华大学附属中学教师。
② 付静，清华大学附属中学教师。
③ 李正福，教育部课程教材研究所副研究员。

课程背景指向水环境问题,更容易引发学生对社会问题的共鸣。[2]工程问题聚焦西北干旱地区的母亲水窖污染,学生要经历工程问题背景调研、净水材料定量实验、产品原型搭建与优化测试、工程招投标答辩的全过程(表1)。

表 1　单元教学环节及课时安排

主题	具体内容	课时	STEM
背景调研	初探水质的奥秘	1	S
	母亲水窖资料收集	1	E
定量实验	水质检测技术实现	2	T
	材料净水性能测试	3	STM
	数据分析与交流	1	M
原型搭建	产品方案设计	1	ET
	制作、测试与优化	4	TM
招标答辩	招标书和宣传品	2	SE
	召开招标答辩会	1	STEM

本项目在实施过程中,选课学生人数上限为 20 人,由通用技术和化学教师合作开发和实施,初期面向初中学生,内容扩展后可以面向高中学生。

二、课程设计:从科学小实验到整合式跨学科项目

简易净水装置搭建是一项传统的科学小实验,经常出现在小学科学课程和科普活动中。同样是围绕净水的主题,如何通过跨学科知识整合形成 STEM 教学项目?对这一问题的不断深入探索,促进了课程整体上的优化进阶,逐步体现出 STEM 课程的特征,教师对于 STEM 课程理念的领会程度会直接体现在其设计的课程中。

(一)课程名称优化

课程名称的迭代推动了课程主题的逐渐深入和聚焦。

第一版课程名称是"简易净水器设计与制作",只强调设计与制作,未融入 STEM 课程理念,与传统的科学小实验更接近,课程内容无新意。

第二版课程名称改为"净水挑战",开始融入 STEM 课程理念,但是题目

过于宽泛，对内容的体现不足，而且缺少工程目标。

经过第三版的再次优化，形成了最终的题目——"小小净水站——拯救母亲水窖计划"，以STEM模式开展教学，强调问题解决，以真实的工程问题情境引发学生联系实际问题进行深度思考。

（二）学习目标优化

课程目标是教学的出发点和归宿，优质的STEM课程一定有着清晰明确的目标。本课程的学习目标也经历了三个版本的迭代优化（图2）。初始版本不重视对目标的思考，无法量化评价。第二版开始关注STEM课程的育人目标，在课程目标的描述中强调工程和技术的重要地位。第三版进一步优化，从S、T、E、M四个维度展开，清晰明确地表达出课程目标，与后续的评价过程紧密联系，做到"目标—手段"的一致性。[3]

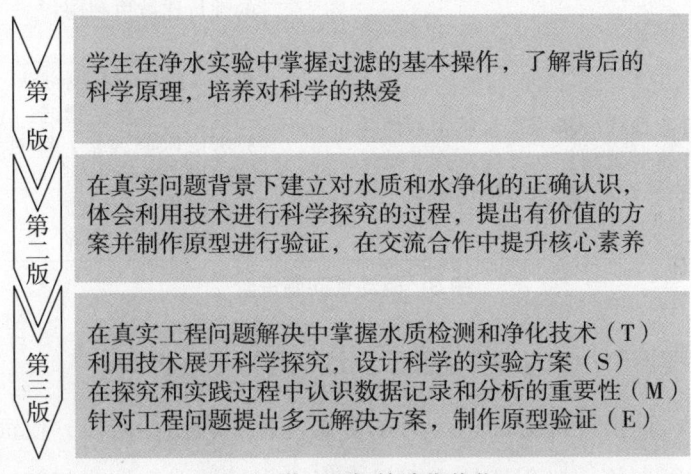

图2　学习目标的迭代优化

（三）驱动性问题优化

在STEM课程设计和实施过程中，驱动性问题起着至关重要的作用，是课程内容衔接的桥梁，也是学生参与课程时始终关注的目标任务。可以说，驱动性问题的选择直接决定课程实施的深度。

本课程在优化过程中经历了三个版本的驱动性问题设计（图3）。第一版的问题定位是利用简易材料制作净水器，只体现技术问题。第二版的净水挑战开始出现应用场景的概念，但并没有进一步明确，容易导致学生在学习中目标不清，形成的解决方案也无法评价。第三版选择了母亲水窖污染这一背景，提出明确的工程目标，任务的拆解也更加合理，实现情境+任务的驱动性问题描述。

进阶	第一版 简易净水器设计与制作	第二版 净水挑战	第三版 小小净水站——拯救母亲水窖计划
驱动性问题	如何利用简易材料制作一个净水装置？	能否选择应用场景，提出水质净化方案，并制作原型验证？	针对西北地区国家水资源短缺的国家级贫困县母亲水窖污染问题，是否能提出解决方案，使被污染的水以最高的性价比被再利用？
项目拆解	1. 净水原理分析 2. 净水装置制作 3. 宣传分享	1. 水质指示检测 2. 净水方案设计 3. 制作原型	1. 水质指标与检测方法 2. 材料净水数据测试 3. 考虑限制因素，针对工程问题提出合格方案 4. 制作原型并检验 5. 完成招投标答辩

图 3　驱动性问题进阶

三、课程评价：从常规作品展示到过程可视化分析

本课程在评价设计方面也经历了多次优化。在初始阶段，仅面向学生的最终作品进行评价，过程性的表现只考虑了出勤情况和课堂纪律，与学习目标不一致，无法有效促进学生的发展。

第二阶段的评价设计开始关注评价指标与学习目标的一致性，参照知识图谱形成评价量表（表2），在一定程度上反映了学生的STEM课程学习目标达成度。不足之处是过程性评价不足，且侧重于团队评价，对个人的关注不够。

表2 课程终结性评价表

	一般	良好	优秀
科学探究（S）	展示中忽视科学依据	部分展示项目的科学依据	清晰完整地体现科学理论
技术掌握（T）	无法正确回答技术问题	能够部分回答技术问题	全面深入地回答技术问题
工程思维（E）	展示成果与工程目标不符	成果与工程目标基本相符	创新地解决工程问题
数据分析（M）	无数据，得出错误结论	不完全准确的数据记录	数据准确，以数据为依据
演讲表达（A）	严重超时、无视听众	正常演讲，表达流畅	展示技巧性强，引人注目

最终形成的评价方案以可视化的方式呈现（图4）。评价内容从科学、技术、工程和数学四个维度，细分出8个评测指标，通过雷达图的方式进行表达，全面、系统地分析学生在课程结束时学习目标的达成情况。

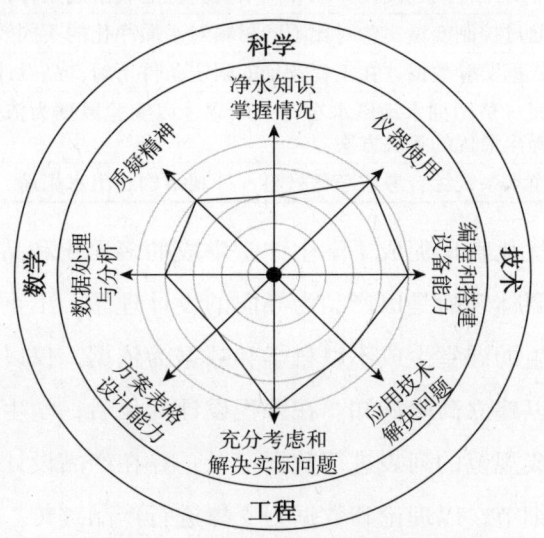

图4 可视化的课程评价呈现

部分环节以过程性评价为主，如仪器的正确使用等主要依赖课堂观察，表格设计能力等针对课堂生成情况进行评价。部分环节依靠终结性评价，如净水知识的掌握通过相关答卷或知识竞赛考察，数据分析和解决问题的能力主要由演讲答辩过程体现。评价主要面向学生个人，因此教师在教学实施过程中要关注和记录学生个人表现情况,以及个人在团队项目中的贡献。

四、学生成长:从完成作品到形成高阶认知

课程设计优化的过程需要持续关注学生课堂生成的变化。优质的课程设计要能够做到培养学生的高阶认知。[4]

最终形成的课程设计更加强调学生对问题背景的深度调研分析,进一步优化了数据记录方式,通过控制变量和对比实验进一步提升学生的科学探究能力。同时,给出团队投标书模板,明确团队合作解决工程问题的过程,要求所有的产品设计决策都以数据为依据,让学生在问题解决过程中建立起对净水问题的系统性认识,有效促进学生高阶认知的建立(表3)。

表3 学生高阶认知的建立过程

高阶认知策略	学生高阶认知建立过程的体现
调研	针对工程问题阅读文献和网络资料,总结限制条件,明确目标
实验	通过控制变量实验对比不同材料对水质净化的不同效果,分析数据
决策	依据实验数据,在工程背景的限定条件下对产品设计做出合理决策
问题解决	面对贫困抽水地区水窖污染问题,以实验数据为依据进行决策,最终提出最优的解决方案
系统分析	净水系统综合考虑净化材料、外观结构、出水用途、维修更换等因素

课程设计的优化直接促成了学生课堂生成的多元化和品质的提升。在课程探索初期,主要体现的是以产品为导向的设计理念,不重视科学探究和工程实践,导致学生的课堂生成不以科学和数据为依据,仅以口号的方式设计和宣传产品,难以建立高阶认知。在课程设计优化后,学生开始注重设计实验方案,逐渐形成规范的列表进行数据记录,并在产品设计过程中更加关注科学原理和产品细节,以理论和数据为支撑进行产品宣传。这些都是科学探究素养和工程思维能力提升的体现。

五、教师发展:从课堂实践到境界提升

STEM课程设计对教师的跨学科教研能力提出了更高要求,教师需要适应从单学科到多学科融合的教学方式的变化。[5]课程设计的变化反映了教师

对 STEM 课程理念的理解不断深入的过程，而这是建立在课程实践的基础上的。教师基于对该项目的实施和反思，总结形成了相关 STEM 课程设计经验（图 5）。

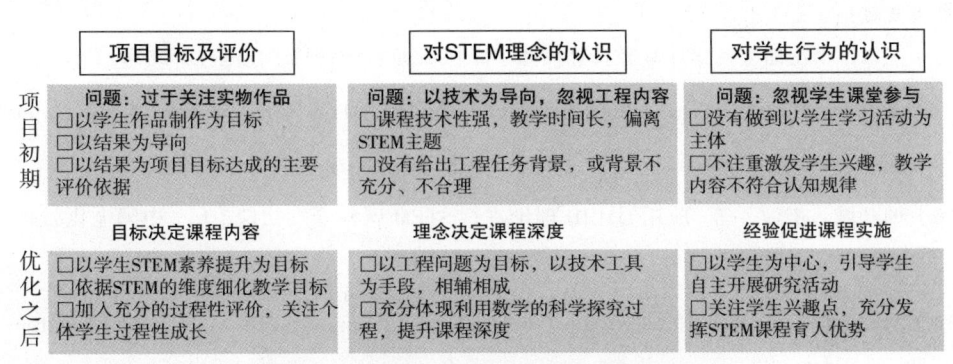

图 5　课程优化进阶过程中的教师成长

一是教师逐渐认识到学习目标和评价设定的重要性。初始阶段的课程设计缺乏能力目标，单纯以作品为导向的目标设计不能全面体现 STEM 教育的特点，学习目标应该围绕学生 STEM 素养的提升而设定。在评价方式的选择上，要注重其与学习目标的一致性，要能够检验目标是否达成。同时，要将评价与学习过程紧密结合，能够体现学生个体的成长过程。

二是教师逐渐加深了对 STEM 教育理念的理解。初始阶段过于关注技术和动手实验，课程内容更加偏向科学实验课或者创客课程，课堂生成的主要是作品，学生得到提升的主要是动手能力。后续的优化加强了工程思维的体现，同时鼓励学生利用数学手段开展科学探究，技术转变为探究过程中必要的辅助手段，而不是教学主体。

三是教师更加关注学生的参与。学生的参与程度直接影响着学习目标的达成，教师在课程设计的过程中，注重选择合适的驱动性问题引导学生思考，合理安排教学内容，以多种活动引发学生进行探究的积极性。教师由教学的主导者变为引导者，并提倡以学生为中心的主动学习。

STEM 课程设计进阶与优化的过程也是教师不断成长的过程，需要理论和实践互相促进，在理论学习过程中思考如何能够在课程设计中体现 STEM 课程特征、落实 STEM 育人理念、达成 STEM 课程目标，并不断在课程实践中总结反思，形成对 STEM 教育和项目化学习更深层次的认识。

参考文献：

[1] 王素，李正福主编.STEM 教育这样做［M］.北京：教育科学出版社，2019.

[2] Anthony Mann, Adrian Oldknow.School- industry STEM Links in the UK : A Report Commissioned by Futurelab［J］. Education and Employers，2012.

[3] 杨开城，李波，等.应用 LACID 理论进行 STEM 课程开发初探［J］.中国电化教育，2020,（1）：99-108.

[4] Alrahlah, Ali. How Effective the Problem-based Learning（PBL）in Dental Education. A Critical Review［J］. the Saudi Dental Journal，2016,28（4）：155-161.

[5] 陈晓萍，潘瑶珍.从"学科人"到"素养人"——走向融合的 STEM 教育［J］.基础教育课程，2018,（7）：10-16.

STEM 教育普适化推进的陕西实践
——基于全面培养学生核心素养的 STEM 教育实施

王长远[①]

利用信息技术和跨学科知识解决实际问题是未来人才需要具备的核心能力。《中国教育现代化2035》提出了"到2035年总体实现教育现代化，迈入教育强国行列"的国家战略目标；《中国STEM教育2029创新行动计划》提出促进我国STEM教育发展策略，进而为落实国家战略提供人力支撑。STEM教育是实现这一战略目标的重要抓手，是进一步深化课程教学改革、创新人才培养模式、发展学生核心素养、培养学生创新能力的重要途径。STEM教育具有跨学科性、体验性、情境性、设计性、实证性、趣味性、协作性、技术增强性等特点，其本质是培养学生核心素养，提升其综合能力，为学生应对未来挑战、实现终身发展奠定基础。

陕西省的STEM教育从2017年起步，在初步实践中存在以下共性问题：(1) 区域范围内，条件好、理念新的学校与条件相对薄弱的学校差距较大，STEM教育的区域化发展资源不均衡；(2) 对STEM教育理念与实践的认识差异大，如对STEM教育如何开展，STEM教育与创客教育、STEM教育与学科教育，以及与传统应试教育的关系等的理解不一致甚至有误区等，导致STEM教育的发展差异较大；(3) 对STEM教育如何具体实施缺少科学指导，尚未形成从理念到课程体系、师资教研、课时安排等全方位构建的较为完备的规划和思路；(4) 缺少具备STEM教学能力的优秀教师；(5) 除部分学校外，大部分学校只以社团形式小范围开展STEM教育，仅惠及部分学生。

---

① 王长远，陕西省教育科学研究院教师发展研究中心主任，陕西省STEM教育协同创新中心副主任兼办公室主任。

STEM教育兴起的背景，是基于面向未来培养科技创新人才，需要解决传统分科教学中知识割裂以及学生科学探究和创新能力不足、解决真实复杂问题的能力欠缺的问题。科技创新是人类面临的共同挑战，科技创新能力的培养需要让更多的学生受惠，而不是只惠及少数拔尖学生。如何让STEM教育更具普适性呢？

一、陕西STEM教育普适化发展范式探索

（一）陕西普适化STEM教育的设计初衷

纵观沿海发达地区的STEM教育发展模式，从上海、北京的课程借鉴与引进，浙江省的课程平移，到广东省的课程自主开发，都是以课程奠基，从区域化试点向普适化发展的路子迈进。陕西地处西北，教育发展基础相对薄弱，且基础教育资源存在严重不均衡等问题。面对这样的条件和背景，通过落实STEM教育本土化实践来实现陕西教育的追赶超越和特色发展，显得尤为重要。规划设计之初，我们便提出陕西STEM教育要真正面向全体学生，面向未来发展，服务国家创新型人才培养战略，坚持高站位、高视野、高规划，以博采众长、普惠易行、且行且改的设计初心，以普适化定标、特色化补充、多样态共生的兼容思路，构建从区域化落地到普适化发展的基本范式。

（二）陕西普适化STEM教育的基本原则和基本思路

1. 陕西普适化STEM教育在实施过程中突出"四个原则"

一是坚持"创新、开放、包容、协同、合作"的原则。STEM教育内在的品质就是创新，而坚持开放与包容则是创新的必然前提，在其发展的道路上，陕西注重借助社会力量积极参与，从不同角度提供STEM教育所需资源。

二是坚持面向全体学生开展STEM教育的原则。推进普适化可进阶的STEM教育——基础教育阶段的STEM教育应该面向全体学生，将STEM课程作为基础教育现阶段分科课程的必要补充，培养学生的STEM素养。发展STEM普适化教育，要求构建全体学生参与的课程模式，同时建立STEM教育

区域化建设模型，为更多的学校提供 STEM 教育方案和特色办学支撑，实现由区域化、特色化向普适化发展。

三是坚持专家引领和鼓励基层创新相结合的原则。在 STEM 教育探索实践的道路上，借助国内外专家学者的优秀研究成果，借鉴实践经验，同时结合各地、各校实际大胆创新，不断自我完善，走出一条符合实际、各具特色的 STEM 教育之路。

四是坚持全面推进和重点突破相结合的原则。制定科学的发展规划，确定阶段性发展目标，在全面推进 STEM 教育实践的同时，确定阶段性效果外化的展现形式及评估指标，使整体规划和阶段性目标协调统一。

2. 陕西普适化 STEM 教育在实施过程中强调"三个赋能"

一是赋能全体学生核心素养发展。让全体学生的思维能力通过 STEM 教育得到全面发展，而非针对小部分学生的兴趣进行拔尖培养，矫正因"豪华空间"等设施设备工具制约学校 STEM 教育的普及和学生思维能力的发展；矫正以"比赛荣誉"作为学校 STEM 教育等创新类教育开展情况的重要指标；矫正因"唯分数论"忽视学生能力素质培养等。

二是赋能新时代教师队伍建设。STEM 教育开展的效果如何，根本在于教师。STEM 教育对教师的教学方法、课堂管理及信息素养提出了更高要求，促进了新时代教师队伍建设。教师通过全面参与课堂实施、教学研修、课题研究等实践形式，促进自身优化教学方式，注重启发式、互动式、探究式教学；更新课堂管理模式，学会并擅长运用信息化工具，组织实践探究型课堂等，使教师从理论到实践、从技术到艺术等各方面都得到系统提升。

三是赋能传统学科教学。STEM 教育是传统分科教学的补充，能够促进学生对学科知识的理解和运用，以及通过探究性实践，将新中、高考改革中强调的综合素养落到实处。

二、陕西 STEM 教育普适化范式实施路径

陕西普适化 STEM 教育的成功实施，离不开一系列支持要素和联动机制。影响 STEM 教育实践的支持要素有行政支持、专家智库和交流平台，其中主

要要素有课程教学、教育评价、教师发展和教育活动；要素联动机制包括课题引领机制及师资培训体系。各要素和联动机制及其关系如图1所示。

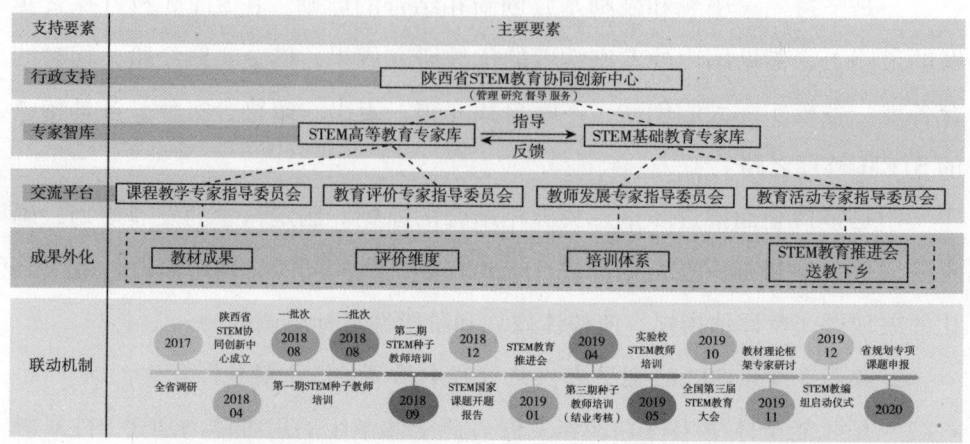

图1　陕西普适化STEM教育各支持要素、联动机制及其关系

2018年，陕西省STEM教育协同创新中心设立，标志着STEM教育在陕西深入推动并形成一个资源统筹中心。它负责协调相关行政力量，对各支持要素进行整合管理，遴选和聘请相关专家，搭建交流平台（课题研究平台、教师交流平台及学生发展平台），共同对各实施主体学校进行研究、管理、督导及服务，地市范围内的STEM教育遵循领航校重点突破和区域全面推进的原则，这有助于促进区域统筹，推动区域教育均衡、整体发展。

（一）落实主体，构建陕西STEM教育实验校体系

为落实主体责任，陕西省出台了《陕西省STEM教育实验学校申报评估办法》，研制《陕西省STEM教育实验学校评估标准》（以下简称《评估标准》），分批遴选陕西STEM教育实验学校，兼顾地市名额分配，保障区域均衡发展。《评估标准》从6个方面、14个维度、40个指标制定评估细则，从发展规划、环境建设、课程建设、教师队伍建设、教育体系保障等方面，指导学校科学、规范地实施STEM教育，发展STEM特色，形成学校普适化、校本化发展模式。同时，根据指标评定优秀学校并将其作为领航学校，带动STEM教育的区域化发展，以区域化普适教育的思路推进STEM教育的陕西实践。

（二）专家引领，建设陕西 STEM 教育智库平台

统筹专家资源，通过邀请、聘用等方式，建立 STEM 教育智库，即高等教育专家库和基础教育专家库。高等教育专家库主要以理论研究及实践构建、课程实施设计与评价等维度的理论研究为主；基础教育专家库侧重实践研究，包括课堂教学、课例研修、课程开发等，主要成员为一线骨干教师。同时，搭建完善的 STEM 教育研究交流分享平台和工作机制，高校专家库和基础教育专家库定期研讨互动，打通理论指导和实践检验的通道，做到不同理论、方法的互相融通，以理论指导实践，通过实践验证、优化理论，形成专业化智库。

（三）全面覆盖，建立陕西 STEM 教育师培体系

陕西 STEM 教育师培涵盖幼儿园、小学、初中三个学段，面向多学科教师。STEM 教育培训分理论基础、应用技术和课堂实践三个阶段，重点从课程设计、教学方法和工具材料三个方面进行培训，以指导教师课程设计及课堂教学为目标，有理论课、体验课、技能课、观摩课等多种形式，兼顾理论与实践，形成了丰富的培训内容。同时，辅之以 STEM 领航校的研讨分享，帮助参训教师根据培训模块和学校实际情况找到 STEM 教育的最近发展路径。

以评促培的方式促进了 STEM 种子教师和骨干队伍的培养。根据《STEM 种子教师考评办法》，我们从项目设置、活动设置等五个维度考查 STEM 教师的课程设计能力，从环境创设、教学设计等七个维度考核教师的教学、说课能力，以考代评、以评促培，提升 STEM 教师的专业素养，促进全省 STEM 教师梯队建设。目前，陕西 STEM 种子教师培养从培养体系、方式方法、教师进阶、考核评价等方面逐渐完善，初成体系。

（四）教科研联动，推进陕西 STEM 教育学术研究

陕西 STEM 教育协同创新中心围绕 STEM 课程开发与建设、STEM 教师培养与发展、STEM 教育空间建设、STEM 教育评价、STEM 教育活动五大领域组织全省 STEM 教师开展课题研究工作，形成了大量可借鉴成果。其中，陕西省

基于中国学生发展核心素养框架体系编写的《幼儿园STEM教育启蒙》《中小学STEM教育课程》，即陕西省C-STEM实验教材，就是STEM教育科研的阶段性成果。教材贯通幼儿园至初中，共12册，形成了K-12的STEM教育体系。

其中，C-STEM实验教材遵循陕西STEM教育实施原则和目标定位，选聘西安市130余名中小学、幼儿园优秀STEM教师为基础研发人员，聘请省内外高校专家、教学名师和资深教科研人员进行论证指导，历时一年多编写完成。教材基于全面培养学生核心素养，整合STEM项目的跨学科知识及核心概念，从设计思维、工程思维、科学探究思维及计算思维等方面设计学习活动，注重过程性探究实践。全套教材有59个主题、162个项目，内容涵盖自我、身边、社会不同层面，涉及领域包含生活劳动、行业职业、社会环保、科技前沿、社会时事等。C-STEM实验教材用于学校开展STEM普适化教学，帮助教师在遵循一定教学范式的基础上开展更丰富的实践研究。

（五）统筹规划，实现陕西STEM教育的区域发展

根据陕西STEM教育发展规划，各地市幼、小、初三个学段各申报一所STEM教育领航学校和若干STEM教育种子学校，作为各地市开展STEM教育的实验基地。这些实验校是形成区域协同发展共同体的重要组成部分。

坚持目标导向，制定区域STEM教育共同体规划。区域内STEM教育共同体以"资源共享、统筹配合、优势互补、平等协作、共同发展"为目标，整合社会资源、教育资源、公共资源，建立区域STEM教育生态，建设区域STEM教育示范项目。发挥区域教育局和教研室等部门的行政统筹、业务引领作用，充分调研，制定符合区域教育现状的STEM教育发展规划、标准、规范，从STEM教育实验学校建设、STEM教师遴选与认定、普适化课程建设、STEM学生活动组织及相关科技馆、博物馆等公共资源整合运用等角度制定发展策略，制定符合区域实际情况的STEM教育规划。

组建区域内STEM教育教学师资队伍。区域内教育局、教研室、教师进修学校等按照年度规划组织STEM教师培训，充分发挥区域专家资源和STEM优秀教师的优势，聘请国内外、省内外STEM领域专家。根据省级STEM教

师发展规划，系统地培养STEM师资力量，打造区域内STEM教师梯队，从课题研究、实践指导、名师引领等多个角度提高教师的STEM职业素养，举行区域共同体校际间的课堂互动、优课观摩等，定期开展STEM教师工作坊活动，组织教师参加省、市、区等举办的各类STEM教师培训，立体化打造区域STEM教师专业发展路径，推动STEM教育的落地。

建立区域STEM教育共同体沟通机制。由区域内教育局牵头，积极协调区域内科技馆、博物馆、高新技术企业等公共资源，为学生STEM教育实践提供更多的实践环境；统筹教科研部门为区域内STEM教师打造课题研究平台、提供教师提升平台、鼓励建设学生发展平台，形成以课题研究平台攻坚克难、以教师提升平台推广落地、以学生发展平台促教育成效的阶梯平台；定期组织区域内STEM教育研讨会，贯彻省级STEM教育发展政策，促进区域STEM教育落实、落细。重视区域内STEM教育的内涵式发展。

积极开展STEM领域的教科研，建立课题申报、审查、答辩、结题等系列工作机制，以研究带动实践发展，并解决实践中的问题；鼓励区域内教师积极参加统一组织的STEM教师培训，践行专业化的STEM教师发展路径，参与STEM教师国内外交流项目等系统工程，筛选区域内优秀成员组建具有STEM教育研究能力、STEM课程开发能力、STEM课程实践能力和STEM课程指导能力的区域内STEM教育教师资源库；普惠开展STEM教育课堂，从学校课程体系建设到课程普及，制定合理的发展规划，让STEM课程落在每个学生身上，实现STEM教育普惠发展；定期举办区域内具有特色的STEM教育活动，为学生STEM素养的发展成果提供展示平台，打造区域内STEM活动示范项目。

关注区域内STEM教育均衡发展，鼓励优势资源共享帮扶。鼓励区域内校际之间、城乡学校之间的互助帮扶，通过校际间定期的课程观摩学习、城乡学校间的送教下乡等活动，分享优秀的STEM教育建设经验，组织参与优秀的STEM课堂观摩，积极探讨研究STEM教育新理念等，促使区域内STEM教育均衡发展。

向与学习的可能性。小学科学教材中既有传统的溶解、蒸发、电与磁、摆、土壤的构成、花的结构、固体的观察、营养成分、人的生长发育、细胞、遗传与变异、进化论的初体验、太阳系等学习内容，又有超导、纳米材料、车轮的前世今生、玉兔号月球车等指导学生关注科学、技术新发展的学习内容。教材大部分内容都可以进行广泛地再拓展与再延伸，开发形成STEM项目。

基于教材开发STEM项目，有助于让学生从熟悉的、已知的基础出发，利用自己拥有的知识工具和方法探究"新规律"、创造"新事物"，而不是因为设计者的喜好而进入一个一无所知的领域。基于教材开发STEM项目，还有助于学生基于真实的需求综合运用日常教学所获得的本领去解决问题，对走上社会后可能遇到的工作困局进行实战演练。同时，也让学生发现，教材是可以读"厚"的。

二、基于小学科学教材的STEM项目开发及案例

（一）现象类项目，拓展认知空间

教材呈现某个主题时不可能面面俱到，零碎的认识、片面的信息往往容易让学生产生错误的认知，进而导致错误的判断。而一些现象类项目能让学生积累丰富的表象，进而从更多的角度全方位观察自然世界，为理解本质、形成概念奠定基础。

以苏教版小学《科学（五年级下册）》教材中的《动物怎样繁殖后代》一课为例。关于繁殖，教材呈现了有性繁殖中的胎生和卵生，阅读资料中补充了两种生物的无性繁殖现象，出现了狮子、鹦鹉、野鸭、蚕蛾、天鹅、鳄鱼、鸟、眼镜蛇、马、老鼠、鱼、乌龟、青蛙、鸡、猫、松鼠、大熊猫、海马、蜗牛、皱唇鲨、水螅、海葵、鸭嘴兽、北极熊、沙丘鹤这25种动物。可以说，教材内容已经非常丰富了，但依然存在着巨大的扩充空间。基于教材这一主题，学生还可以继续拓展。例如，水螅可以在有性繁殖与无性繁殖间切换，是什么影响了它的选择？双髻鲨可以进行孤雌生殖，这样的繁殖方式意

味着什么？有什么意义和价值？哪些动物选择亲代亲自养育，哪些动物选择一切交给大自然？这样的选择与动物的种类、生存环境之间又存在着怎样的关系？等等。如果基于这些问题设计相关STEM项目开展学习，有助于学生对动物繁殖的认知从点到面，从面到体，进而帮助学生把握规律，形成概念。

又如，教学苏教版小学《科学（一年级上册）》中的《小小科学家》一课时，教师可带着学生认识科学家的工作，让他们通过伽利略滚小球的实验体会科学从问题开始。可以设计这样一个延伸项目——变化的滚小球实验。该项目围绕一个核心问题：科学家会从哪些角度思考研究问题的方法？指导学生进行如下的现象发现活动：用更长的滑道滚小球，用弯曲的滑道滚小球，用不同的初始速度滚小球，等等。学生会发现，他们观察了更多的现象，产生了更多的问题，更能认识到原来改变一个小小的条件就能极大地丰富观察的结果。在教学《认识感官》一课时，可以延伸"感官的极限"这一话题，让学生观察越来越小的图片，倾听越来越小的声音，品尝越来越淡的饮品，等等。之后，他们会恍然大悟：感官很有用，但也有限制。学生学习《树叶变黄了》，找到了银杏叶变黄的规律。此时，教师可提出思考问题：所有植物的叶子都按一种顺序变黄吗？让学生再去观察法桐、栾树、樱花树等的叶子是怎么变黄的，学生最后发现原来植物的叶子变黄有相同点也有差异。通过苏教版小学《科学（六年级上册）》中的《馒头发霉了》，学生认识了霉菌，探究了霉变条件，思考了防霉方法，也了解了霉菌的作用。可是，人们不可能把家中的所有物件都用沸水煮、用紫外线照射来防霉，于是教师让学生思考，疫情让每家每户都拥有了消毒剂，能用上吗？霉菌又怕什么消毒剂呢？学生研究不同消毒剂对不同霉菌的抑制作用后，帮助各自的家庭进行了合理的选择。

（二）实践型任务，推动概念升级

概念升级可以是从无到有；可以是从小到大——概念的外延得到拓展，原本不属于其中的东西也成为其中的一员；可以是从交织混杂到准确区

基于核心素养、着眼未来的 学习

分——学生通过学习将两个或以上的名称相似的概念，如能量与能源、风化与侵蚀，区分清楚；可以是从片面到全面；等等。而达成概念升级可以利用的手段是从理论到实践。教师可发布一些实践型的任务，让学生不仅理解概念，还能用概念解答实际问题，更能用概念解决实际需求。比如，实现从理解反冲现象到利用反冲现象的跨越。以下具体呈现几个案例。

在苏教版小学《科学（五年级上册）》中，第二单元《光与色彩》的关键是"光的行进"——光在同一介质中的行进、光在不同介质中的行进、光遇到阻碍后的行进、光行进中的色光分解与合成现象。光的多样的行进会造成更为多样的现象，而学生学习这一内容时往往会把孤立的现象堆砌在一起，导致学习效果不佳。在这一单元的学习中进行STEM项目拓展，可以给学生下"订单"，要求他们提交这样的"产品"：可调节颜色的潜望镜、能出现无限画面的万花筒、能成正像的"照相机"等。学生在完成任务的过程中反思自己的学习，在解决问题的过程中深化对光的行进、反射、折射的认识，在应用的过程中建立起清晰的科学概念，对"光的行进"这一概念完成从交织混杂到准确区分的转变。

在教学《昼夜对动植物的影响》一课时，教师可以设计"定制我的生物钟"任务，让学生思考"能不能按要求拨动生物钟"。学生每天定时被闹钟唤醒（包括假日），一段时间后停掉闹钟，记录自己自然醒的时间。最后学生发现，原来除了光亮，人体的生物钟也能通过其他条件来改变，从而完成概念从小到大的升级。教学《研究磁铁》一课时也是如此，教师可以通过让学生制作一个南北极可控的指南针，将学生对磁这一概念的理解引向深处。

在苏教版小学《科学（六年级下册）》中，《能量的转换》一课告诉学生食物有能量、能量能转换。教师可以提出思考问题：能否利用食物来加热一杯水？选择哪种食物来转换更有效率？实践探索让学生从无到有建立了"不同的物质具有不同的内能"这一概念，并认识到不同的食物为取食者提供的能量也是不一样的。

"做个生态瓶"这一实践任务适合在《寻找生物的家园》一课中运用，使学生全面地理解"生物与环境的关系"这一概念。有关生物与环境之间相互依存这一命题，学生一般能关注到生物受到环境的影响，但对生物对环境的作用理解得不够深刻。而要设计制作由不同生物、不同非生物要素组合而成的生态瓶，学生必须思考生物存续期间对生存资源的消耗问题、生物对生态瓶的污染问题、生物之间的竞争问题等，从而全面地理解"生物与环境的关系"这一概念（图1）。

图1 电池污染对植物的影响

（三）挑战性设计，指向原创产生

技术与工程是2017年颁布的《义务教育小学科学课程标准》中提出的新型学习领域。技术的核心是发明，工程的关键在设计。这两者都是学生在未来创造新生活中所需要的，需要学生在学习的过程中发展自己的设计思维。设计思维作为一种思维方式，被普遍认为具有综合处理能力的性质，能够理解问题产生的背景，能够催生洞察力及解决方法，并能够理性地分析和找出最合适的解决方案。

创造产生的激励作用是夸奖难以企及的。挑战性的设计要求教师引导学生加强对生活、环境、技术与生命的认知与关怀，引导学生加强与教师、同伴、家长、自然之间的交流与对话。教学中，教师要提供创造的机会、可以沿用的思想方法、技术支持与学习指导，帮助学生拿出一个个问题解决方案、一个个创新作品。

例如，在完成苏教版小学《科学（五年级上册）》教材中《简单电路》一课的教学后，可以拓展设计型的STEM项目——用二极管、纽扣电池做一张感谢卡。在项目活动中，学生要理解简单电路，设计连接方式，对元件和线路进行合理排布，在学习的过程中练习设计，在对成果的审视和修改中积累

> 基于核心素养、着眼未来的 学习

设计的经验与方法。

又如，学生在学习苏教版小学《科学（二年级下册）》中的《各种各样的杯子》一课时，通过观察杯子的材质，比较不同材质的杯子的优劣。教师可以开展一个"杯具大改造"的延伸项目，引导学生做一个容易抓握、不会烫手、不易碎的杯子。学习了苏教版小学《科学（四年级上册）》中的《声音的传播》后，可以让学生制作一个传声效果最好的土电话。学生需要选择不同材质、不同形状、不同厚度等的材料制作土电话，并对电话的传声效果进行测评。传统的抽丝方法效率低下，需要对抽丝方法开展进阶设计，引导学生设计制作简便易用的抽丝工具。

在苏教版小学《科学（五年级上册）》中，《肺和呼吸》提示我们，可以设计制作多样化的家用肺活量测量仪；《地球的表面》引导学生思考丰富多样的地表形态来自简单要素的组合，可以让学生制作地表各类地形，组合成新颖的地貌环境。苏教版小学《科学（六年级上册）》中的《火山和地震》提醒学生，客观环境难以改变，那就改变应对客观条件的机制，可以让学生制作一个简易的、用文具搭建的城市模型，探究什么结构的建筑具有良好的抗震性。

三、依托教材开发 STEM 项目的注意点

（一）用核心概念引领项目学习

依托教材开发设计 STEM 项目，要紧密结合教材核心内容与知识，这就需要教师在开发项目时根据学科核心概念来进行设计。比如，认识生物与环境间的关系，就要抓住核心概念"动植物之间、动植物与环境之间存在着相互依存的关系"。设计制作由不同生物、不同非生物要素组合而成的生态瓶就是可以整合的项目内容，与教材中的资料互为印证，学生可以获取更为丰满的切身体验，更深刻地理解核心概念，并在实践中掌握建设一个长效生态瓶的具体方法。

（二）把握认知规律，不增加学生负担

基于教材进行 STEM 项目开发，应以不增加学生的学习负担、不争抢学生的课余时间为前提，在有限的时间内达成引领学生进行综合性学习、解决实际问题的目的。不能盲目地把中学的学习内容下移到小学。STEM 教育的重点不是灌输更多的知识、让知识最大化，而是帮助学生将现有的知识、能力整合融通，实现素养的发展。例如，在设计关于火山和地震的延伸项目时，只需要让学生制作一个简易的、用文具搭建的城市模型，探究什么结构的建筑具有良好的抗震性即可，而不需要去研究高层建筑重心移动抗震的原理细节。

（三）项目应指向探究与创造共生

有些人有一种误解，认为开展 STEM 项目必须包含科学、数学、工程、技术四个学科内容，其实 STEM 也指科学与数学的组合、科学与工程的合作、科学与技术的协同等。STEM 教育旨在以学生的认知、理解为基础，在项目中让学生去运用、修改、提出新方法，做出新事物，因此，STEM 项目指导应指向引导学生去整合创造身边的新世界这一宏大目标，即建构新知识、产生新理解、创造新事物、增长新见识。

有时我们只是对教材进行一些微拓展，就能让学生经历更为丰满的探索和问题解决过程，完成有价值的综合性学习。在此过程中，学生提出多样化的假设，商量严谨的操作方案，进行个性化的设计，制作出越来越精致的作品。同时，他们也会经历失败、反思、妥协、转换思路的过程。

总之，基于小学科学教材开发的延伸型 STEM 项目，为学生提供了整体认识世界的机会，帮助学生将零碎的知识整合成一个互相关联的整体；也为学生提供了综合利用现有知识和手段解决问题的机会，帮助学生从多个角度思考探究的方向和问题的解决方案。观察、理解、应用、设计等多种认知方式的综合，可以使学生在解决问题的过程中获得更多的思维工具，也让学生

> **基于核心素养、着眼未来的 学习**

建立起一种大知识观。科学、技术、工程、数学的认知方式是相互支撑、相互补充、共同发展的,如数学的建模、科学的实证检验假说、工程的拓展演绎等方式就可以有效地整合在一起,学生学习、利用、整合融通这些认知方式,能实现深层次的学习,从而让高阶思维与创新创造真正成为学习习惯和教育成果。

第四章

人工智能与教育

人工智能时代教师育人角色的再思考

刘金松[①]　李一杉[②]

在政府重视和密集政策的推动下，我国教育信息化正在从教育变革的外生变量转化为内生变量。[1]技术迭代发展和政策重视的双重推动使我国的教育信息化走向"2.0时代"，走向了人工智能时代。但教育教学的人核心决定了不能单纯任由技术僭越和主导教育场域。在这种背景下，教师职业角色将发生哪些变化？借助人工智能落实好育人的重任，教师该如何应对？澄清这些问题对落实立德树人根本任务，推进人工智能时代教育的发展和教师自身专业发展具有重要价值与意义。

一、人工智能时代教师在教学中的角色变革

人工智能时代教师面临的多重挑战使得教师角色的变革成为必然。以下从学生学习的发生和学习效果的提升两大视角来分析人工智能时代教师的角色变化。

[①] 刘金松，上海师范大学教育学院讲师。
[②] 李一杉，华东师范大学博士候选人。

（一）教师由知识的传授者变为学习情境的建构者

传统的教育教学环境和情境在一定程度上具有单调性和稳定性，因为无论是教师教的环境和情境，还是学生学的环境和情境，都受到了来自教育教学制度的"规制"和现实客观条件的限制。人工智能时代带来的变化被政策制定者所关注和重视，我国先后发布《教育信息化"十三五"规划》《教育信息化 2.0 行动计划》《中国教育现代化 2035》等政策文件，大力推进信息技术在教育教学中的应用和变革，这为教师利用信息技术为学生建构更为丰富、精准的学习环境和情境提供了空间。在人工智能时代的教育教学中，教师不再是学生学习环境和学习情境的具体呈现者，而转为建构者，为学生学习的发生和深化建构适切的环境和情境。

人工智能时代学习环境和学习情境的多元化和可选择性在政策和技术上都成为现实，但仍存在两种可能：其一，学生在不同环境和情境中的学习效果依然存在差别，这不仅是客观知识习得效果的差别，更是学习过程中学生德行与思想发展的差别，因为虽然技术是客观和中性的，但技术呈现的内容却存在价值差异；其二，学生个性化的学习环境和情境建构存在质量差距，如果任由这种情况蔓延则可能会强化和固化学习中的"马太效应"，进而消弭了信息技术带来的"公平"。[2] 基于以上两种可能，人工智能时代，教师应主动地为学生建构合适的学习环境和情境，通过信息技术分析学生的特征和需求，规划学生学习的环境和情境建设，并积极协调和利用可能的资源建构学习环境和情境资源库，以适应学生学习的需要。

教师利用信息技术为学生建构学习环境和情境，一是可以保证学习环境和情境的价值"合理性"；二是可以保证学习条件的质量，最大程度上缩小教育不公平发生的可能性和范围，也最大程度上实现信息技术促进教育公平的应然价值。

（二）教师由学习的指导者变为学生基于人机交互协作学习的领导者

当下基础教育阶段的学生，作为信息时代和数字时代的"原住民"，对于

人机交互与协作的学习方式具有天然的接受力，虽然基于人机交互的协作学习成为人工智能时代学习的重要范式，但无论何种学习范式，都需要激发和端正学生的学习动机，这就需要教师的教学领导力。在人工智能时代，教师在一定程度上从烦琐的教学行为中解放出来，而其包含教学组织和教学决策在内的教学领导力则被赋予了更多期待。[3]教师要更多地成为学生学习的领导者，如可以为学生创设合适的学习愿景，能够及时、适切地激励学生并妥善地处理教学中的人际关系等[4]。这也是教师这一职业或者角色不能被机器所替代的关键原因之一。

学生学习有其社会性的一面，学生在人机交互之外的人际关系会影响其学习效果和全面发展的程度。教师通过教学领导提升学生的人际关系质量，促进学生之间人机交互的协作学习，形成一定的学习网络，促进学生在习得知识之外更智慧、更有责任地思考，从而更好地承担社会责任。[5]另外，教师的信息化领导力也是需要特别提及的，这是推进信息技术在教学中应用的一种关键能力，也是教师为学生建构良好学习环境和情境的关键能力之一。[6]

（三）教师由知识灌输者变为学生发展潜力的"研究者"和"助产者"

在工业化社会中形成和发展的大规模教学形式适应的是工业化社会确定性技能培养的需求，在这种确定性的背景下，教师教学所关注的，是对照既有要求发现学生缺什么，再根据学生所缺少的进行针对性教学，学生被灌输相对稳定、固定的知识，这在一定程度上忽略了学生个体的需求和发展。随着信息化社会的发展，社会需求变得越来越个性化，进而要求社会生产变得越来越具有原创性，后信息化社会加深了这种趋势，"DIY"成为时代流行和需求前沿。在这种背景下，学校教育应更加关注学生的个性化发展，重点发掘学生独特的潜力，而并非将学生作为"标准化"的工业产品进行生产。人工智能时代，新技术的发展和教育应用在很大程度上使这种"个性化"教育成为可能，即我们要看学生有什么，而并非缺什么。但不能过度地将信息技术奉为圭臬，因为"看学生有什么"这一任务必须也只能由教师借助一定条件在与学生的互动交往中完成，所以人工智能时代教师应该成为学生发展潜力的研究者，要有效地利用不同形式的信息技术收集学生发展的相关信息，并根据这些信息有效地为学生的发展"画像"。教师的"画像"为学生的个性化发展提供了基本框架和路线，这不仅适应了未来社会发展的分散化、个性化趋势，也有利于将技术手段的优势在教育教学中落到实处。

除为学生"画像"外，教师还应该通过建构个性化的学习条件、环境和个性化的学习领导推动学生"可能的"发展潜力变为"现实的"发展实践，成为学生个性化发展的"助产者"，这一角色并不仅仅是理论上和理念上的含义，更多地意味着教师具体工作范式和工作内容的转变。

二、人工智能时代教师实施教学的基本逻辑

（一）坚守立德树人的价值追求

在人工智能时代，学校教育的时空边界变得越来越模糊，这意味着人工智能时代的教育生态在发生实质性的变革并会继续深化。教育生态的变革可以视作教育形态、教育方式和教育存在方式的变化，但教育和教师之所以存在的内在价值并没有发生实质性的变化，教育的根本任务永远是立德树人，而教师则是必不可少的实践者。人工智能时代，技术在教育中的应用也是服务于这个根本任务的，因此，我们应从落实立德树人根本任务的视角审视人工智能时代教育生态的变革。

立德树人中如何"立德"和如何"树人"，需要通过具体的教育实践来实现，而如何更有效地实现"立德"和"树人"则成为教育实施所面对的挑战，也是教师在人工智能时代的使命担当。教师作为学生成长的"在场者"，应坚持立德树人的教师哲学观和价值观，以情感关心和德行榜样等推动和促进学生德行的内在生成。为此，教师不能漠视或者恐惧人工智能时代中教育生态的变化，而应以更为开放和包容的视野、态度去审视信息技术应用给教育所带来的变化，思考这些变化对于实现立德树人具有哪些积极作用，以及如何将这些积极作用落在实处。教师应将信息技术视为帮助学生"立德"和"树人"的工具，以融合的视角看待其在立德树人过程中的应用，力争成为信息

技术教育应用的"主人",将其在立德树人中的作用发挥到最大,而不是被技术变革所裹挟或者所抛弃。

(二)以"做减法"的思维看待人工智能时代的教学

在人工智能时代,教师要想在不同话语和技术的裹挟中不丧失其主体性,应坚持"做减法"的思维。这意味着教师要在多元化、复杂化的环境中不断反思和摸索"何谓教师"和"如何为师"等核心问题。

其一,教师"做减法"意味着对教师角色的反思和审慎重构。教师"做减法"的思维表现为在具体的教育教学实施中对自我角色、定位和功能的再反思和再优化,"做减法"的过程需要教师不断反思和研究人工智能时代教育教学的新发展、新特征和新需求,对照自我现在的专业发展,寻找不足和新的生长点,不断在变革的环境中反思教师的本质、坚守教师的底线,审慎地对待外界的纷扰和"欲求"。

其二,教师"做减法"意味着对信息技术的反思和取舍。在人工智能时代,"做减法"也意味着教师不断地反思信息技术在教育教学中的角色、定位和功能,技术条件可以改善教育教学的环境、过程,但信息技术在教育教学中的应用存在一定的限度,教育教学的过程不能简化为机器和学生之间的互动,教师的介入也不能完全消解和打破这种限度,所以教师要反思教育教学过程中信息技术应用的边界在哪里,信息技术以何种方式介入教育教学过程方能最大程度上有助于教育教学目标的实现。

(三)重点关注学生学习动机的激发和维持

人工智能时代,学生可以利用多种技术手段获取信息进行自主学习,从而真正成为学习过程的主体。对于学生的学习而言,无论信息技术迭代到何种程度都无法改变其作为学习工具与媒介的角色,其为学生所提供的"教育"的价值方向无法完全保证[7]。所以学生"为何学习""为谁学习"和"是否想学习"等依然是教育教学中需要解决的关键问题,这些问题并非信息技术所擅长处理的,而恰恰是教师能帮助学生澄清的,也就是说,教师不仅需要在方法论上协助学生学会如何学习，更有必要在理论和价值层面帮助学生澄清学习的价值和意义所在。

学习的价值和意义的澄清是激发学生学习动机的关键，也是引导学生立有价值之德的路径依赖，还能帮助学生在学习过程中维持一定的学习激情，这恰恰是教师为师的核心，也是人工智能时代教师落实立德树人根本任务的目标之一，同时也是人工智能时代教师安身立命的"看家本领"。

三、人工智能时代教师提升教学效果的策略

人工智能时代教师需要做的是正视自我所在环境的变化，以立德树人为目标和价值导向，不断提升自我的道德领导力、数字胜任力和教育教学领导力，巩固自我角色核心，发挥自我角色功能，不断优化教育教学过程和提升立德树人效果。

（一）提高自身道德修养和对学生的道德领导力

以人工智能为代表的信息化技术越来越深刻地影响教育生活乃至社会生活和政治生活，在具有人类道德思维能力之前，人工智能时代的技术手段可以发挥哪些作用，在一定程度上受到社会整体道德水平的影响，即使将来其通过深度学习获得一定的道德思维能力，为了不"成为机器人所圈养的动物，并可能被机器人随意屠宰"[8]，人类也应该及时或者提前提升整体道德水平，筑起一道"防火墙"。这道防火墙要靠我们所有人共同构筑，而教师在其中的作用尤其重要。因此，师德在人工智能时代的意义和价值，较之以往任何时代都将更加凸显。[9]

落实立德树人根本任务，教师首先要自觉提升自身的道德修养，对学生起到模范引领作用；其次，要不断提升自身道德领导力。教师的道德领导力也可以称为道德感召力，是指教师在教育教学中应该主动地关心学生、公正地对待学生、尊重每个学生，除了量化的成绩外，教师在学校中的行为应以激发和促进学生德行成长为目的。也就是说，教师在自身具有较高道德素养的前提下，愿意以一种道德性的方式与学生交往和引导学生之间的交往，[10]

以此来引导学生德行的生发和发展。

(二) 提升适应人工智能时代的数字胜任力

人工智能时代,教育的重要存在方式之一就是数字化,因此,如何提升数字胜任力来适应人工智能时代的教育生态是教师面临的挑战之一。

安东尼奥·卡尔瓦尼认为,数字胜任力包含着技术、认知、伦理及三者整合等四个维度的能力。[11]教师可以从 Antonio Calvani 的模型出发,一是提升自身的数字技术能力,即解决教育教学问题时要具有自觉的数字思维和意识,也要自觉地使用数字化技术搜索实施教育教学所需要的材料,同时具备使用不同数字技术工具的能力;二是提升自身的数字认知能力,既可以根据不同需求选择不同数字技术的能力,同时也可以阅读、整合通过数字化工具和手段获取的信息,提取与教育教学相关的有效信息;三是提升自我数字伦理能力,这意味着教师既要认可数字化对于教育教学的积极意义,又要清醒地认识到数字技术的局限和可能产生的消极后果,并合理地、科学地将数字技术应用到学生个体发展的过程中,避免数字技术精准化特征造成学生发展的偏差和单向度化。

除教师自觉地提升数字胜任力之外,国家层面也应将数字胜任力纳入教师职业素养范围之内,并在理论研究、实践分析和经验借鉴的基础上出台教师数字胜任力标准和指导手册,供教师参考;同时也应将数字胜任力整合到教师培训过程中,提升新任教师的数字胜任力。

(三) 提升促进学生主动学习的教学领导力

教师教学领导力是教师在教学进程中基于自身的教学魅力而对学生产生教学威信或正向影响,进而使学生乐于学习、主动学习的能力与素养。[4]人工智能时代,教师需要自觉提高自身的教学领导力,以引导学生在繁杂的技术和信息环境中主动地为自己的学习而努力。

具体来说,教师可以通过校本研修、课堂实践和教师反思等不同途径提升自身的教学领导力。此过程应重点关注以下两方面。

其一，通过多途径特别是信息技术手段的应用提升自我专业知识。这包含其所教学科的专业知识，学科、专业领域知识的最新发展以及利用信息化技术进行教学方面知识的增加与熟练应用，此外还包括学情分析的专业化，即基于数字胜任力的提升和应用，深化对学生特征、需求和潜力的认知，并据此提供具有针对性的学习建议。

其二，教师应善于并投入"教育真善"建设课堂文化。教师的教学领导力也表现在教师所营造的教育环境对学生的引领，所以教师应意识到课堂文化建设的重要性，并通过多种途径提升建设课堂文化的能力，其重心是教师将先进的教育理念与学生、班级的集体情况相结合，创设适应于当下的课堂文化。在这个过程中，教师是否真心对待学生、是否真心为学生成长着想，关系着课堂文化的质量和教育价值，也关系到教师教学领导力是否有助于班级共同学习愿景的建立。

参考文献

[1] 王珠珠.教育信息化2.0：核心要义与实施建议[J].中国远程教育（综合版），2018，(07)：5-8.

[2] 闫寒冰.我国信息化促进教育公平的演进特征与路径研究[J].中国教育学刊，2019，(09)：22-26.

[3] 徐鹏.人工智能时代的教师专业发展——访美国俄勒冈州立大学玛格丽特·尼斯教授[J].开放教育研究，2019，25（04）：4-9.

[4] 吴晓英.魅力从何而来：论教师教学领导力的五大影响源[J].现代中小学教育，2019，35（06）：71-76.

[5] Sternberg, R. J. Why Schools Should Teach for Wisdom: the Balance Theory of Wisdom in Educational Settings [J]. Educational Psychologist, 2001, 36（4）：227-245.

[6] 赵磊磊，张蓉菲.教师信息化教学领导力：内涵、影响因素与提升路径[J].重庆高教研究，2019，7（03）：86-97.

[7] 唐汉卫.人工智能时代教育将如何存在[J].教育研究，2018，39（11）：18-24.

[8] Yuval Noah Harari. Homo Deus: A Brief History of Tomorrow [M]. London: Havill

Secker, 2016.

[9] 项贤明. 在人工智能时代如何学为人师？[J]. 中国教育学刊, 2019, (03): 76-80.

[10] 高德胜. 学校中的道德领导[J]. 教育发展研究, 2019, 38 (04): 1-10.

[11] A. Calvani, A. Cartelli, A. Fini, M. Ranieri. Models and Instruments for Assessing Digital Competence at School [J]. Je-LKS: Journal of e-Learning and Knowledge Society, 2008, 4 (3): 183-193.

人工智能时代中小学编程课程体系构建的实践探索

杜晓敏[①]　史松竹[②]

进入 21 世纪以来，越来越多的国家将发展人工智能提到了国家战略的高度。相应地，作为人工智能基础的编程课程也逐渐进入中小学教育体系。近年来，国内外中小学编程教育越来越普及。编程作为一项专业素养，将逐渐成为驱动基础教育发展的关键要素。美国、英国等国家从"学会使用计算思维来创造性地理解和改变这个世界"等视角推进编程教育。2016 年起，我国重庆等地开始推进编程教育。2017 年，国务院印发的《新一代人工智能发展规划》中明确指出："在中小学阶段设置人工智能相关课程，逐步推广编程教育。"为了培养学生具备人工智能时代所需的编程能力，山东省潍坊市于 2014 年开始构建区域性编程课程体系，在课程设置、课程内容、课程实施、课程资源、课程评价和师资培养方面做了深入探索。

一、课程设置：以公平普惠为目标导向

目前，全世界已有 20 多个国家将编程纳入中小学基础课程。2012 年起，编程成为日本中小学生学习的课程。2013 年，英国公布《1 到 4 关键阶段的计算（课程）学习计划》，将"计算科学"列为英国小学阶段的必修课程，2014 年又设立了"Year of Code"项目，要求学生从 5 岁开始接受编程教育。2014 年，美国开展了"编程一小时"活动；欧洲委员会正式在欧洲推行"编程周"（Code Week）活动，其目的是使社会公众认识到编程能够提升学习者的创造力、解决问题能力、合作能力等。韩国于 2014 年开始在 72 所学校试点编程教育，2018 年，编程课程全面进入韩国中小学必修课程。[1]

[①] 杜晓敏，山东省潍坊市教育信息化研究院院长。

[②] 史松竹，山东省潍坊盲童学校校长。

我国《普通高中信息技术课程标准（2017年版）》将计算思维纳入高中学生的学科核心素养。但是，编程课程并未被作为一门专门的课程纳入中小学课程体系，只是作为地方课程或学校课程。目前，对地方和学校来说，编程课程既缺少课程标准，也未能从"公平惠及每一名学生"的视角被作为一门普惠性课程。针对编程课程无课程标准等现实，潍坊市对编程教学和课时等进行了制度性设计。一是制定编程课程指导意见，以此作为区域编程课程标准。以学生计算思维培养为核心，以建构主义和体验式学习为理论基础，在华东师范大学、山东省教育科学研究院专家的指导下，研制出《中小学编程课程教学指导意见》，遵循中小学生认知规律，以学术化、实景化、综合化、人本化为导向，从课程的目标、内容、实施、环境和评价等五个方面构建起编程教学指导框架。二是明确编程课时。编程课程应有科学合理的课时安排。在国际上，编程课程既有融入母语、数学、外语等核心科目的，也有独立设置的。课时的明确性，是编程课程顺利推进的政策性基础。结合中小学课时安排有关规定和信息技术教学实际，潍坊市规定义务教育阶段3—8年级每学期不少于5课时人工智能常识教育（含编程），高中按照信息技术课程要求开设，幼儿园、小学低年级和中职学校结合教育教学实际自行确定。同时，在小学阶段，充分利用放学后的延时服务时间，开设编程课程。

二、课程内容：基于课程目标和学生实际分段式构建

由于编程学习的特殊性，青少年编程能力培养需要依据编程学习规律和学生身心发展规律依序而行。美国计算机科学教师协会（CSTA）认为，学生编程能力主要包括算法、变量、控制、模块化、程序开发等。[2]国家课程是区域性编程课程内容建设的基础和依据，美国计算机科学教师协会在有效整合信息技术、通用技术、综合实践活动等课程的基础上，对不同学段的编程课程内容进行了分段式构建。小学1—3年级，以体验为主，通过游戏化教学，借助积木式编程工具，以直观性的操作体验培养学生的编程兴趣；小学4—6年级，通过项目式学习，以及对对象、模块、控制、执行等概念的理解，创作编程作品，培养编程思维；初中阶段，以程序设计语言为工具，通

过尝试设计与实现基本程序结构，将实际问题解决与计算思维形成联结；高中阶段，掌握一到两种程序设计语言的基本知识，利用程序设计语言实现简单的算法，解决实际问题，突出学生计算思维和解决实际问题能力的培养。

三、课程实施：实现学校内外结合

借鉴心理学家布朗芬布伦纳（Urie Bronfenbrenner）的生态系统理论（Ecological Systems Theory），潍坊市创设了中小学生编程课程实施的校内、校外相结合的生态系统。校内系统，采用"学科课程+活动课程"的方式，学科课程为课堂教学，活动课程则以多元化为主要特征。推动学校设立编程社团，开展编程嘉年华等活动，通过趣味编程比赛、挑战任务、机器人比赛等方式，激发学生学习编程的兴趣。校外系统，包括四个子系统：一是场所系统，整合高等院校、科研院所、人工智能企业、公益组织等社会力量，建设了16处未来教育体验中心，7处青少年人工智能科学院，22处中小学编程教育实践基地等，这些场所为学生提供了丰富的编程学习体验和职业体验。二是平台系统，活动参与是学生编程学习体验式成长的有机平台。利用全国信息学奥赛、全国中小学生电脑制作活动、山东省中小学创客大赛、潍坊市青少年科技创新大赛等国家、省、市级活动平台，拓宽学生展示提升编程学习能力的路径，激励教师与学生共同参与活动、共同展现编程育人成果。三是服务系统，采用市场化机制，按照"政府主导、企业主体，多边合作、多元发展"的思路，与教育类企业共建5G智能教育创新园区，引进中小学编程教育课程和平台，吸引课程、资源、技术、培训等多方面的服务与支持。四是联合系统，与山东师范大学等高校及企业联合育人，寻求学术和科研引领，积极应用中小学编程课程与教学相关研究成果。

四、课程资源：线上线下双向开发

编程课程资源的开发和利用是编程课程建设的基础和重要内容。华东师范大学吴刚平教授认为，课程资源可分为条件性课程资源和素材性课程资源。其中，素材性课程资源的开发和利用对于教育质量的提高更具决定意义，有更大的丰富性、灵活性和创造空间。[3]基于编程课程建设实际，潍坊市在国家和省定信息技术教材的基础上，开发了线上线下相结合的编程课程资源体系。一是线下资源。开发了《小学图形化编程》教材，免费提供给全市70多万名小学生使用。二是线上资源。这是编程课程资源的主体。潍坊市遵循中小学生的认知特点和编程课程教学规律，建设了满足区域中小学生编程学习需求的编程教学管理与课程资源一体化云平台，全市统一开发基于Python、C++、JAVA等编程语言的数字化编程教育资源，为中小学生提供泛在学习服务。以个性化学习为导向，组织开发318节编程数字化教学资源，为学生提供不同类别、不同层次的免费编程学习机会。以云平台为依托，开发基于项目式学习理念的编程课程资源，采用"边学边做"的教与学模式；同时，为学生建立专属作品库，通过作品反映学生编程学习情况。

五、课程评价：基于学生编程能力提升

教育界普遍认为，编程能力主要包括计算思维和信息素养。计算思维是指运用计算机科学的基础概念进行问题求解、系统设计，以及人类行为理解的、涵盖计算机科学之广度的一系列思维活动。[4]信息素养则被联合国教科文组织界定义为：能够确定、查找、评估、组织和有效地生产、使用和交流信息，并解决面临的问题的能力。课程评价是以课程为研究客体开展的评价活动，一般包括对课程内容的文本分析、课程实施的过程关照、课程建设和特色呈现以及课程建设的主体表达等。[5]在英国课程专家凯利看来，课程评价是评估任何一种特定的教育活动的价值和效果的过程。[6]课程评价所具有的发展性、提升性和激励性功能，不仅能够检测学生的编程学习能力，还能激发学生学习编程的内生动力。

在课程评价方面，按照过程性评价和结果性评价相结合的原则，主要设计了三种评价方式：一是编程学习行为评价。学生编程学习能力评价作为编程课程的有机组成部分，主要目的是监测学校编程教育质量，从而改善和提升教与学。将学生编程学习情况纳入学生成长档案，其中初中和高中纳入综合素质评价；以自主性、过程性、发展性为评价原则，研究建立基于编程学习规律和学生认知规律的"质性+量化"评价模式，结合学生编程课程修习表现及编程作品、相关成果等进行评价。二是编程学习能力测评。全市统一开发了中小学生编程能力测评系统，2019年开展了小学生测评，2020年扩展至初中学生，并将逐步向高中阶段延伸。根据测评结果构建学生编程学习能力分析数据模型，对学生编程学习进行精准分析，实现个性化教学。三是纳入高中招生评价。为编程能力特别突出的初中毕业生开通了升入高中的"绿色通道"，高中学校可以根据特殊学生招生政策对编程能力突出的学生实行"特招"。

六、师资培养：以教师编程专业能力提升为准绳

编程师资是编程课程建设的第一资源。相对于其他课程而言，编程课程对于教师的资历背景和专业程度有更专业的要求。针对编程师资缺乏且专业性不高的现状，潍坊市采取了"融、提、联"的专业化提升策略。一是"融"，建立中小学编程师资"1+N"模式，即以信息技术学科教师为主，统筹综合实践活动、通用技术学科、创客教育、STEM教育等的师资力量，吸引其他学科教师广泛参与，邀请高等院校、科研院所、企业、培训机构等参与学校编程课程建设。二是"提"，通过开展常态化普及型培训、专业专长型培训、高级研修型培训等多形式、多维度的培训，促进教师专业化发展，打造"一专多能"的教师队伍。三是"联"，以兴趣为导向，组织全市126名志愿参与编程教学的教师，根据个人专业特长组建了8个教师学习共同体，采用项目式教研的模式，以建构主义、混合式学习理论为指导，通过理论研究和行动研究，基于Python、C++、JAVA等编程语言，探索游戏化、项目式、任务式、沉浸式等多元化学习策略在编程教学中的运用。

2019年12月，潍坊市进行了一次小学生编程能力测评。结果显示：经过4年多的区域编程课程体系构建的实践探索，在参与测评的来自城市、乡村的共9237名小学生中，72.6%的小学生的编程能力达到合格水平，34.2%的小学生的编程能力达到较高水平。当然，编程作为一门新兴课程，在课程目标的科学性、课程内容的完整性、课程实施的多元性、课程评价的有效性等方面，依然有许多亟待完善的地方。

参考文献：

［1］高静瑶，李玉阁，刘军．"互联网+"时代下翻转课堂的发展研究［J］．中国现代教育装备，2018，（14）：24-26.

［2］赵中建，周蕾．作为一门学科的计算机科学——美国《K-12年级计算机科学框架》评述［J］．全球教育展望，2017，46（4）：52-66.

［3］吴刚平．中小学课程资源开发和利用的若干问题探讨［J］．全球教育展望，2009，38（3）：19-24.

［4］Jeannette M. Wing. Computational Thinking［J］. Communications of the ACM，2006，49（3）：33-35.

［5］李红恩．学校课程评价的意蕴、维度与建议［J］．教学与管理（中学版），2019，（12）：1-4.

［6］林挺．普通高中语文课程标准评价建议的可行性分析［J］．福建教育学院学报，2016，17（9）：26-29.

人工智能时代中小学课程建设的发展审视

贾建国 [1]

近年来,人工智能在全球范围内迅猛发展,不仅深刻改变着人类的经济发展和社会生活,而且给教育发展带来了巨大的影响,为教育发展带来更多的机遇和可能性。课程作为学校教育的核心要素,是师生开展教育教学活动的关键载体。人工智能技术的深度介入将重塑课程目标,丰富课程内容,变革课程实施方式和创新课程评价方式,从而为课程建设注入新的发展动能,深刻改变学生的学习方式和教师的教学方式,促进学生学习效率与效果发生质的飞跃。

一、课程目标呈现生本价值的内在转型

人工智能时代的到来,促使课程目标实现内在转型。课程目标的内涵将从培养具备严格知识体系的社会劳动力,转向支持并促进学生成为适应性人才和终身学习者。[1]这种内在转型包括四个方面。

(一)知识技能目标"比重"下降但"深度"加强

人工智能所逐渐展现出来的巨大优势,不仅体现为能够对纷繁复杂的知识内容进行整合与优化,凝练出更具规律性、层次性的知识体系,而且能够对学生的认知过程进行更有深度的揭示,对学生的认知活动进行更全面的干预,从而使学生在知识学习上迈向深度学习,克服机械学习和浅层学习的弊端,让学生学得更具积极性和主动性,对知识的掌握更加容易和高效。因而,在当下课程目标中作为主体的知识技能目标(花费时间最多、评价比重最大)的达成难度将明显下降,其在课程目标中占据的"比重"将下降(但仍然处在基础性目标地位)。与此同时,知识技能目标的"深度"将大幅加强,深度

---

[1] 贾建国,广东省深圳市教育科学研究院研究员,博士,硕士研究生导师。

学习能力将成为知识能力目标中的核心部分。进一步看，掌握深度学习、自适应学习、分布式学习等更多人工智能时代的学习方式，提升相应的学习能力，将成为知识技能目标的重中之重，也将成为学生（人类）应对人工智能挑战、不被人工智能"弱化"人类智能的关键基础之一。

（二）非智能目标"比重"上升且"强度"增大

无论是当下还是未来的人工智能时代，课程教学旨在落实立德树人根本任务的价值取向是不会改变的，而且随着知识、能力目标的高效率达成，学生非智能素养的达成变得更加主要和重要。换句话说，人工智能虽然带来知识、能力层面学习目标的快速达成，但是无法让情感、态度、价值观等人类的高级情感的培养也"立竿见影"，甚至人类可能会沉溺在人工智能带来的认知优势中而忘却对高级情感的关注与养成。鉴于此，要实现立德树人的目标，让学生更好地"学以成人"，课程目标上必须更加强化情感、态度、价值观的分量，并将人工智能所难以拥有的情感、价值追求、创造精神作为课程建设的核心目标追求，从而在更高层次上促进学生丰富自我德行、确立正确的价值观，尤其是引导学生更加懂得如何借助人工智能为人类造福。唯有如此，人类才能在人工智能时代到来之际继续保持和发展人的尊严和荣光。

（三）创新素养培养将贯穿学习全过程

进入人工智能时代，培养学生的创新素养将比以往任何一个时代都更加迫切。创新驱动是人类社会发展的关键动力，更是人类应对人工智能挑战、维护人类生存与发展的关键所在。因此，人工智能时代的中小学课程建设必须重视和突出培育学生的创新素养，并将创新教育理念贯穿学生的整个学习过程，系统唤醒创新意识、训练创新思维、提升创新能力和锻造创新人格，为学生成长为创新人才打下坚实基础。在人工智能时代，中小学课程要能够使学生对创新产生更加浓厚的兴趣，以突破常规思维界限的视角发现真实问题，且能够基于生活场景开展创新活动并进行个性化表达、交流与合作，最终实现问题解决方案的创意物化，从而使学生养成坚定的创新责任感与使命感，在创新体验中形成克服困难、经受挫折和执着创新的稳定心理模式，以及涵养利他精神和为人类造福的个性特征。

（四）学段目标将发生局部或整体位移

当前，中小学课程的目标设定多是基于对学生身心发展的经验性表达，而缺少充足有力的精准数据支撑。随着人工智能时代的到来，对于教育数据的深度挖掘不仅能对学生学习态度、学习动机、认知能力等进行精准分析，还可以通过数据建模发现学生学习结果与学习动机、资源等变量之间的相关性，并在此基础上更加精准地预测学生通过学习活动可能达到的水平，从而使课程目标的设定更加全面地覆盖学生的"最近发展区"，更加精确地留出学生个性发展的"特色空间"。[2] 由此，中小学课程的学段目标将可能会发生"位移"，当下有些高年段的目标可能下移至低年段，有些原本定高或定低的目标将进行相应调整，课程目标的设定将更具精准性、更富包容度、更显个性化，课程内容、课程实施与课程评价也将随之更加精准化和个性化，学生学习的目标达成度将越来越高。

二、课程内容凸显学科与生活融合的结构优化

（一）课程内容以模块化蕴含丰富性

人工智能时代，信息技术的迅猛发展为我们提供了海量信息，课程内容得到丰富。但是，由于人类大脑信息获取能力的有限性和时间的有限性，学习者要想从这些无序的信息中获得成长，必须花很大工夫进行辨析和整理，在某种情况下，信息的丰富性甚至造成学习的障碍。面对这种状况，人工智能在课程内容编制上可以实现高水平地自动化处理信息，将海量信息构建形成若干基础性模块。一方面，这些基础性模块是人类进行创造性活动所需要的规则性知识（如数学的基本规则、语文的基本文字、道德的基本价值、科学的基本法则等），人类绝不能因为人工智能的巨大学习力而让孩子们失去对基本规律的把控，进而丧失创造的基石；另一方面，在每个基础性模块之下，将会有若干主题词引导学生通向海量信息资源，这使课程内容具有继起性，即内容不是碎片化、阶段性的，而是可以由人工智能以符合学习规律的方式

持续提供适应性资源,从而使学生学习进入持续的循环与深入状态。[3]

(二)课程内容以深度整合强化关联性

人工智能时代,课程内容的模块化要求我们必须对海量知识进行深度整合,这种整合不仅要求建立知识与知识之间的联结,而且要实现知识与生活之间的有效联结,使彼此形成不可分割的整体,从而更好地发挥整体育人功能,使学生通过对课程内容的结构化探究,逐步形成自主的智能系统。一是课程内容将突破不同学科之间的界限,探寻不同学科知识的内在联系并将其进行重组,把散落在不同学科中的"有用知识、方法与思维模式"融合起来,促进学生的跨学科学习。二是课程内容将进一步面向社会、面向生活汲取素材,让知识获取、情感培养和价值观养成与学生的现实生活更加紧密地联结,学习过程即是将知识与学生自我认知模式紧密联结起来的过程。三是课程内容将更加重视通过强化真实问题解决与动手实践操作,引导和推动学生成长为知识的发现者与创造者,让学生获得真实、快乐的生活体验,引导学生创造性地解决问题和认识周围世界,从而使自身学习超越并驾驭人工智能。

(三)课程内容以多样化彰显个性化

人工智能所带来的崭新技术,极大地丰富和创新了课程内容形式,从而能够更好地满足学生的个性化学习需求。一方面,随着人工智能推送技术的快速发展,将能为学生提供"私人定制"的学习内容,从而适应和满足不同学生的学习需求。例如,当人工智能"发现"某些学生在一些内容上学习能力不足,将会调节学习内容的难易程度,以使其适合学生当下的发展水平;有些学生的学习速度较快,人工智能将根据其学习速度对课程内容的"量"进行适切性调整和优化。另一方面,利用人工智能技术能够更加便捷地为不同学生创设不同的学习情境,使每个学生处于一个开放的、可选择的情境之中。这意味着不同学生在同一课程中可以处于不同情境中,从而使课程内容变得更加富有现实性和互动性。例如,通过人工智能虚拟现实或增强现实技术的深度学习,可以实现依据学生学习需求的虚拟情境的持续进化;利用混合现实技术,将真实情境与虚拟情境结合起来产生一种可视化情境,能够为依赖"视觉型学习"的学生提供更加有效的情境体验。在此需要特别指出的是,在课程内容的选择、编制与呈现上,教育工作者(专家、教师)要做人工智能的驾驭者,并将坚守的价值观渗透其中,防止人类被人工智能所"奴役";需要针对人工智能可能出现的偏差进行调整,防止"机器"出现不可避免的偏差问题;需要注重为课程内容"留白",防止学生在学习上片面追求效率而出现"月满则亏,水满则溢"的弊端。

三、课程实施彰显学习方式与空间的深度变革

进入人工智能时代,中小学在课程实施上将会发生深度变革,尤其是师生关系、学习方式与学习情境将发生具有时代意义的变革,课程建设也将呈现出前所未有的实践状态,学生学习效率与效果都将发生质的飞跃。

(一)学习的泛在化特征愈加凸显

人工智能的发展,使得当下我们所期待和探索的泛在学习变为现实。由于智能化程度极大提高,数据传输速度极大加快,智能终端及设备的加大普及,课程实施将真正超越课堂、超越校园,与现实生活联结、与大自然联结、与所有人联结,学生将进入更加广阔的学习空间,可以根据自己的需求泛在地学习相关课程内容。尤其值得关注的变化包括:一是人工智能可以创造与现实生活密切连接的"虚拟世界",学生可以不受课本与课堂的限制,在教师协同指导下进入"真实"情境中,通过亲历性体验与自然、社会开展深入而持续的交互学习活动,将学科世界与生活世界真正对接起来,让学生实现对世界的真实体验与完整认知,改变当下碎片化、虚幻化的认知体验。二是借助人工智能技术有效延展和强化学生认知,动态、多维地呈现真实世界,将当下无法感知和体验的转化为可感知、可体验的,从而极大地拓展课程实施的可能性。例如,将当下无法观察到或难以建构模型的物质进行"具象化",使学生能够清晰观察、认知和理解其内在结构特征。三是课程实施绝不是通过人工智能让学生一直处于"虚拟世界"之中(无论它如何逼近真实世界),而是要创造更好的条件让学生尽可能多地接触和进入现实世界,让学生直面现实世界中的真实问题,从而使学生从根本上形成和完善人所特有的社会性。

（二）主体间共生成长将全面升级

进入人工智能时代,"教学相长"的含义将被大大升级,教师和学生之间的主体关系将变得更加紧密。在课程实施中,教师必须与学生共同学习、共同成长,这样不仅可以应对学生快速成长的需要,而且能够更好地应对智能技术所带来的挑战。一方面,虽然当下教师的一些教学工作（如程序性、技术性的工作）可以被人工智能所接替,但那些具有价值性、智慧性的育人工作不仅会持续保持而且将变得更加重要,教师需要在与学生的交往中发挥更大、更多的价值引领和人文关怀作用。这意味着教师绝不能把自己的责任简单让渡给人工智能,而是需要与人工智能形成"合体",发挥各自优势,协同实现课程内容的有效实施、课程目标的有效达成,最终促成教书育人目标的圆满实现。另一方面,人工智能时代的课程实施不再是简单的学生"学习",而是演变为教师与学生"共同学习"。教师不再拥有对学习过程的完全掌控权,而是必须成为学生的"学习伙伴",一起面对浩瀚知识海洋的未知领域,并力所能及地提供"教学支架"。因此,在人工智能的支持下,教师和学生应该一起围绕相同（相似）的课程内容开展有效学习,个体之间在此过程中发生"智慧碰撞",所产生的学习效果将呈现倍增效应;与此同时,群体的智慧集聚也将促进和引领个体（教师和学生）获得更加快速的成长。

（三）学习方式将更富个性化色彩

在人工智能语境下,课程内容的多样化、学习空间的泛在性将带来课程实施的个性化,而这种个性化的核心则在于学习方式的多元化、个性化,每个学生都可以选择适合自己的方式来学习,每个学生都可以自如地根据不同学习内容选择适切的方式来学习,这意味着在课程实施过程中每个学生都将形成自己独特的学习风格。具体来说,学习将越来越多地迈向深度学习、自适应学习、分布式学习等,其结果是使得学生学习的个性化色彩越来越鲜明。一是深度学习。人工智能可以帮助学生像机器一样实现深度学习,克服机械学习、浅层学习的弊端,使学生的学习更富主动性、创造性,促进学生对学习过程的反思，更好地实现知识迁移与问题解决。二是自适应学习。在人工智能在对学生个体进行即时诊断的基础上，根据学生的学习需求和个体风格持续性地推送适切的学习资源和路径，以最大化适应学生的学习状态，从而科学、高效地促进学生形成自适应序列，彰显学生对学习过程的自主把控和教师对教学过程的个性化指导。三是分布式学习。这是一种以学生为中心，学生与多样化学习资源、共同体文化价值交互作用的学习模式，其重要功能在于，基于人工智能可以使优质资源更为广泛地共建共享，构建形成一个高效交互的认知与思维环境，从而更好地促进学生完成认知与价值建构。[4]

四、课程评价实现测评方式与效果的实质性突破

没有有效的评价就没有真正意义上的课程建设。因此，课程评价是中小学课程建设的重要环节，更是学生学习效果保障的关键环节。进入人工智能时代，随着信息化技术实现突破性发展，数据处理能力极大增强，课程评价的功能将实现实质性突破。

（一）课程评价的即时性、精准性大幅提升

人工智能的发展大大提升了课程评价的即时性、精准性水平，与学生随时随地的泛在学习相配合，这在传统的课程评价中是难以实现的。从技术层面来看，人工智能极大地提升了各种作业批改、成长档案等智能诊断系统、自适应评价系统的自动化水平，可以自动地将学生的学习情况收集起来，对学生的整个学习过程进行全面测评、分析和反馈，从而把教师从纷繁复杂的信息收集、整理、分析和反馈的桎梏中解放出来，有效提升课程评价的科学性与有效性。例如，科大讯飞、51talk、谷歌等机构研发的语音测评软件，其不断进化的语音识别技术不仅极大地提升了机器与人之间交互的便捷性、流畅性与准确性，而且在很大程度上实现了机器对人的自然语言的理解（这种能力还在不断发展），可以迅速有效地对学生的语言学习情况进行诊断、评估和反馈。又如，随着人脸识别、眼动跟踪、手势识别等技术的更新迭代，人工智能不仅能够辨析人类声音，还能逐步感知人类情绪、情感。因此，未来具备情绪感知功能的教学系统可以及时调整课程内容的容量、难度和进度，

协助教师调整学生的学习情绪，更好地激发学生的兴趣、好奇心，促进学生的自适应学习。[5]

（二）课程评价更加注重学生创新素养的生成

课程评价应具有多元性和包容性，注重提升学生的创新热情，培养学生的创新意识和创新能力，成为学生创新素养培养的有益助力。当前，功利导向的评价机制一直未能得到根本性的扭转，以"分数为主"或"知识技能考查"的评价方式始终占主流，在很大程度上扼杀了学生的问题意识（创新之基），阻滞了学生创新精神、创新能力等创新素养的发展。[6]进入人工智能时代，随着课程目标和学科内容中知识技能"比重"的相对下降、创新素养重要性的凸显，以及课程实施中"以问题为导向"的多元学习方式的个性化运用，课程评价也应保持课程目标、评价过程和评价结果呈现的一致性，为所有主体提供参与评价的空间与平台，引导教师、家长和社会将关注点落脚于创新素养的培养，发现和发掘学生发展的独特创新优势。为此，课程评价要更多地从情绪状态、参与状态、思维状态和生成状态等维度评价学生创新素养的发展情况，帮助学生在创新意识、创新思维、创新能力和人格等方面系统构建起个性化的创新素养谱系，主要包括：课程评价要善于发现和触碰到学生发展的"闪光点"，保护和调动每个学生的探索欲和求知欲；要有意识地引导学生发现问题、重组知识、解决问题、迁移应用和创意物化；要系统呈现学生创新素养的形成与变化情况，突出创新型人才所需基础知识、必备品格与关键能力的"增值"情况。

（三）课程评价更加凸显学生的个性化差异

从理论意义上讲，每个学生都是不同的，个体学习的效率与效果也必然是有差异的。因此，"因材施教"成为人类自有教育以来孜孜以求的"理想样态"，但限于技术、方法等多方面的因素，一直未能如愿。进入人工智能时代，随着课程目标、课程内容和课程实施的个性化设置，课程评价也更具差异化，从而使个性化教学（学习）可以真正落到实处。利用人工智能技术可以描绘出每个学生的学习轨迹，绘制出每个学生的学习"画像"，从而科学地反映和呈现每个学生的真实学习状态和学习效果。进一步讲，人工智能的可视化技术可以将每个学生的学习成果都即时、精准地展现出来，使学生间的差异性变得更加显性，从而使学生不仅能够清晰地认识到自己取得了怎样的成绩、经历了什么样的学习路径和面临什么样的困难，而且能够更加清晰地认识到自己所具有的优势智能。在此基础上，教师可以结合课程目标与课程内容，对学生进行全面的诊断与评价，为学生提供符合其个性特点的反馈报告和专项奖励，以及相应的"扬长补短"的学习方案与方法指导，从而更好地促进学生的个性化学习，促进其独特认知图式和智能结构的形成。

参考文献：

[1] 梁迎丽，梁英豪.人工智能时代的智慧学习：原理、进展与趋势[J].中国电化教育，2019，(2)：16-21.

[2] 辛继湘.当教学遇上人工智能：机遇、挑战与应对[J].课程·教材·教法，2018，38(9)：62-67.

[3] 于泽元，邹静华.人工智能视野下的教学重构[J].现代远程教育研究，2019，31(4)：37-46.

[4] 于泽元，尹合栋.人工智能所带来的课程新视野与新挑战[J].课程·教材·教法，2019，39(2)：27-36.

[5] 陈凯泉，沙俊宏，何瑶，王晓芳.人工智能2.0重塑学习的技术路径与实践探索——兼论智能教学系统的功能升级[J].远程教育杂志，2017，35(5)：40-53.

[6] 李建中.人工智能时代的知识学习与创新教育的转向[J].中国电化教育，2019，(4)：10-16.

中小学人工智能课程建设初探

刘俊波[①]　乐进军[②]

2017年7月，国务院印发《新一代人工智能发展规划》（以下简称《规划》），确立了新一代人工智能发展"三步走"的战略目标，标志着发展人工智能正式上升为国家战略。《规划》受到教育界广泛关注，吹响了开展中小学人工智能教育的号角。但如何准确理解和有效落实《规划》精神，推进人工智能教育，成了摆在教育者面前的一个新问题。本文基于"中小学人工智能教育项目"的实施经验，对人工智能课程的定位、目标、建设理念、内容设计、实施保障措施等关键问题进行了初步思考和探索。

一、以《规划》为导向，大力推进人工智能普及教育

《规划》提出，"实施全民智能教育项目，在中小学阶段设置人工智能相关课程，逐步推广编程教育"，倡导以"课程"形态推进中小学人工智能教育，并强调编程在人工智能教育中具有基础性和关键性地位。[1] 2018年，教育部、发改委、工信部、科技部等纷纷出台具体举措，落实《规划》要求。教育部以推动人工智能领域的基础理论突破、关键技术创新和人才培养支撑为目标，于4月2日印发《高等学校人工智能创新行动计划》，强调"构建人工智能多层次教育体系，在中小学阶段引入人工智能普及教育"。2019年5月16日，时任教育部部长的陈宝生在"国际人工智能与教育大会"上做主旨发言，进一步明确走好人工智能普及之路，指出应"根据大中小学生的不同认知特点，让人工智能新技术、新知识进学科、进专业、进课程、进教材、进课堂、进教案，进学生头脑，让学生对人工智能有基本的意识、基本的概念、

[①] 刘俊波，教育部教育装备研究与发展中心副研究员。
[②] 乐进军，北京教育科学研究院中学高级教师。

基本的素养、基本的兴趣",在教育方式、教育内容上对人工智能普及教育提出了具体要求。

根据 2018 年度普通高等学校本科专业备案和审批结果,全国已有 35 所高校获批开设"人工智能"专业,开设"智能科学与技术"专业的高校增加至 96 所。同时,教育部还积极部署数据科学与大数据技术、机器人工程、智能制造工程等相关专业,加大人工智能专业人才培养力度。中小学教育与高校人才培养密切相关、相互衔接,为了适应新时代教育发展和人才培养的需要,有必要及早实施中小学阶段人工智能普及教育。

中小学人工智能普及教育要求探索基于"课程"的普惠式教育形态,而不是基于兴趣小组或科技小组等形式的"小众教育"。目前,人工智能相关内容的教学主要体现在高中信息技术课程中。2003 年印发的《普通高中技术课程标准(实验)》和 2017 年印发的《普通高中信息技术课程标准(2017 年版)》中,都将"人工智能初步"设定为选择性必修模块。

二、把握人工智能教育内涵,明确课程定位

有几个与人工智能教育相关的概念有待厘清,包括人工智能、人工智能教育和智能教育。人工智能是一门以研究、开发用于模拟、延伸和扩展人的智能的理论、方法、技术及应用系统的专业学科。人工智能教育则是培养学生人工智能的知识、原理,体验和实践人工智能的技术,并运用技术尝试创新性解决实际问题的一种课程。智能教育是智能化教育,有狭义和广义之分,狭义的智能教育指"人工智能+教育",即利用人工智能技术变革教学方式、提升教学效率、服务教学管理等,是信息化教育手段向智能化的延伸和发展;广义的智能教育指智能时代的教育,包含人工智能课程教育和"人工智能+教育"。在"人工智能+教育"中,师生不需要理解人工智能背后的技术原理和实现过程,即能够应用人工智能技术辅助学科学习即可;人工智能课程则要求学生把人工智能作为内容来学习,学生需要了解或掌握一定的基本概念、了解其发展过程,体验技术应用,并对技术应用蕴含的原理、创新方法等有所体悟,继而延伸至能够创造性地应用和改进技术。

人工智能作为一门技术性综合课程，定位于技术性，有以下考虑：一是从学科自身特点看，人工智能主要涉及智能科学与技术、数据科学与大数据技术、机器人工程、智能制造工程等以技术为核心的专业学科；在高中阶段，人工智能相关知识是安排在信息技术课中的。二是从补足技术教育短板的角度看，技术教育是我国基础教育中的短板，尽管近年来综合实践活动、STEM教育、创客教育等逐渐受到重视，但未能真正起到提升学生技术应用能力培养的作用。三是从教育改革的发展方向看，加强技术教育是必然趋势，习近平总书记在全国教育大会上提出，要"坚决克服五唯顽瘴痼疾""着重培养创新型、复合型、应用型人才"，这就要求学校更加重视技术教育，通过技术教育着力加强学生沟通、合作和解决实际问题等方面能力的培养。

但是由于人工智能技术本身的复杂性和综合性，学生要理解其中的高深算法和原理有很大的难度，因此需要我们按照中小学的认知水平和学习规律，对人工智能课程的教育理念、教学目标、教学内容、教学方式进行优化设计。比如，课程目标不宜盲目拔高，尽量做到内容"浅而准"，避免让学生陷入"唯技术"圈子中。通过实际体验和形象化的语言代替高深的数学公式，帮助学生领会人工智能的基本思路，启发思维，培养兴趣。在推进人工智能课程建设时应注重体现三个重要特征：实践性——主张学生通过动手动脑等实践活动，了解和掌握人工智能技术的原理、方法和技能，通过尝试提出新问题、新思路、新方法，达到发展创新意识和提高解决实际问题能力的目的；综合性——将信息技术、劳动技术、数学、科学、艺术等多学科有机融合，运用观察、体验、实践等多样化的学习方式，促进核心素养的发展和提升；发展性——与技术发展步伐保持同步，并做到适度的前瞻性、开放性、灵活性。

三、装备课程化，促进人工智能课程和装备的深度融合

1. 人工智能的普及应以教育装备为基础

人工智能普及教育作为一种技术性教育，需以人工智能教育装备为基础。一方面，离开装备的支撑，人工智能课程的"实践性"将无法实现；另一方面，简单地把人工智能相关的技术和装备堆积起来，缺少课程目标、课程内

容等系统化设计也难以达到技术学习的效果。因此，在推进中小学人工智能教育过程中，我们提出要秉持"装备课程化"理念，依托装备创设课程，利用课程促进装备应用。"装备课程化"是强化装备育人功能的一种先进理念，是克服时弊、提升装备使用效益的一种有效做法，也是提升装备地位的具体措施。

2. 系统设计课程内容，彰显人工智能课程的教育价值

人工智能课程对于学生培养具有独特的教育价值，具体表现为四个方面：（1）增强人工智能意识。让学生了解人工智能的发展历史、现状、未来及相关基本概念和原理，感受到人工智能是推动新一轮产业革命的核心力量，对经济社会发展将产生重要影响，引导学生思考人工智能的未来和智能时代对人才提出的新要求，感悟人工智能与人类、社会、环境之间的关系。[2]（2）以技术创新促思维发展。技术创新在人工智能发展过程中起着关键作用，人工智能课程在引导学生像科学家一样去思考和解决问题、进行技术创新、激发学生的创造性思维方面具有天然的优势。（3）强化应用实践能力。通过项目或活动式学习，能够提高学生综合运用知识解决现实生活中复杂问题的能力，如通过编程和智能机器人搭建，学生可多路径、多方法解决问题，养成敢于探索和大胆创新的科学习惯。（4）形成社会责任意识。通过人工智能伦理、法律的渗透，使学生形成正确的人工智能发展观，认识不合理应用人工智能技术可能造成的负面影响或危害，形成遵守智能社会道德、法律的意识，增强维护社会信息安全、促进人工智能健康发展的责任意识。

围绕以上价值目标，学校在进行人工智能课程研发时可采取模块化设计，按照通识、体验、智能编程、智能机器人四大模块设置课程内容。其中，通识部分介绍人工智能基本概念，以及人工智能的起源、发展、应用领域等；体验部分让学生亲身体验人工智能技术的应用，通过形象化的活动式学习理解技术创新的思路和方法；智能编程部分引导学生应用相关功能模块开展基于人工智能内容的编程，促进他们提升对编程与人工智能关系的认识；智能机器人部分调动学生的想象力、创造力，让他们结合自身兴趣，对已有软硬

件加以改造、优化和完善，做到创新性应用。

四、统筹推进人工智能课程资源建设，全面保障课程实施

1. 人工智能教育装备

由人工智能应用软件、智能编程平台和智能机器人等构成的人工智能专用教育装备需彼此配合，共同支撑系统的人工智能体验和实践教学。应用软件要涵盖语音识别、图像识别、机器翻译等多种应用，以便让学生充分体验当前人工智能技术应用的广泛性。编程工具应充分体现"智能"特色，与传统信息技术课程中系统教授的编程语言有所区分，避免完全割裂和简单重复。智能机器人要通过开源结构件和电子元件，甚至是开源的人工智能应用场景，满足尽量由学生自己动手搭建、编程、调试、操作、运行的过程，允许学生在外观、功能、效果等方面进行个性化设计，避免照方抓药式地完成任务，而达不到体验人工智能价值、实现自主创新的目的。

2. 人工智能活动空间

人工智能课程的实施需要依托一定的活动空间及装备资源构成的环境和条件。地方教育部门和学校在实施人工智能教育过程中，在人工智能活动空间建设、装备配备上需投入较大财力，因此，给予他们此方面的专业指导和建议是非常必要的。制定切实可行的人工智能教育装备配备方案，对人工智能活动空间的使用面积、功能、布局模式、空间环境、安全要求和装备配备要求都给出较为详细的建议，将为学校开展相关建设提供依据。

3. 人工智能教材与师资

教材是最有影响力的课程资源，是开展教学的重要依据和示范。人工智能教材应以人工智能装备为基础，以课程目标为导向，充分体现联系实际、贴近学生、横纵贯通、循序渐进和注重实践、促进创新等特点。内容以活动化的形式呈现，让学生在尝试、体验、模仿、改造、合作、交流、感悟、展示等活动中收获人工智能的教育价值。

同时，要保障人工智能课程的顺利实施，解决好师资问题、加强师资培训是关键。在师资培训方面可采取多途径并举、多层次共同推进的方式。如，组建一支由教研人员、装备人员、技术人员等共同组成的培训团队，开展相关领域的专题培训；开展高水平的教研活动，以教研带动教师专业素质的提升，培养一批具有人工智能课程授课能力的骨干教师和优秀教师；依托社会教育资源，设立一批人工智能校外学习基地或实践基地，探索全社会合作育人的有效途径和机制。

此外，还可以通过相关教学平台的建设，为教师提供教学建议、教学微课、教学工具等多种教学资源的支持。

参考文献：

[1] 国务院. 国务院关于印发新一代人工智能发展规划的通知（国发〔2017〕35号）[Z]. http://www.gov.cn/zhengce/content/2017-07/20/content_5211996.htm，2017-7-8.

[2] [美] 约瑟夫·E. 奥恩，教育的未来：人工智能时代的教育变革 [M]. 北京：机械工业出版社，2018.

智能化工具在英语教学中的辅助作用

霍雨佳[①]

随着人工智能技术的迅猛发展，在教育领域，智能化工具可以应用于多种教学场合，尤其是在语音识别、作业批改，以及个性化教学等方面，已成为教学中触手可及的辅助工具。本文尝试围绕英语课堂教学中智能化工具的应用展开具体阐述。

一、借助智能化工具提升教学效率

在英语教学中，教师可以借助智能化工具辅助教学。

1. 语音识别

在技术的帮助下，计算机对人类语音的识别度越来越高。[1]口语练习是英语学习必不可少的一个环节，但由于条件的限制，教师在课堂中很难一对一地去听每一个学生的发音和朗读情况，更不用说给每一个学生做出详细的评价。这时，如果借助智能设备，学生就可以对自己的单词、短语、句子以及段落的朗读情况进行发音检测，此类设备一般都带有自动纠错功能，发音不准确的学生可以比照设备提供的标准发音进行多次重读，直到自己的发音趋于准确为止。

2. 写作批改

在英语教学中，写作是非常重要的环节，给学生批改作文是英语教师的一大任务。而今计算机的图片识别技术已经能够非常准确地将学生的手写体识别为计算机更易于处理的文字数据，然后再通过自然语言处理技术对学生的写作进行基本的纠错和批改。教师可以将基本的语法、语序、单词拼写等低级别的任务交给智能化工具完成，而将精力重点放在对习作的整体性、结

[①] 霍雨佳，贵州理工学院电气与信息工程学院教师，贵州理工学院大数据人才培训中心主任，博士。

构性、思想性、内容性等方面的把关上。这样既减少了人工批改的错误率，又节省了时间，从而提升教师的工作效率。

3. 实施个性化教学

智能化工具还可以帮助教师根据不同学生的不同学习需求，为他们量身定制学习方案和内容，从而实现个体潜力和学习效率的最大化。个性化学习的关键任务之一是发现学生的个人优点和弱点，通过让教师"懂"学生，帮助教师有针对性地布置后续教学任务。不同学生存在的不同问题，在传统课堂上可能一时无法显现，而通过智能化工具，学生的个性化问题将一览无余，这也给教师及时了解学情、实施个性化教学提供了便利。

二、借助智能化工具对教学进行诊断和评估

传统课堂里，由于时间、精力等方面的限制，教师只能够关注到班上部分学生的学习情况，而不可能非常细致地去了解每一个学生。智能化工具能够自动地对教师的教学进行诊断和评估，为教师提供实时的学情反馈，这有利于教师运用数据资源评估学生的学业进展，从而构建更适宜的教学环节。

智能化工具通过采集学生的学习行为轨迹数据，尽可能全面地抓住每一个学生在学习过程中留下的痕迹，对其加以分析。教师可以据此获得班上学生的学习进展，并将其用于自己的教学诊断和改进，避免教学资源分配不均。比如，教师可以通过数据挖掘，发现班级里学生所存在的普遍性问题，在第二天的课堂上针对这些问题进行统一讲解。

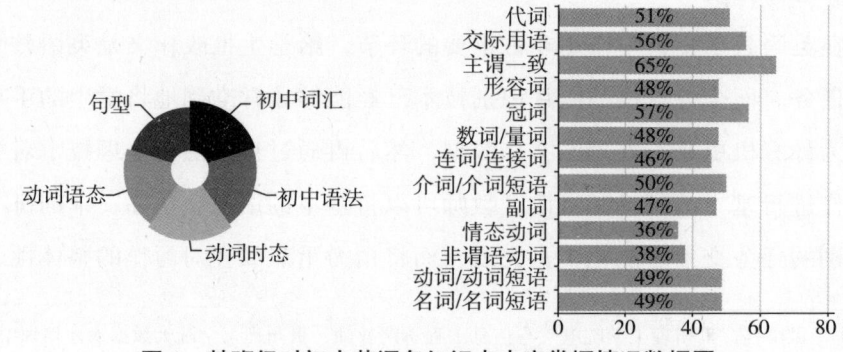

图 1　某班级对初中英语各知识点内容掌握情况数据图

如图1所示，此数据图涵盖了初中英语各知识点的内容，左侧是大的知识板块，右侧是对应目前大知识板块的细分知识点。柱形图的长度表示本班学生对该知识点的掌握程度。在这张图中，可以清楚地看到该班学生对英语学习中"主谓一致"这个知识点的掌握是比较好的，但是对"情态动词"这个知识点的掌握不是很理想。教师可以根据这个情况，在课堂中有针对性地加强对"情态动词"这个知识点的讲解和分析，并通过复查检验，检查自己的教学是否起到了相应的作用，这也是循环渐进式的智能化教学诊断和改进的有效方法。

三、智能化工具的应用原则

应用智能化工具之前，教师应认真分析自身教学的各个环节，根据班级的特点有计划、有目的地选择智能化工具。工具的选择要以简单易用为基本原则，找准自己需要的核心功能，而不要为了"大而全"去选择一些复杂的工具，那样不但不能达到预期的教学效果，反而会让工具"喧宾夺主"，对教学起到相反的作用。

在应用智能化工具时，教师应把握一个准则，即智能化工具只是传统教学的辅助和补充，无论多么智能的工具，都无法取代教师的作用。智能化工具的存在，是为了帮助教师减轻一些不必要的负担和冗余的杂务，从而让教师能够腾出时间，把大部分的精力放在改进教学质量、提升学生学业水平上。智能化工具是人工智能技术给教师带来的便利性工具，具有高效性、减负性、易用性等特点。其主要特征是能够在依赖人体感官（如眼、口、耳）进行学习的环节上大大提升效率。随着技术的不断进步，智能化工具将能够更多地把教学中那些复杂的问题简单化，帮助教师从烦琐的事务性工作中脱身，回归教学和教研，从而提升教师的教学效率，减轻教师的工作负担。

参考文献：

[1] 洪学银，李亚娟. 研究计算机人工智能识别技术的类型及其应用[J]. 计算机产品与流通，2019，（6）：90.

第五章

数据与教育

第一节 基于数据的教学改进

大数据可以为教师改进教学提供什么？

熊善军[①]

一、教育大数据及教师教学决策

1. 教育大数据

教育大数据的本质是对教师教学过程中产生的信息进行的数据量化，它的产生让教学从量的扩张转到质的变革。在传统教学时代，教师教学决策通常依据理论指导的演绎法和经验总结的归纳法，在当今教育大数据时代，教师的教学决策能够依据有意义的大数据来驱动教学的创新和发展。[1] 教育大数据促使教师突破固有的经验教学，实现对学生学习的数据记录与分析，把握学生的学习情况，精准预测教学的发展趋势。

2. 教师教学决策

教师教学决策是指为了实现教学目标，在获得一定教学信息的基础上，

---

① 熊善军，江苏省镇江市丹徒区教师发展中心信息技术研训员，中学高级教师。

通过一定的教学经验和分析工具，对教学行为进行不断修正的过程。教师的课堂教学决策是成功实施课堂教学的重要保障。根据教学过程的不同阶段，教学决策可分为教学前的计划决策、教学中的互动决策、教学后的评价决策。教师依据学情，对课前、课中及课后依据技术手段搜集到的数据信息进行研判和加工并决定接下来的教学决策，在此基础上引导学生行为。在教育大数据的驱动下，对不同阶段采集到的数据信息进行分析研究可以探究教师教学的过程，实现课堂教学与教育大数据的融合，让教师在课堂教学中的决策具有科学性和有效性。

二、教师教学决策的困境及对教育大数据的需求

在教学活动中，教师使用哪一种教学决策受到长期的教学经验及对学生的了解和外部因素等诸多方面的影响。教师对教学信息的搜集成为影响教学决策的重要前提。在很长一段时间里，由于受信息素养不够等的限制，教师面对众多的教育信息而无法处理。在教学过程中，教师教学决策表现为依赖经验主义、教学目标宽泛不精准、教学设计依赖主观判断、教学评价缺失科学性等。

1. 教学决策的经验固化

在传统的教学过程中，大部分教师通过直觉判断进行教学决策，其基础就是长期教学形成的经验。固化的经验主义教学决策让教师拘泥于过去的教学经验，容易忽视不断发展变化的教学变革；教师不易对课堂中形成的问题和数据进行分析和概括，教学决策表现为程式化和随意化。经验固化的教学决策在课堂中主要体现为，对教学过程出现的问题机械化处理，漠视学生解决问题和参与活动的主动性，对生成性问题采取简单方式解决。比如，课堂教学中的预设与生成出现偏离时，教师严格按照教学决策，固守经验，继续按教学设计进行，往往对课堂生成的新问题置之不理，忽略学生的个性差异，不利于教学目标达成。面对多变的课堂环境，教师不能通过教学决策适时改变教学经验，导致教师对学情变化、教学难度等掌握不充分，难以保障学科教学的有效性。

2. 教学决策的目标偏离

教学决策的最终目标是促进学生的全面发展，发挥学生的主体作用。当教师进行教学决策时，首先考虑的应是学生如何学，而不是教师如何教，围绕学科的核心素养进行教学决策，才能体现教学决策的应用价值。教师教学决策的目标偏离主要体现在教学选择上。教师对如何教考虑过多，而对学生如何学关注少，忽视学生的核心素养发展。以"教"为中心的教学决策导致教学中重视知识目标，忽视学生核心素养的整体实现。目前，以"教"为中心的教学决策已经受到了广泛的批评与置疑，以学生为主体的教学决策进入了教师的教学视野。但是，要让以学生为主体的教学决策在课堂中生根落地，就需要通过信息技术手段，通过数据论证，不断修正教学决策。新课程理念强调学生核心素养的养成，教师在进行教学决策时，不仅要重视知识的传递，更要重视学生核心素养的培养。例如，很多教师在教学时把教材视为知识和技能的唯一载体，忽视学生讨论、活动探究、社会实践等通过参与获得知识的途径，这不利于学生思维能力和创新能力的培养。教师对知识目标的偏重，也导致教学决策在教学过程中的目标空洞而宽泛，使课堂失去生命力和创造力。

3. 教学决策的惰性依赖

教师教学决策的惰性依赖主要体现在教师个体对教研组群体决策的依赖和对教材、参考书的依赖。教研组群体决策主要是指学校教研组通过集体备课，由教研组内的骨干教师将个体的教学智慧和个人教学偏好通过协商达成集体决策。学校通过集体备课将教学进度、教学目标、教学难点、教学方法、教学过程等进行统一。教师在教学过程中过度依赖集体决策，不进行二次备课，使所教内容与学生的实际情况脱节，不利于教师个人教学风格的养成。教研组通过集体备课形成教学决策，集合了大部分人的能力，发挥了集体的力量，实现了教学智慧的共享，是教学决策形成的重要环节。但教师在上课时，要依据实际教学情况，充分了解学情，将集体决策与个人的教学决策进行融合，取长补短，这样才能提高教学的有效性，有利于个人教学决策能力的提高。

教科书和参考书是教学决策的主要课程资源，学生所学知识需要教师通过教学决策对教材内容进行转化。部分教师在教学决策时将教科书和参考资料作为教学的全部内容传授给学生，一心想着如何教教材，如何将教材的结论告诉学生，缺乏对教材的二次开发和选择课程资源的能力，也忽略了对学生创造力的培养。

4. 教学决策的评价缺失

教学评价是与教学活动紧密联系在一起的教学行为，教师通过有效的评价反馈能够知晓学生的知识需求与不足。一些教师习惯唯分数论，将学生的成绩视为主要的评价指标，其教学决策注重结果评价，忽视了过程评价；在进行教学决策时，他们只是关注学生学到了多少，以及分数的高低，而对学生错了多少，错的原因以及学生的平时表现关注得较少。还有，一些教师进行教学决策时，对学生在课堂的情况很是关注，而对课堂之外的影响学生成长的因素知之甚少，导致教学决策缺少发展性评价研究，只关注学生一次性学习结果，而没有用发展的眼光来看待学生。这些评价的缺失，使教师决策缺乏全面性和针对性，阻碍了教师教学水平的提高，也不能促进学生学习主动性的发挥。

三、教育大数据驱动下的教师教学决策变化

舍恩伯格教授在《与大数据同行——学习与教育的未来》中提出："大数据改变学习的三大核心要素：反馈、个性化和概率预测。过去我们相信自己发现因果关系的能力，如今必须意识到我们通过大数据看到的往往是相关关系。"[2] 随着大数据不断冲击我们的校园，走进教师和学生的内心，"与数据同行"已经成为我们学习、工作、生活中无法回避的问题，教师的课堂教学决策也会出现新的变化，包括决策跨越、教学转变、思维升华、科学评价等。

1. 决策跨越，从群体到个体

在教育大数据浪潮的推动下，教育细节的可视化特征越来越明显。在信息技术的支撑中，教育教学获得了多维度的支持服务，教师的教学过程及学生的学习状态等都变成了可以分析的大数据。教师借助信息素养及分析工具

解密隐匿在教学后面的学生的学习特征、学生的动态差异，多方面了解学生，更全面地关注课堂，注重学生的个体差异。大数据还为学生的个性化学习提供了可能，它为学生的学习带来了三大改变：一是通过大数据可以搜集学生日常学习的反馈；二是可以根据学生需求定制个性化的学习方式；三是可以通过大数据预测并优化学习内容、学习时间，实现教学决策从群体到个体的跨越。教育大数据为教师贯彻"面向全体学生"的教育理念提供了条件支持。在进行教学决策时，教师通过大数据描绘每个学生个体的认知历程和学习体验，进而实现针对不同学生的个性化决策，改变过去大而化之的教学理念，将教育的关注点从群体向个体逐步过渡，真正关心每一个学生的健康成长。

2. 教学转变，从粗放到精准

教学是一个复杂的工程，教师的教学效果受诸多因素的影响。在教学过程中，教师搜集影响教学效果的诸多因素，形成教育大数据，并进行相关性分析，形成精准的教学策略，从而更好地指导教学。随着信息技术的发展和各地各校智慧校园的创建，获取教学过程及教学背景的数据成为可能。这些数据包括了学生学习的背景因素，如年龄、性别、身体素质等；也包括学生的学习行为数据，如阅读能力、知识结构、作业完成情况等；还包括教学过程数据，如教师教学状态、语言面貌、知识背景、备课情况等。通过综合性分析教育大数据，教师根据学生特点，设计有针对性的教学任务和课程内容，在课堂中精准地实施教学决策，激发学生的学习动力，真正满足学生的个性化需求。教师在教学决策时，聚焦具体问题，通过数据挖掘、分析，让课堂从粗放向精准过渡，提高课堂的科学性和有效性。

3. 思维升华，从问题到原因

通过教学决策，教师可以发现课堂教学现象背后的原因，以此来优化自身的教学行为，这在教学过程中一般通过"观察现象、发现问题、分析原因、解决对策"四个步骤来完成。在教育大数据时代，这种教学关系正在发生改变。在信息技术环境下，教师可以通过对体量宏大、类型多样的教学相关数据进行挖掘分析，驱动课堂教学决策的发生。在此背景下，教师的问题解决的因果逻辑决策发生了从"是什么"到"为什么"的思维升华。例如，我们通过数据分析可以明确"学生在回答问题时，在每道题上所花的时间；学生答错问题是因为对教材内容不理解，还是因为其他原因"等一些关于学生学习的基本问题，并可以让大数据分析找到原因。通过研究教学问题的相关性，教学决策不再局限于去解决问题，而是转向去理解产生问题的原因，这种转变将助推学生深度学习的发生，有助于学生学科核心素养的培养。

4. 科学评价，从结果到过程

评价是教学的有机组成部分，教师教学决策是否合理，只有通过学生的学习效果来评判。传统教学中往往通过考试成绩来判断教学决策是否合适，对影响学生成绩的因素关注过少。在教育大数据环境下，可以对教学过程产生的数据进行分析，可以基于过程分析对教学决策进行实时改进，通过过程性评价促进学生的学习，改善教师的教学，完善教学方案的设计。评价从注重考试结果到关注学习过程，这种基于大数据环境的评价方式的改变有利于学生学习，有利于教学开展。在教学过程中，用"数据"说话，科学运用大数据开展分析与评价工作，强化诊断、指导与改进的评价功能，运用增值评价动态跟踪学生的发展变化，为教育教学活动提供决策依据。教师通过发展性评价对学生进行全面了解，让教学决策从关注学生学习结果到跟踪学生的成长过程，以此促进学生核心素养的形成。

四、教育大数据驱动下的教师教学决策路径研究

教育大数据环境下，通过数据挖掘，发现教学中的真问题，优化教师的教学决策，是改进教学质量的现实需求。区域通过学业数据、教学诊断、课堂观察、深度学习建立大数据处理中心，形成学业评价与教学平台为教师教育教学服务（图1）。区域通过整合大数据平台，建立起包括体育健康、艺术、信息、科学等的监测体系。在此基础上，对数据进行合理的统计和解释，推动和深化基于数据的教育教学评价。学校通过质量监测对数据进行挖掘和分析，获取教学质量及学生发展状况真实、全面的数据信息。通过大数据评价的诊断与改进，教师可以更好地了解学生，有针对性地改进教学决策，激发

学生的潜能,从关注学生分数到追求学生的全面成长,促进教育优质、均衡发展。

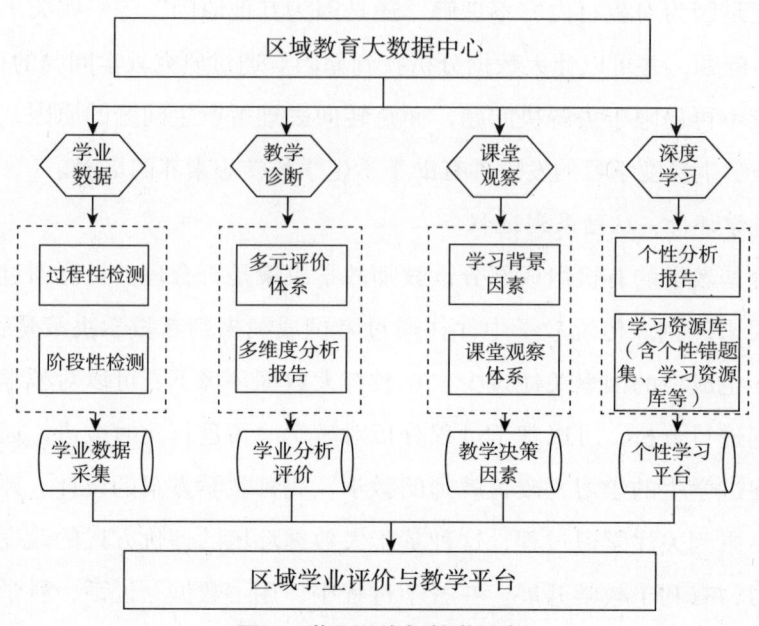

图1　学业评价与教学平台

1. 整合教育大数据,发展教师数据素养

教育决策者通过教育大数据了解学生的学习背景因素,准确把握学生的学习状态和学习行为,在课堂中实施精准教学。区域及学校紧随大数据时代的发展步伐,以教学质量的提高为目标,将区域及学校的学业数据采集、学业分析评价、教学决策因素分析、个性化学习平台等数据进行整合,形成四位一体的区域学业评价与教学平台,构建包括教育行政部门、学校、学生等多级信息共享的教学平台模式,准确地反馈教学信息,贯彻和落实教育部门的管理目标,使教师能及时了解教学中的问题和缺陷,充分发挥评价改进教学过程的作用,形成多维度评价报告,方便教师诊断、改进教学决策。

教学决策的核心是教师。教育大数据环境下,教师教学决策依赖数据决策思维,即教师的数据素养。当前,提高教师数据素养主要从以下几个方面着手:一是提升教师对数据的敏感性,能主动搜集教学数据;二是提升教师数据平台的应用能力，能依据数据的分析结果来支撑课堂教学决策；三是提升教师数据挖掘能力，能透过数据分析发现数据背后与教学相关的价值，并能分析数据进行决策改变。

2. 合理进行数据挖掘，发现教学真实问题

从学业数据、个性化学习、教学观察等方面收集的各类教育数据中，发现隐藏的教学问题，是教师基于大数据进行教学决策的主要依据。教师首先通过多元评价，包含各类问卷调查、教师课堂观察数据等，结合综合素养监测形成教育大数据；然后对数据进行描述、相关及聚类、预测等分析，找出影响师生教与学的教育因素，针对学生个体进行分析，找出问题产生的真实原因。在此基础上，数据可以帮助教师改善教学行为、提高教师决策水平，促进教师的专业化发展，同时提高学生自我学习能力和自主学习意识。如，学校在五年级数学过程性测试时开展了问卷调查，同时收集课堂中教师教学、学生的学习状态等数据并进行分析，发现学生课堂回答问题次数与学生的数学成绩正相关等。教师依此改变教学决策，如在新课讲授前加入课前测试，促使学生注意课前预习，课中教师改善课堂的提问策略，多进行课堂表现性评价，夯实学生学业基础。

3. 制定决策行动计划，实施教学过程改进

在大数据环境下，教师在教学实践中不应仅靠教学经验和集体力量形成教学决策，而应更多地依靠科学依据和教学实证研究结果做出决策。教师通过数据分析找到教学中的真实问题后，需要根据学生实际情况改进教学策略，解决真实问题。根据数据分析评价反馈的内容，学校教研部门和教师之间进行充分讨论，制定教学决策改进计划。在教学决策实施过程中，教研组通过数据平台进行跟踪研究，以确保教学决策的改进行之有效。在近几次的学科调研过程中，我们发现学校的英语学科的贡献率始终偏低，在区域和学校均属于薄弱学科，学校通过大数据平台，收集了英语学科背景数据，通过分析发现，多年以来，英语教研组没有领军人物，集体备课意识不强，教研组建设偏弱。根据分析结果，学校对英语教研组提出了教学改进决策：一是采取

走出去、请进来的方式加强英语教研组的教研能力，培养骨干教师；二是英语教研组强化课堂教学研究，抓实集体备课。

4. 推进科学评价，完善教师教学决策区域

学校逐步建立以学生的全面发展为基础的评价指标，包含学校生源、办学规模、办学条件、师资水平等因素，在此基础上，学校依托大数据平台，推进科学评价，进一步完善教师教学决策。教育大数据支持的教学评价，对学生的学习背景、学习过程等数据进行整合分析，为学生提供个性化的评价报告。在大数据平台的基础上，科学推行基于问题诊断与指导改进的教育教学评价制，学校教师及时发现真问题，进行真研究，在此基础上制定出更合理的教育教学决策方案，进行真改进，引领学生全面发展。

随着大数据技术的逐步发展和在教育各领域的使用，通过挖掘教育大数据，发现教学背后隐藏因素，教师能够准确进行教学决策，关注学生的个性发展和学习现状，对教学内容进行动态调整。另外，通过大数据驱动教学决策转变时教师不能唯数据论，在教学决策时需对各方面数据进行有效甄别，确保数据的合理性和有效性，切实为区域学校的课堂变革提供丰富的理论指导和实践参考。

参考文献：

[1] 孙众，骆征，杨现民，骆力明. 有意义的大数据与教学优化改革［J］. 电化教育研究，2018，39（3）：43-48，61.

[2] 维克多·舍恩伯格，肯尼恩·库克著. 与大数据同行——学习与教育的未来［M］. 赵中建，张燕南译. 上海：华东师范大学出版社，2015.

小学语文课堂提问现状与改进建议
——基于大数据的分析与思考

刘 春[①]

课堂提问是个老话题，也是个常议常新的话题。只要是有课堂的地方，就会有提问，问题既是教学设计的核心，又是学习得以展开的重心。本文依据 2018 年江苏省义务教育质量监测项目问卷调查环节的相关数据，结合课堂教学观察数据，围绕课堂提问领域展开深入系统的梳理与分析，查找存在的问题，寻求改进策略。

一、课堂提问现状的调查与分析

（一）基于调查问卷的数据分析

2018 年 10 月，江苏省教育厅组织义务教育质量监测工作，全省 123 个区县的 104284 名五年级学生参加了调查，相应年级的所有语文教师也参加了问卷调查。本次质量监测问卷调查中，围绕"课堂提问"设计的题目内容与数据如表 1 所示。

表 1 教师问卷与学生问卷的相关数据

题目序号	问卷项目	调查对象	从不	很少	有时	常常	总是
①	课堂上，我会围绕学生提出的疑问组织教学	教师	0	0	10	36	53
②	老师要求我们预习时提出自己的疑问	学生	4	4	8	14	69

---

① 刘春，江苏省徐州市教育教学研究室小学语文教研员，江苏省小学语文特级教师，正高级教师。

续表

题目序号	问卷项目	调查对象	调查数据（%）				
			从不	很少	有时	常常	总是
③	课堂上，老师会回应我们提出的问题	学生	2	4	8	15	71
④	课堂上，遇到比较难的问题，老师会让我们小组讨论	学生	6	6	10	15	63

注：由于小数点后数值按四舍五入取值，部分指标百分比加总不等于百分之百。

从问卷设计的内容看，本调查着重了解教师培养学生提问习惯、鼓励学生主动提问、重视学生提问、支持学生自主合作解决问题的教学理念，以及在课堂教学中落实的情况。教师问卷只有一道题目，但其中暗含了学生问卷三道题目的内容，这样，师生问卷就起到了相互印证的作用。从数据得知，89%的教师"常常""总是"围绕学生提出的疑问组织教学，83%的学生认为教师能"常常""总是"要求学生预习时提出自己的疑问，86%的学生认为教师能"常常""总是"回应学生提出的问题，78%的学生认为教师能"常常""总是"组织小组讨论解决难题。由此可以初步推断，大部分教师拥有以学生为学习和提问主体的理念，并能不同程度地将之落实在课堂教学中。同时我们也看到，教师选择"从不""很少""有时"选项的占比为10%，而学生选择相应选项的占比分别为16%、14%和22%，排除教师与学生对同一问题理解和感受不同等因素，我们可以做出推测：仍有一定数量的教师在课堂教学层面没有真正落实把学生作为学习和提问主体的教学理念。

课堂提问是否与学生学业水平具有相关性呢？笔者提取了本次学业质量监测中高于全省平均水平（市1、市2）、与全省平均水平基本持平（市3、市4）和低于全省平均水平（市5、市6）的六个地级市的数据，进行比对分析。具体如图1所示。

从学业水平看，以全省平均500分为基准分，从市1到市6，平均分依次是571分、513分、502分、499分、484分、447分；达到A水平的学生分别为71%、46%、41%、41%、37%、21%；达到C水平以上的学生分别为

99%、98%、95%、94%、93%、86%。

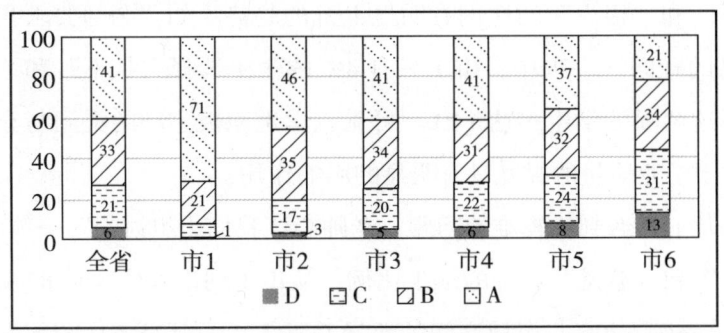

（说明：A为优秀水平，B为良好水平，C为中等水平，D为待提高水平。）

图1　六市学生在语文学科各水平的人数比例

图2是六个地级市的学生关于问卷第②③④题的调查数据。综合分析图1和图2的相关数据，我们发现，学业质量水平与课堂积极提问、师生互动的比例基本成正相关。如针对"老师要求我们预习时提出自己的疑问"一项，认为教师"总是"能做到的学生，从市1到市6的比例依次是81%、73%、68%、69%、65%、58%。再如，针对"课堂上，老师会回应我们提出的问题"一项，认为教师"总是"能做到的学生，从市1到市6的比例依次是：82%、80%、70%、68%、66%、59%。随着学业质量水平的降低，选择"总是"的学生的比例也在降低。

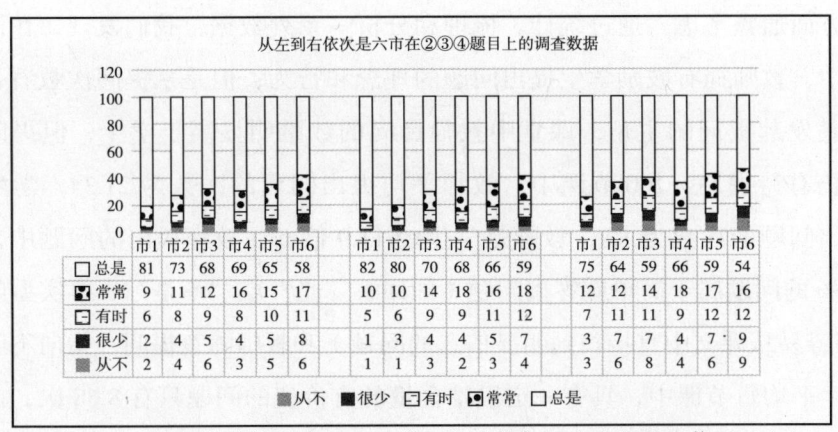

注：由于小数点后数值按四舍五入取值，部分指标百分比加总不等于百分之百。

图2　六市学生调查问卷的数据统计（单位：%）

同时，随着学业质量水平的降低，针对课堂积极提问与师生互动问题，选择"从不"和"很少"的比例有明显上升的趋势。如"老师要求我们预习时提出自己的疑问"一项中，市1只有4%的学生选择"从不"和"很少"，而市6选择这两项的学生多达14%。可见，学生积极主动的提问与充分的师生对话，对于学业质量的提升具有明显的影响作用。

在"课堂上，遇到比较难的问题，老师会让我们小组讨论"一项调查中，认为"常常"和"总是"讨论的学生比例，从市1到市6依次是87%、76%、73%、84%、76%、70%，市域之间的差异并不大，尤其是市4的数据，比市2、市3分别高出了8%、11%。据此我们做出初步推断：一方面，70%以上的教师拥有了让学生合作学习解决问题的意识；另一方面，合作学习对于学习效果的促进作用，除次数之外，讨论的问题是否有价值、如何围绕问题展开合作、如何运用合作结果等因素可能更为重要。

（二）来自课堂教学案例的数据分析

受大数据调查操作方面的条件限制，本次调查问卷没有涉及师生提问的数量、质量等情况。为印证问卷数据，进一步了解现状，笔者组织所在区域的教师团队随机选择100节课堂教学案例进行观察，其中包括一线骨干教师的教学现场和特级教师的教学实录。选择的被观察者从教龄、执教年级和区域三方面通盘考虑。通过统计、梳理和分析一系列数据，我们发现，在课堂实践中，教师拥有鼓励学生提出问题的理念和行为；但是从提问次数看，教师仍是发起提问的主角，课堂中教师提问的数量明显高于学生，但提问的质量仍有待提高。100节课中，教师平均提出问题的次数为21.34，学生平均提出问题的次数为1.8，教师是学生的11.9倍。在教师提出的问题中，有近60%的问题属于简单应答型问题（如回答"是"或"不是"）、事实型问题（如很容易从课文中直接找到明显信息的问题）和教师随意提问、指向不明的问题。平均每节课中，具有一定思维含量的有价值的问题只有8.68次，占提问总量的41%。即使是具有一定思维含量的问题，也存在过于浅表化、概念化、模式化等现象，如"这句话的修辞手法是什么？""这种点面结合的写法有什么好处？"

同时，数据还表明，教师直接告知答案的平均次数为每节课0.83次，而学生回答问题的平均次数达到每节课31.9次，证明目前教师已有从"满堂灌"向"满堂问"转变的倾向，课堂学习过程主要以教师发起提问、学生回答问题的形式推进。

当然，在指名学生个体思考、回答问题的同时，大多数教师能采用小组合作、共同解决问题的学习方式，平均每节课采用1.25次小组讨论。100节课中，75%的课堂使用一次以上的小组合作，这一数据与质量监测问卷调查中78%的学生认为教师"常常""总是"组织学生讨论的数据基本吻合。

基于江苏省质量监测调查问卷的相关数据与教学案例观察分析结果，可以看出，大部分教师已逐渐拥有了"课堂提问要有价值""学生是提问的主体""学习应围绕真问题展开"等教学理念，但在课堂实践中没有落实到位。课堂中仍普遍存在着师生提问比例失衡，教师所提问题数量过多、质量不高等现象，占用了学生的学习时间，消磨了学生的学习兴趣，成为语文高耗低效现象的重要原因。改变课堂提问现状，提升语文教学质量，真正落实培育语文核心素养目标，已经成为摆在我们面前的紧要课题。

二、语文课堂提问的改进建议

（一）构建"让问"课堂，以"童蒙求我"开启学习之行

学生是学习的主体，也应是提问的主体。早在《易经·蒙卦》中，就有"蒙：亨。匪我求童蒙，童蒙求我"的说法，强调儿童学习的起点来自儿童自身产生的疑惑。儿童是天生的好问者，儿童的精神世界中充满了小问号，这种强烈的发现、探索的需要，让儿童对未知的世界饱含好奇和兴趣，拥有不断学习和成长的内动力。教师要努力构建"让问"的语文学习空间，让"童蒙求我"回归课堂，激发学生产生问，引领学生学会问，促进学生深入问，让儿童的学习焕发内在的动力，拥有自主生长的机会。

"让问"，就是将提问的机会与自主权让位于学生，就是将"学生的问题"

作为课堂的关键要素，教师应设计多元的提问平台与激励机制，支持、引导学生提问。如南京市中华中学附属小学校长潘文彬提出"问学课堂"的主张，带领教师团队开发了"问学单"，指导学生"问自己""问课文""问伙伴"，展开自主学习，实现主动建构；开辟"奇思妙问"园地，倡导学生由课内之"问"延伸到课外，链接生活，拓展语文的外延；开展"'好问'小达人"评选，用评价触发学生的成功感，激励学生更主动地思考与提问。[1]这样，从个人到群体，从课堂到课外，从内容、方式到评价，运用灵活多样的方式，为学生提供开放、丰富的思维空间，学生处于"愤""悱"状态，自然会拥有持续主动学习的内在动力。

（二）聚焦关键问题，用"大疑"促发语文学习的"大进"

不同的疑问，其背后隐含着对事物认识的不同视角、不同程度，也必然决定了学习的起点、方向与深度，正如古人所云："学贵知疑，小疑则小进，大疑则大进。"课堂时间是有限的，富有思维含量和价值的问题让学习更有意义。但提出有价值的问题并不容易，在课堂观察中发现，教师提出的有思维含量的问题仅占提问总量的41%，而小学生提问则更易出现散点化、零碎化、甚至不能清晰表达问题等现象。学习如何提出问题、梳理问题、聚焦关键问题、有效解决问题，是教师和学生都必须具备的学习能力。

对于语文学习中出现的"基础型问题"，如"生字词语怎么认读？怎么记住？怎样才能写好？"……这些解决字词识别的问题和事实性问题是学生比较容易提出的，教师的关键在于为学生提供提问的时间和机会。如初读课文时，可以让学生在遇到不会读、不理解的字词时做上标记，尝试自己解决；未能解决的可以向同桌请教，两人都不会的，在全班提出，求助老师和其他同学。学生在自问、互问的过程中，将真正的学习困难显性化。

对于围绕文章主题情感、人物形象、文本表达方式等方面提出的理解型问题、表达型问题、应用型问题等学科关键问题，则需要具备一定的理解力、领悟力，因其是深度思维的产物，也是需要教师与学生共同着力学习的重点。教师可以指导学生尝试从课文题目、关键词句（中心句）、困惑处、矛盾处、主题情感、表达方式、写作背景、写作风格等角度切入，进行提问。如学生学习《夹竹桃》一课时提出了四个问题：

①季羡林为什么如此喜爱夹竹桃？

②季羡林是在什么情况下写这篇文章的？

③为什么课文第三自然段没有写夹竹桃，而是写了其他的花？

④季羡林"质朴而不失典雅，率真而不乏睿智"的语言风格在文中是如何体现的？

一连串的问题，就是从课题、关键词句、困惑处、写作风格等方面展开的提问，这些问题直指文章的主题情感与表达特色，成为学生走向深度阅读有力的助推器。

此外，还要充分利用统编教材资源，系统培养学生的问题意识和提问能力。如小学语文统编教材在二年级下册先后安排了口语交际"长大以后做什么"和写话"心中的'问号'"，从生活和自然入手，链接学生的经验，着眼学生的兴趣点，鼓励学生大胆发问。三年级上册则有意识地提出了"默读课文，带着问题边读边思考"的要求，逐步培养学生阅读思考的意识。四年级上册第二单元专门编排了"提问策略"单元，指导学生在"阅读时尝试从不同角度去思考，提出自己的问题"，可以"针对课文内容提问""从课文的写法上提问""从课文中得到启示，联系生活经验提问"，也可以从"问题不影响对课文内容的理解""问题有助于理解课文内容"以及"问题可以引发深入思考"等三个方面展开提问。在集中学习"提问策略"单元之后，教师应注意在课文学习中不断提供运用提问策略的机会，在持续性的提问实践中帮助学生打开思路、聚焦关键，并借助问题展开深度学习。

（三）展开自主解疑的学习活动，探求"和易以思"的教学境界

提出问题开启了学习之旅的第一步，而探究问题、解决问题则是学习的重心所在。倡导学生自主解决问题，并不意味着否定教师的作用。"作为平等中的首席，教师的作用没有被抛弃，而是得以重新构建，从外在于学生情境转化为与这一情境共存。"[2]智慧的教师，深谙学生遇到的问题和困惑，并能

用适切、灵活的助学策略，发挥引导、激励、启发的支架作用，和学生共同经历探究问题、解决问题的过程。《学记》有云："道而弗牵，强而弗抑，开而弗达。道而弗牵则和，强而弗抑则易，开而弗达则思。和易以思，可谓善喻矣。"教师只有做到引导而不牵制，激励而不压制，启发而不直接告知，才能拥有和谐的课堂生态，才能让学生乐问、乐学、乐于思考，才能到达"和易以思"的境界。

1. 将问题转化为任务。将关键问题转化为学习任务，驱动学习活动展开。如教学《带刺的朋友》一课，学生在初读课文后提出了一个主问题："为什么作者把小刺猬称作朋友？"教师可将这个问题转化为三个学习任务：

①读一读相关语句，从作者对小刺猬的称呼上体会情感的变化。

②讲一讲小刺猬偷枣的段落，用上生动的词语，表达对小刺猬的钦佩。

③拓展读小刺猬的其他故事，说一说对小刺猬的新印象。

任务驱动下的活动形成了结构化、板块式的学习单元。将问题转化为有意义的学习任务，展开板块式的学习活动，避免了碎片化、被动问答，学生有了充分的学习时间，在明确的任务情境中充分地"做事"，实质性地投入到学习之中，自主经历阅读、思考与自我建构的过程。

2. 以问题回答问题。孔子在教学中经常用问题回答弟子的提问。子游问"孝"，他反问子游，如果"孝"只是养活，那与养狗养马有什么区别？子夏问"孝"，他反问，不给父母好脸色看，仅仅让年长的先吃酒饭就是"孝"吗？子路问如何侍奉鬼神、什么是死，他反问，不能侍奉人，怎能侍奉鬼？不懂得生，怎懂得死？孔子提出的问题，是提示、是拐杖，学生借助对这些问题的思考，就能找到自己提出的问题的答案。孔子还喜欢追问，教师追问学生，是为了帮助学生理清思路。李亮老师曾提炼孔子关于问题的理念，其中一条便是"思考比答案重要"。[3]孔子"以问答问"的教学智慧给我们带来了启示：教师的提问不是为了心目中的某个标准答案，也不是毫无方向地随意提问，而是启迪学生向深处思考、向广处想象、向高处生长的智慧之问。

3. 用合作解决困惑。在集体学习活动中，合作是解决问题的自然选择，但应注意不能为合作而合作，也并非每个问题都需要合作，而是在遇到关键问题、难点问题时，采用合作的方式共同商讨、互相启发、解除困惑。

如学习《月光启蒙》一课时，学生提出了"课文为什么以'月光启蒙'为题？"的问题，这是一个关乎文本主旨和表达方式的关键问题。教师引导学生将描写母亲和描写月光的语句勾连起来独立阅读和思考，之后在小组内分享想法。组内成员意见不一致时，学生求助教师，教师指出，好的题目拥有丰富的内涵，不同的人可以读出不一样的体验，只要合乎文本规定情境，获得大家的认同即可。在全班交流环节，学生大胆说出了如下想法：

①母亲的启蒙是在月光下进行的。

②母亲像月光一样温柔，作者看到月光就想起了母亲的启蒙。

③月光是一种情境，让母亲启蒙的画面更美，让文章更有诗意。

④正如月光在晚上给人们照亮一样，母亲的启蒙给作者照亮了文学创作的道路……

从中我们可以看出，不同思维层次的学生，对同一个问题拥有不同水平的理解。在此过程中，教师没有做简单的价值判断，而是给予鼓励和进一步解释。学生在分享中得到了老师、同学的认可，在"互相学"中体验了更加深入、丰富的文本理解，合作学习成为思维碰撞、同伴互助、促进学习的重要路径。

夏雪梅博士认为，话语变革是课堂变革的核心，她描述了新的对话形态中话语的表现特征：学生遇到问题，产生困惑，对同学公开表达、解释、反思自己的推理。学生并不简单说出他们已经知道的事实，让教师去进行评价。相反，伴随着教师的指导，他们将自己半成型的想法、问题、解释公开化。其他学生运用同伴们的观点，或者挑战，或者澄清，或者加入自己的分析，或者进行推理，或者给出另外的解释。教师则"编织"这些观点。在这样的课堂体验中，学生产生的是实质性的投入，学生体会到学习的兴奋，对学习负有责任与承诺，为掌握的知识感到骄傲等。[4]夏雪梅博士所描述的正是学生自主提出问题、合作分析问题、协同解决问题的理想场景，这样的课堂是平等、开放、自在、和谐的课堂，是儿童在场的发现、对话、合作、共生的课堂，也是核心素养时代我们共同追求的课堂。

参考文献：

［1］潘文彬.“问”"学"相生，让儿童学习更有意义——关于儿童"问学课堂"的再思考［J］.语文教学通讯，2018，（15）：50-52.

［2］小威廉姆·E.多尔著，王红宇译.后现代课程观［M］.北京：教育科学出版社，2006.

［3］李亮.课程内容的文化选择［M］.北京：人民出版社，2016.

［4］夏雪梅.在传统课堂中进行指向高阶思维和社会性发展的话语变革［J］.华东师范大学学报（教育科学版），2019，37（05）：105-114.

小学习作评改的现状与建议
——基于江苏省义务教育学业质量监测相关数据的分析与思考

倪 鸣[①]

现代西方写作理论认为,写作是一个复杂的智力、心理、社会和技术的过程,在这个过程中,"修改"(revising)占据很重要的地位。[1]从认知过程看,写作过程包括计划、转换和修改三方面,修改是写作的重要部分,也是一种提高文章质量的方法。[2]在课堂教学中,教师的有效评改能够促进学生习作能力的提升。为了解省内小学习作评改的现状,江苏省在实施2018年义务教育学生学业质量监测工作过程中设置了相关问卷。现基于师生问卷中的相关监测数据,对小学习作评改现状做分析与反思。

一、分析:数据揭示现状

(一)问卷设计维度分析

师生问卷中的相关项目从"习作评改态度"和"习作评改方式"两个维度进行设计,具体见表1。

表1 "习作评改"问卷维度表

维度	评价指标	对应题号
习作评改态度	科学批改学生习作	教师问卷100
	重视习作讲评	教师问卷99,101
习作评改方式	能用多种方式进行习作讲评	学生问卷66,67,68
	能搭建学生习作交流的平台	学生问卷73,教师问卷102

(二)全省师生问卷数据及分析

将全省师生问卷相关问题的数据(表2、表3)对照分析,可以得出以下

---

① 倪鸣,江苏省南京市石鼓路小学副校长,江苏省小学语文特级教师,副高级教师。

结论：

1. 绝大多数教师能够精批细改学生习作

数据显示，74.3% 的教师"总是"能够精批细改学生习作，22.9% 的教师"常常"精批细改学生习作，不能常常精批细改学生习作的教师仅占 2.8%。可见，广大教师相当重视学生习作的批改。

表2 小学生问卷（语文学科）相关问题数据（单位：%）

学习活动	频率				
	从不	很少	有时	常常	总是
66. 写完作文后，老师会要求我们自己读一读	6.5	5.5	8.6	13.3	66.1
67. 写完作文后，老师会安排我们互相批改	19	9.4	12.9	13.6	45.1
68. 写完作文后，老师会读同学的作文，指导我们修改	5.7	5.9	10.2	14.9	63.3
73. 老师会让我们在微信、QQ等平台展示交流习作	18.6	9.5	12.9	14.5	44.5

表3 小学生语文教师问卷相关问题数据（单位：%）

教学活动	频率				
	从不	很少	有时	常常	总是
99. 写完作文后，我会安排学生互相批改	5.5	10.3	31.6	27.2	25.4
100. 学生的习作，我会精批细改	0.2	0.2	2.4	22.9	74.3
101. 对于学生的习作，我没有时间讲评	59.8	23.6	11.4	3.2	2
102. 我会用微信、QQ等平台展示交流学生的习作	2	6.1	21.7	38.2	32

2. 多数教师比较重视习作讲评

数据显示，超过半数的教师能够做到"总是"安排时间讲评学生习作，63.3% 的学生表示"老师会指导修改习作"。由此可见，习作教学中"重指导，轻讲评"的现象已经有了一定程度的改善，教师逐渐意识到习作讲评的意义，越来越重视习作讲评。

3. 多数教师比较重视学生自主评改习作能力的培养

数据显示，超过半数的教师能够"常常""总是"安排学生互相批改习作，超过半数的学生表示"老师能够常常安排我们读改习作、相互批改习作"。由此可见，教师较为重视学生自主评改习作能力的培养：一方面，学生能够通过"读"发现自己习作的问题；另一方面，学生能够通过"批"尝试帮助同学修改习作。

4. 多数教师能够利用网络平台组织学生展示、交流习作

数据显示，70.2%的教师能够"常常""总是"通过网络平台组织学生展示、交流习作，59%的学生表示教师能够"常常""总是"借助网络平台组织习作交流，师生数据均超过半数。但是，尚有18.6%的学生表示教师从未通过网络平台展示、交流过学生习作，说明在此方面，教师仍有改进提升的空间。此外，依据城区、镇区、乡村学生问卷的相关问题数据发现，江苏省总体差异不大，镇区和乡村的差异性更小。相对于镇区和乡村，城区教师对学生自主修改习作能力的培养更为重视。而城区、镇区、乡村教师问卷的相关问题数据显示，三类教师都能够精批细改学生习作，都非常重视学生习作的讲评。城区教师利用网络平台展示、交流学生习作的意识更强，镇区教师次之，乡村教师这方面意识略有欠缺。

（三）全省习作均分前十、末十地区相关数据比对及分析

通过对全省习作均分前十、末十地区相关问卷数据（表4、表5）的比对，我们可以得出以下结论：

表4 小学生问卷（语文学科）相关问题前十、末十地区数据（单位：%）

学习活动	比对	从不	很少	有时	常常	总是
66.写完作文后，老师会要求我们自己读一读	前十	2.2	2.0	4.3	9.2	82.3
	末十	10.1	8.7	12.2	15.3	53.7
67.写完作文后，老师会安排我们互相批改	前十	17.2	8.6	14.1	11.1	49.0
	末十	19.5	11.4	14.1	14.6	40.1
68.写完作文后，老师会读同学的作文，指导我们修改	前十	2.3	2.9	6.4	12.2	76.2
	末十	10.0	9.1	14.8	15.3	50.8
73.老师会让我们在微信、QQ等平台展示交流习作	前十	13.6	6.5	12.2	14.0	53.7
	末十	20.9	12.5	14.2	14.6	37.8

基于核心素养、着眼未来的 学习

表5 小学语文教师问卷相关问题前十、末十地区数据（单位：%）

教学活动	比对	频率				
		从不	很少	有时	常常	总是
99. 写完作文后，我会安排学生互相批改	前十	4.4	10.0	31.2	26.0	28.4
	末十	4.6	9.4	31.9	30.8	23.3
100. 学生的习作，我会精批细改	前十	2.0	2.0	2.9	16.8	79.9
	末十	3.0	5.0	2.7	26.4	70.1
101. 对于学生的习作，我没有时间讲评	前十	72.3	18.6	6.6	1.3	1.2
	末十	52.6	27.9	13.1	3.9	2.5
102. 我会用微信、QQ等平台展示交流学生的习作	前十	2.5	2.7	18.6	41.1	34.8
	末十	2.3	9.3	21.9	40.0	26.5

1. 习作均分前十和末十地区的教师，在精批细改习作方面并无明显差异。

2. 习作均分前十和末十地区的教师，对习作讲评的重视程度有明显差异，且呈现正相关。

3. 习作均分前十和末十地区的教师，搭建习作分享平台的意识存有差异，且呈现正相关。

二、聚焦：数据引发反思

（一）关于精批细改的问题

"精批细改"是绝大多数学校及地区在习作批改方面对教师提出的要求，甚至具体到每一篇习作要有几处眉批，每处眉批不少于多少字，总批必须要在多少字以上，等等，"精批细改"似乎已经和教师的工作态度画上了等号。通过上文的数据分析，我们可以发现，不管是城区、镇区还是乡村，不管是习作均分前十地区还是末十地区，能够做到"总是"精批细改习作的教师均在七成以上。

教师都在精批细改，但学生的习作水平仍存有较大差异，这不由引发我们反思——"精批细改"在提升学生习作能力方面究竟能够发挥多大的作用？

我们常说"文章不厌百回改",这里"改"的主体应该是文章的作者,也就是完成习作的学生,而不是教师。学生只有自己经历了一遍遍、一篇篇自我修改的过程,才能够真正形成修改习作的能力,养成自觉修改习作的习惯。如果教师总是对学生的习作进行精批细改,无疑会助长学生的依赖性,致使其在习作表达方面渐失反思与推敲的意识。

因此,教师、学校和教学管理部门要科学认识"精批细改",客观分析"精批细改"的作用,探索更为科学的习作评改方式。

(二)关于有效讲评的问题

上文中表3的数据,让我们欣喜地看到江苏省教师对"习作讲评"重视程度的改观。但后面的几组数据,特别是习作均分前十地区与末十地区的比对数据,却引发了我们的反思——重视讲评不等于能够有效讲评。

反观当下习作讲评的常态,两大问题较为明显:其一,教学模式化,也就是不管学生此次习作的问题是多是少,都按照一定的套路来教,要么是范文引路,要么是病文先行,然后自己修改;其二,目标模糊化,也就是不管什么类型的文章,都将讲评的重点放在语言通顺、准确和描写具体、生动上。习作讲评有没有相应的标准?如何提效?这些问题值得我们深思。

三、建议:数据带来启示

基于上文的数据分析及反思,在习作评改方面,我们提出如下三点建议:

(一)明确标准,有的放矢

1.学段标准

明确习作评改的标准,首先要了解《义务教育语文课程标准(2011年版)》中有关习作修改的学段目标:第二学段(3—4年级)"学习修改习作中有明显错误的词句";第三学段(5—6年级)"修改自己的习作,并主动与他人交换修改,做到语句通顺,行款正确,书写规范、整洁"。

由此可见,不同学段对学生的习作修改能力提出了不同的要求,从修改"有明显错误的词句"到修改篇章,从侧重语句表达到表达与书写并重,从

> 基于核心素养、着眼未来的学习

自改为主到自改与互改相结合,呈现出一种螺旋上升的态势。教师在进行习作评改时,首先要依据相关学段目标,明确本学段习作评改的侧重点和主要形式。

2. 单篇标准

学段目标的明确,可以帮助教师了解课程的相关要求,但要增强习作评改的针对性,教师还需要解读教材中每一篇习作的具体要求,以明确单篇习作的评改标准。

统编教材的习作部分,充分体现了习作的"全程意识",也就是从习作前到习作中再到习作后,教材都有所观照,特别是对习作评改的方式、目标等都提出了相应的要求。例如,小学语文统编教材四年级上册中的习作1"推荐一个好地方",要求学生"写完了,自己先读一读,看看有没有把这个地方介绍清楚,有没有把推荐的理由写充分。再读给同学听,请他们提出修改建议",明示了习作后的评改方式为"先自改再互评",明确了习作评改的目标是"把这个地方介绍清楚,把推荐的理由写充分"。又如,小学语文统编教材五年级上册中的习作3"缩写故事",要求学生"缩写完成后,与原文比较一下,看看故事是否完整,情节是否连贯,语句是否通顺",明示了习作后的评改方式是"对照原文进行自我修改",明确了评改的目标是"把故事写完整,做到情节连贯,语句通顺"。再如,小学语文统编教材六年级上册中的习作5"围绕中心意思写",要求学生"写完后,请同学读读,看看他能不能找出你写的中心意思",明示了习作后的评改方式为"先互评再自改",明确了习作评改的目标是"选材能够围绕中心意思,且重点突出"。

如果教师能够关注教材的这一编排特点,认真分析具体习作的评改方式及目标指向,一定可以让单篇习作的评改标准更加清晰。

3. 个体标准

把握学段目标、解读教材习作要求,无疑可以帮助教师明确习作评改的共性标准,但要想明确习作评改的个体标准,教师还需要对每一位学生的习作进行分析,找到其最近发展区,从而形成具有针对性、启发性和人文关怀的批语。

当代著名语文教育家张志公先生在《谈作文教学的几个问题》一文中提出，"解决问题、对学生确有帮助的批改就是'精批细改'，不在于教师在学生作文本上写的字数多少"，批改要"切中肯綮，要言不烦，富有启发性"。由此可见，"精批细改"未必能够发挥指导学生有效修改的作用，只有能够帮助学生解决问题的针对性点评，才能提升其习作修改能力。

习作评改，于教师而言是习作教学的重要一环，于学生而言是一项重要的学习能力，因为习作评改的过程，就是学生学会应用自我监控策略的过程。为了使学生在评改习作时能有的放矢，教师可以在综合考虑学段标准、单篇标准及个体标准的基础上，设计指向单篇习作的评价表。以笔者所在学校为例，语文教研组以统编教材的使用为契机，编制了校本化的《习作本》。该《习作本》的习作内容为统编教材各年级、各单元的规定习作，每一篇习作设有"习作准备""习作体验""习作评改"三个固定板块，个别习作根据教材要求增设"习作分享"板块。在习作评改板块，以表格形式体现了学段标准、单篇标准和个体标准的融合，具体样式如图1、图2所示。

习作评改

写好并自改后，请把你的习作读给同桌听一听，让小伙伴对照下面的标准帮你评一评，然后根据小伙伴的意见再修改修改，最后让老师评一评。

1. 无错别字，无明显语句错误。
2. 标点符号使用准确，能够分段写。
3. 能抓住家人与动物的相似之处，写出家人的特点。

习作要求	同学评			老师评		
	☆	☆☆	☆☆☆	☆	☆☆	☆☆☆
1						
2						
3						

教师针对性点评：

等第（　　）

图1　第二学段（四年级上册中的习作2"小小'动物园'"习作评价表）

基于核心素养、着眼未来的学习

> **习作评改**
>
> 写好后，请对照下面的标准先自己修改一下，然后和同学交换习作，请他（她）帮你评一评，再根据同学的建议修改自己的习作。最后让老师评一评，并根据老师的修改建议进一步完善自己的习作。
>
> 1. 书写认真规范，行款正确。
> 2. 无错别字，语句通顺，标点符号使用准确。
> 3. 能选择一个人，运用第二人称叙事。
> 4. 能通过对印象深刻场景的描述，把事情写具体。
> 5. 能表达自己对这个人的情感。
>
> | 习作要求 | 同学评 | | | 老师评 | | |
> |---|---|---|---|---|---|---|
> | | ☆ | ☆☆ | ☆☆☆ | ☆ | ☆☆ | ☆☆☆ |
> | 1 | | | | | | |
> | 2 | | | | | | |
> | 3 | | | | | | |
> | 4 | | | | | | |
> | 5 | | | | | | |
>
> 教师针对性点评：
>
> 等第（   ）

图 2　第三学段（六年级上册中的习作 8 "有你，真好" 习作评价表）

如图所示，表格化的设计，既体现了习作评改的学段标准，又明示了单篇习作的具体评改指向；而"教师针对性点评"一栏，要求教师用具有针对性和启发性的语言，明确指出学生此篇习作的优点或不足，便于学生明确习作评改的个性标准。

（二）优化过程，提升能力

1. 把握规律

要把握习作评改的规律，首先要了解习作错误的类型。一般认为，"作文中的错误可以分为两大类：字面错误和意义错误。字面错误又称为形式错误，主要包括错别字、标点符号、遣词造句等错误；意义错误又称为实质错误，指不符合文章逻辑顺序或客观事实、前后不一致的或有待修正的观念、解释不清晰等"[1]。

在《语文：表现与存在》一书中，潘新和教授指出，教师评改要注意抓习作的"思维和思路"，这较之于文字、修辞更难也更为重要。但多数教师却舍本逐末，习作评改以词句为重，他认为这"对学生写作上的成长极为不利"。不可否认，正是因为教师在习作评改时不尊重规律，避难求易，较多提出字面错误的评改建议，鲜有意义错误的评改建议，导致学生形成了不适当的任务图式，认为习作评改就是修改错别字、疏通语句。

因此，要优化习作评改的流程，首先应尊重规律，关注学生习作中暴露出的"思维和思路"问题，确立具有针对性的单篇评改标准、个体评改标准。其次要建立科学的习作评改流程，先进行词句层面的评改，再进行意义层面的评改，两个层面逐一落实。

2. 授予方法

把握了规律，明确了流程，还要"授之以渔"，才能真正提升学生习作评改的能力。

一是朗读法。特级教师贾志敏根据自己的实践经验总结出用朗读的方式修改习作的方法："第一，文章写好以后，要多读几遍。不通顺之处要使其通顺；意思没有表达清楚的，要补充内容，尽量讲得明白些。第二，修改以后，还可以读给别人听听，征求一下其他人的意见。"[3]朗读法充分调动了学生的语感，在词句层面评改时，确有优势。

二是提问法。一种方式是让学生提问，也就是让学生以读者的视角，以提问的方式审视自己或他人的文章，如可以问问"这篇文章最想表达什么意思？""这个意思是如何一步步体现出来的？""文章每一部分之间有什么关系？"等。另一种方式是教师提问，习作旁批以"提示问题"的形式替代"如何修改"，帮助学生形成针对"思维和思路"进行提问、反思的习惯。提问法可以更好地引导学生进行意义层面的评改。

3. 突破模式

目前，习作教学的普遍模式为"学生完成习作—教师批改习作—学生修

175

改习作—教师再批习作"。要优化习作评改的过程，就应当因文而异，突破模式。

统编教材在习作评改的流程设置上，充分体现了"这一篇"的独特性：有的习作是学生先给教师批阅，再根据教师的建议修改；有的习作是学生先自己修改，再给教师批阅，然后和同学分享；还有的习作是学生先自己修改，再听取同伴意见，最后再给教师批阅。教师在教学时，应遵循教材要求，体现习作评改的过程性，杜绝模式化的问题。

（三）搭建平台，多元互动

统编教材的习作部分，多次出现有关习作分享的具体要求，如"可以把全班同学的习作贴在墙报上，大家一起来猜一猜""举办'最受欢迎的好地方'推荐会，看看哪些地方最吸引大家""办一期'我的心爱之物'习作专栏，贴上习作和图片，和同学分享""开展一次'共享美好生活'主题班会，共同分享各自的心得体会"等。由此可见，交流平台的搭建有很多传统方式，我们可以利用班级的墙报、板报等空间，利用班队会、晨会等时间，通过张贴展示、朗读交流等方式进行习作分享，实现多元互动。

除了以上传统方式，我们还可以利用网络平台助推习作分享。一种方式是利用公共平台及软件，快速录入并保存自己的习作，建立自己的"网络习作本"；或利用问卷中提及的QQ、微信等社交平台建立班级习作交流圈，即时发布、留言互动，让习作的交流分享更加便捷。另一种方式是借助专业平台，如南京市电教馆开发了"先锋作文网"，在该网站上建立了不同的"班级圈"和展示平台，教师可以通过组建自己的班级圈，实现习作的网上批阅、分享、交流，还可以将学生的习作推送到网站的公共展示区域，让更多的读者阅读。

对习作评改方面相关数据的分析，让我们得以更加客观地了解江苏省在小学习作教学，特别是习作评改方面的现状。在直面现实的同时不断反思，在不断反思的过程中寻求突破，这正是基于数据研究的价值所在。

参考文献：

［1］吴新根.作文修改：心理机制及教学策略［J］.科学大众，2007，（12）：46-47.

［2］黄洁华，莫雷.写作修改的认知过程研究新进展［J］.心理学动态，2001，9（02）：124-128.

［3］贾志敏.和孩子们一起快乐在语言文字中——小学作文教学札记［J］.语文教学通讯，2007，（Z3）：26-35.

基于核心素养、着眼未来的学习

课程管理与评价的大数据应用
——北京市十一学校智慧校园的经验

王学男[①]　宋　衍[②]

学校是产生教育大数据最多的地方，既有以新媒介为载体的行为数据、线上交互数据等过程性数据，也有传统的测试、调查、评价等阶段性数据。北京市十一学校走过 10 多年信息化发展历程，其对数据的挖掘与分析从开始注重学业成绩、统计信息的表层数据，逐步深入到以关注学生发展为核心的深数据，再到关注深层数据复杂连接的内涵与过程，通过大数据应用触及教育改革与创新中最难突破的核心地带。十一学校从工具性、过程性和主体性三个维度着力构建学校教育大数据的模式，可为更多学校提供适用的经验与路径。

一、工具性：信息化与学科教学的深度融合

为准确把握学科教学和学校管理的需求，十一学校加强信息化团队建设，以环境建设、平台建设与学科助力三位一体，为教育与信息技术的深度融合提供必要保障，同时服务于数据积累。目前，十一学校信息组共有 6 名专职教师，其中 1 名主任，负责统筹规划与设计协调，兼任少量学科教学。同时分设两个组别，一组是信息中心和电教运维组，共 2 名教师，负责提供硬件维护、培训、交流与展示的平台；另一组是学科助力组，共 3 名教师，在兼任学科教学的同时，专攻推动信息化与学科深度融合。

信息组根据学科教师的需求寻找适合学科教学的 App 或软件工具，并进行相应的培训，以便帮助教师快速融入学校的信息技术环境。学校信息化不

---

① 王学男，中国教育科学研究院教育发展与改革研究所助理研究员，博士。
② 宋衍，北京市十一学校信息中心主任。

是为了信息化而信息化、为了技术而技术，而是由于信息技术切实能够提高教学效率、质量或扩大资源覆盖范围，才在教学过程中适时使用。因此，学校不会强制要求教师使用所有推荐的App或软件工具，而是教师根据不同学科在不同学段的需要自主选用。以初中语文和高中语文为例。初中语文着重解决词汇教学方面的问题，学校选用的应用包括"快快查字典""古诗词典""百度云""有道云笔记"等；高中语文解决听、说、读、写多方面的问题，可以使用"喜马拉雅FM"满足学生随时随地"听书"的需求，通过"荔枝FM"将朗读的语段放入电台，并在班级微信群中分享，利用讯飞语音输入解决文字录入耗时耗力的痛点。再以历史教学为例。图1呈现信息化与历史教学各环节应用的结构示意，体现出不同教学阶段、不同教师教学风格，使用不同的App或软件的灵活组合和"因教施技"。

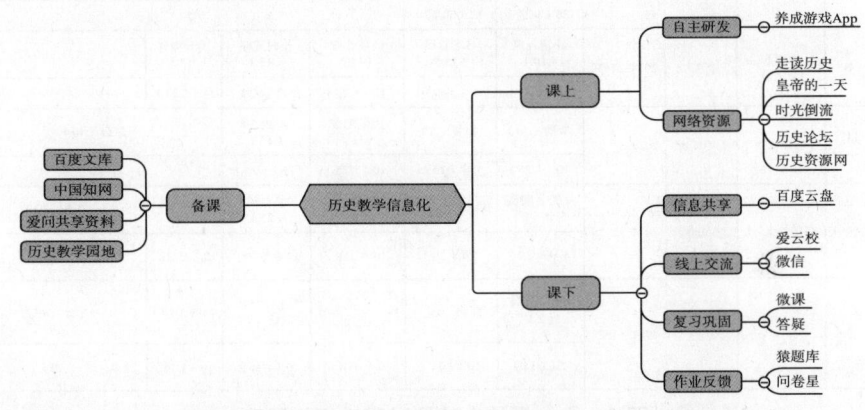

图1 不同App或软件在历史教学信息化上的应用

二、过程性：数据思维和过程评价下的学习本质

在近3年的实践与探索中，十一学校逐步构建了以数据为驱动的学校发展诊断评估体系，针对课程与评价主要进行两个方面的应用，分别是学生学习和教学效果。

首先是"知识学习"。学校教育给学生带来的变化，最直接、外显的就是成绩，这既是学校、师生、家庭和社会共同关注的焦点，也是学校进一步发展的基础。这部分的数据收集与反馈主要包括过程性评价和阶段性诊断。过程性评价贯穿于学习过程之中，通过不同维度的指标对每个学生每节课的学习过程进行记录和评价（含师评和自评），以可操作的最小量度来记录和评价每个学生的学习过程，从而形成GPA（平均学分绩点）。阶段性诊断是指每年4次的阶段性学科考试。二者均有移动端和电脑端，利于线上与线下的有机结合，赋予权重并与学期末考试成绩合为最终的学业成绩。过程性评价的主要目标在于让学生可以随时查看自己的学习动态数据，纠正不正确的学习行为，培养良好的学习习惯，并培养学生通过数据反馈来加强自我管理的能力和增强学习内驱力（图2）。

课程	教学班	任课教师	评价时间	过程性评价					
中国画/书法	中国画/书法-6		2014-12-01	学习态度（10）	课堂纪律（5）	出勤情况（10）	探究创新（5）	作业完成情况（10）	积极参加展览（20）	总分（60）
				10（1/23）	5（1/23）	10（1/23）	3（2/23）	8（6/23）	13（3/23）	49
时事深度评论	时事深度评论-4		2014-11-30	课堂（20）	发言、习作、展示（40）	总分（60）				
				20（1/27）	32（20/27）	52				
物理Ⅱ（B）	物理Ⅱ（B）-1		2014-11-30	课堂表现（10）	自学自研（15）	完成作业（12）	平时成绩（15）	实验探究（8）	总分（60）	
				10（1/23）	12（19/23）	12（1/23）	12（16/23）	8（1/23）	54	
篮球（男）	篮球-28		2014-11-29	考勤（10）	服装（5）	团队配合（10）	课堂纪律（15）	总分（40）		
				10（1/25）	5（1/25）	10（1/25）	15（1/25）	40		
高中语文	高中语文-1		2014-11-29	文助+阅读5分（5）	按时完成（5）	按时完成（10）	检测成绩（25）	积极认真（15）	总分（60）	
				4（18/28）	5（1/28）	10（1/28）	21（18/28）	10（26/28）	50	
化学Ⅱ（B）	化学Ⅱ（B）-5		2014-11-29	考勤、纪律（2）	前测（10）	课堂学习、实验、合作学习（9）	作业、问题改错（9）	后测（10）	总分（40）	
				2（1/18）	10（1/18）	9（1/18）	9（1/18）	10（1/18）	40	

图2　十一学校电脑端过程性评价图示

为避免机械化地"一刀切"的现象，学校应先根据学科的知识结构和学习特征制定不同的指标维度和评价标准进行过程性评价。如物理课主要考察课堂表现、自学自研、作业完成、实验探究，篮球课主要考察出勤、服装、团队配合等，然后由任课教师依据学科要求进行打分与评价，还可以通过留言实现师生互动。阶段性诊断则为学生和学校了解自身提供科学可依的帮助。师生均可以在平台上查看分数统计、优势学科、劣势学科、超过年级比率以及知识点掌握情况；学生可以使用专属错题本复习，通过个性化练习聚焦自身薄弱点；系统还会自动批改，并及时将结果反馈给学生，极大地提高了学生的学习效率。

其次是基于标准的学习和PBL（Project Based Learning，项目式学习）。二者互为支撑，帮助学校找到实现育人目标过程中的标准和证据，从可量化、可操作的目标分解和数据收集出发，培养每位师生读懂数据并能够在学习过程中实时对目标予以改进的意识和能力，实现每位师生的过程管理与自我驱动。其中，"标准"是指以国家课程标准和学科核心素养为本，以单元重构为突破点，确立清晰明确的教学目标，进而将教学目标转化为师生共同认可的学习目标，部分学科还可选用PBL学习，用项目或问题驱动学习。教师根据课程标准和教材制定课程学习目标和具体任务，自主选择搭配使用线上与线下的教学软件，为学生达到学习目标提供有益的阶梯和脚手架，包括文献资料和网络资源等学习资料、阅读手记和报告模板等，以及若干量规；学生则需要自主制订学习计划，阅读学习资料，借助脚手架和量规开展小组探究和自评互评，记录学习过程，最终完成核心任务，实现单元学习目标。"带着问题进教室，拎着资源包出教室"，这是对这种教学模式形象生动的比喻和总结。数据素养作为核心素养之一，正是在智能化背景下十一学校育人目标和育人方式的特色之处，学校希望师生均能够从数据的视角看问题，能够激发学生深度思考，不仅是单纯地学习知识，还要通过自主思考实现学习迁移，以便更好地适应未来快速变化的社会。

量规是一种评价方式，它通常"从与学习目标相关的多个维度规定评价准则和划分等级，并且融定性评价和定量评价于一体"[1]，它主要是"对学生的作品、成长记录、学习结果或学习过程及其反映出来的情感、态度、价值观等进行评价"[2]，是连接教学与评价的一个重要桥梁。量规也是"基于标准的学习"和"PBL"中的重要标尺和工具，是通过教学目标逆向追溯教学过程的一种评价工具。为了在教学过程中培养学生自我认知和自主评价的能力，让学生对自己的学习负责，教师需要根据学科学习特点与重点设计大量的"量规"，通过设计不同的维度、等级与标准和明晰可操作的文字表述，将学科特点与重点转化成为学生可理解、可判断的学习过程中的行为导引,并实现在线的电脑端和手机端的便捷应用,使学生可以依据量规管理学习进程,完成学习过程中的自我评价,自主调整学习策略,逐步让学生知道学习是需要自己对自己负责的事情,同时养成良好的数据素养,实现自我矫正和规划学习。表1是生物课中科学探究过程的常规型评价量规的示例。量规、过程性评价和阶段性诊断,构成了学生学习在时间维度上不同细分程度的数据收集工具和载体。

表1 生物课中科学探究过程的评价量规[2]

评价指标	未来科学家	实验达人	实验菜鸟
实施探究计划	□实验中的关键操作(如设置对照、控制变量、保持安静等环节)独立规范,完全完成计划 □详细记录实验过程和数据,所有数据清晰明了,便于观察变化趋势	□实验中的关键操作较为规范,但需别人帮助,基本完成计划 □比较详细地记录实验过程和数据,趋势不明显	□实验中的关键操作存在错误,导致实验失败,没有完成计划 □数据记录有遗漏、有错误或很难看懂
分析现象和数据	□能用图表线等形式分析数据,并标注出变化趋势,为得出结论提供依据	□数据表现形式单一,在别人帮助下展开数据分析,趋势不明显	□大部分图表数据都不准确,未结合数据进行分析
得出实验结论	□能基于实验数据得出结论,并能学以致用	□能基于实验数据得出结论,但结论不够精确,不能学以致用	□没有得出任何结论

三、主体性:数据支撑下教与学的变革

十一学校的教学变革基于数据,但又不依赖于数据。教师和学生作为教学的主体,在收集数据、分析数据和使用数据的过程中,更强调作为教育主体的选择和决策的意义,这也是人工智能在师生关系和教学过程中无法取代教师的重要理由。

第一,以学科知识结构和学习本质为要,以促进师生发展为目标,自主设计和选择适合学科教学的应用组合和实现路径,兼顾性价比和易用性。在这一环节中,不可避免地需要与软件公司或数据公司合作,但这种合作须突出学校主导、师生主体,应遵循教育规律,避免在使用公司产品上产生依赖

性而受制于公司。由于公司提供的产品和服务多是从大数据产业中较为成熟的金融、交通、医疗等行业直接迁移的、易获得资本青睐的"概念或技术"，并不一定对教育行业完全适用或有效，因此，学校与公司的合作应基于平等关系，在教育实践与教育技术有效联结的基础上，尝试一种共进共赢的深度捆绑，形成合力，共同研发适用于学校层面的、符合教学需要的工具或系统，助推大数据为教育赋能。

第二，有选择、有差异、有限度地使用数据。"有选择"，是指现阶段在学校层面，教育大数据的使用多依赖于在线系统和手机端软件的功能扩展，并不是学校教育的任何过程都适宜数据量化。就十一学校的经验而言，课程资源建设和评价系统使用这两方面的数据收集是易获取且有价值的。在线课程资源的使用可以统计分析学生自主学习的进度与问题、教师备课及与学生互动的情况；量规、过程性评价、阶段性诊断的数据统计和分析可以诊断学生群体与个体每节课、每个学习阶段、每次考试不同维度（实验技能、参与程度、知识点掌握、合作意识等）的问题，通过试卷分析来反观教学重难点落实和教学过程的情况。

"有差异"，是特别强调不同学科在数据收集和使用上的差异。目前十一学校的经验显示，理工科类的学科适宜采取量化评价；人文社科类的学科不易量化，更适宜质性评价。"有限度"，则是指出数据化是一种思维方式的变革。大数据是一种数据资源和一种数据分析技术，它可以帮助我们打开新的视角并看到以前无法触及的问题，但在日常教学的过程中，它也不是万能的。大数据的价值低密度性及其技术伦理仍是目前面临的重点问题。

第三，教育大数据的使用不是为了数据，也不是为了技术，而是为了教育，是学校在快速发展过程中，始终不断回望育人目标的"记录仪"，随时提醒教育是否偏离路线。教师发展的水平决定了学校发展的底线，学生发展是教育的终极目标，这再次证明人作为主体性的重要因素，在学校大数据的应用层面发挥着举足轻重的作用。学校层面教育大数据的呈现与反馈，最重要的作用在于及时发现问题、诊断问题、明确地调整行为，以实现"纠偏"和

"督促"。而更重要的意义则是通过教育大数据让教育工作者在"看得见、看得清、看得懂"之后采取行动，如教师能够根据师生教学行为的数据诊断与评估，自主明确地改变教学行为，改善学校文化建设等；学生能够根据自己学习数据的记录与测试，正确评价自己，激发深度思考，实现学习迁移，使其数据素养和学习力有所提升，能够更好地适应未来社会的快速变革。

参考文献：

[1] 赵扬.量规对发展学生关键能力的影响研究——以化学教学为例[J].基础教育课程，2018，(13)：52-57.

[2] 李成广.量规：一种可测量、可评估自身行为的评价工具——以人教版七上"非生物因素对某种动物的影响"探究活动为例[J].中学生物教学，2018，(6)：15-17.

语文教师备课的现状与建议

——基于对江苏省语文教师备课问卷数据的分析与思考

马建明[①]

《教育部关于加强和改进新时代基础教育教研工作的意见》(教基〔2019〕14号)在"明晰工作职责"一条中指出:"市、县级教研机构要重心下移,深入学校、课堂、教师、学生之中,紧密联系教育教学一线实际开展研究,指导学校和教师加强校本教研,改进教育教学工作,形成在课程目标引领下的备、教、学、评一体化的教学格局。"可见,备课是教师教学工作的一个重要环节。江苏省在进行2018年义务教育学生学业质量监测工作过程中,对全省五年级语文教师的备课情况进行了问卷摸底调查。

一、问卷的内容设计与数据分析

本次调查拟定了6个问卷内容(表1),重点了解教师有关手写教案、集体备课、教学参考书使用、教学目标确定、教学内容选择、课前预习作业设计等情况。

表1 小学语文教师备课问卷内容与数据

教学活动	从不(%)	很少(%)	有时(%)	常常(%)	总是(%)
1.本学期,学校要求手写教案	21	16	18	11	34
2.学校会定期组织集体备课研讨	0	1	4	21	74
3.备课时,我会借助《教师教学参考用书》	0	2	7	27	64
4.备课时,我对确定教学目标感到困惑	22	39	30	5	4
5.备课时,我对选择教学内容感到困惑	29	41	22	4	4
6.备课时,我会设计预习作业	1	1	7	27	64

[①] 马建明,江苏省连云港市教育局教研室副主任,小学语文教研员,江苏省小学语文特级教师,正高级教师。

为了便于分析，我们将"从不"与"很少"合在一起，将"常常"与"总是"合在一起。由表1可知，参与调查的教师中，"从不""很少"手写教案的占37%，"常常""总是"手写教案的占45%，可见，手写教案的教师所占比例更大。教师反映学校"从不""很少"组织集体备课研讨的占1%，"常常""总是"组织集体备课研讨的占95%，说明开展集体备课已经成为校本教研活动的主要形式与载体。教师"从不""很少"使用教学参考书的占2%，"常常""总是"使用教学参考书的占91%，说明教学参考书是语文教师备课的主要工具与材料。教师"从不""很少"对确定教学目标感到困惑的占61%，"常常""总是"对确定教学目标感到困惑的占9%，加上"有时"的比例，对确定教学目标感到困惑的比例达39%；"从不""很少"对选择教学内容感到困惑的占70%，"常常""总是"对选择教学内容感到困惑的占8%，加上"有时"的比例，对选择教学内容感到困惑的比例达30%，说明教师备课能力有待提高。教师"从不""很少"设计预习作业的占2%，"常常""总是"设计预习作业的占91%，说明教师比较重视课前预习。

那么，语文教师的备课情况与学生的学业质量之间到底有着怎样的关联呢？当然，学生的学业质量与很多因素有关，如学生的家庭背景、学业负担，学校的办学理念、课程建设，教师的专业素养、师生关系等，在此我们暂且不考虑这些因素，单纯就教师的备课情况与学生的学业质量进行数据比对分析，希望找到其中的一些关联。这里我们以江苏省的数据作为参考，选择学业质量最好的市（市A）、学业质量最薄弱的市（市B）、学业质量最好的县区（县区A）、学业质量最薄弱的县区（县区B）、学业质量最好的学校（学校A）以及学业质量最薄弱的学校（学校B）作为样本。衡量一个地区、一所学校学业质量的高低，主要看A和D水平，A水平表示"优秀"，D水平表示"待提高"，一个区域的A水平越高、D水平越低，这个区域的学业质量就越高。

（一）手写教案与学业质量的关系

手写教案与学业质量之间有着怎样的关系呢？由图1可知，市A与市B学业质量差距很大，而教师"从不""很少"手写备课的比例相当；县区A与县区B学业质量差距很大，教师"从不""很少"手写备课的比例差距较大，县区 A "从不""很少"手写备课的占 72.7%，县区 B "从不""很少"手写备课的占 37.5%；学校 A 与学校 B 学业质量差距更大，教师"从不""很少"手写备课的比例反差也大，学校 A 不采用手写备课，学校 B 采用手写备课。由此，我们可以得出一个结论：教师是否手写教案与学生学业质量的高低关系不大。

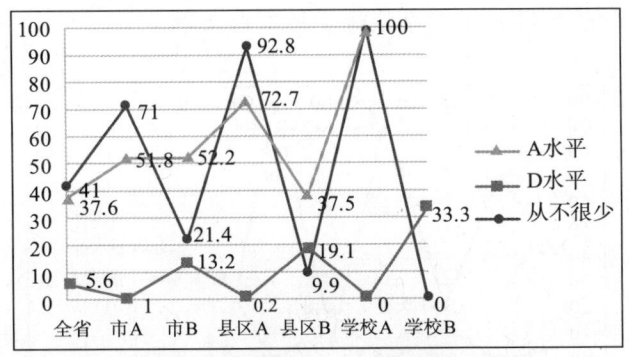

图 1　手写教案与学业质量的关系

（二）集体备课与学业质量的关系

如图 2 所示，学业质量高的市 A、县区 A、学校 A，教师"常常""总是"集体备课的比例均高于学业质量薄弱的市 B、县区 B、学校 B，市 A 高出市 B 2.9 个百分点，县区 A 高出县区 B 48.7 个百分点。除了数据的比较，我们还可以结合学校 A 教师"总是"集体备课，学校 B 教师"有时"集体备课的现状得出结论：教师采用集体备课的形式有利于学生学业质量的提高，提倡学校多组织集体备课。

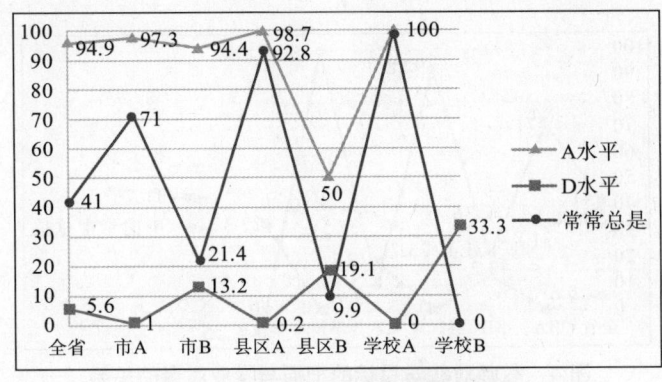

图 2　集体备课与学业质量的关系

（三）教师使用教学参考书与学业质量的关系

如图 3 所示，市 A 与市 B 在使用教学参考书、学业质量等方面没有什么差距，而学业质量高的县区、学校，教师"常常""总是"使用教学参考书的比例要低于学业质量薄弱的县区、学校。这个数据说明，学业质量高的县区、学校，语文教师的备课并不完全依赖于教学参考书。

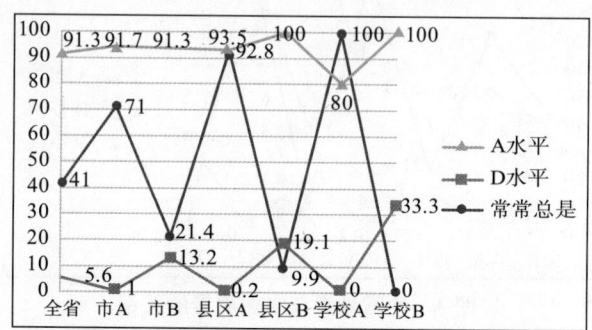

图 3　教师使用教学参考书与学业质量的关系

（四）教师对教学目标的把握与学业质量的关系

如图 4 所示，教师对教学目标的把握与学业质量之间有着密切的联系。我们将"有时""常常""总是"合在一起考量，学业质量高的市、县区与学校，教师"有时""常常""总是"对确定教学目标感到困惑的比例低于学业质量薄弱的市、县区与学校。其中市 A 低于市 B 4.2 个百分点，县区 A 低于县区 B 13.8 个百分点，学校 A 低于学校 B 60 个百分点。

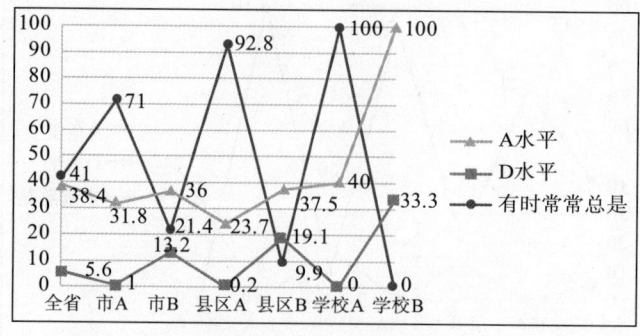

图 4　教师对教学目标的把握与学业质量的关系

（五）教师选择教学内容与学业质量的关系

如图 5 所示，我们还是将"有时""常常""总是"合在一起考量，发现教师对教学内容的选择与学业质量之间有着一定的联系：学业质量高的市 A，教师"有时""常常""总是"对选择教学内容感到困惑的比例低于学业质量薄弱的市 B 6 个百分点，县区 A 低于县区 B 30.5 个百分点。

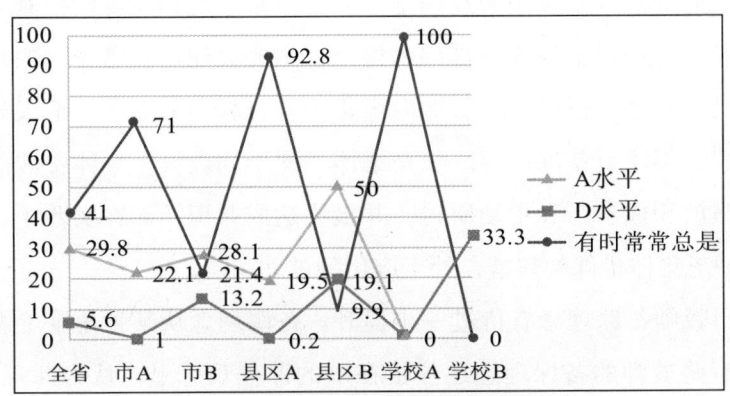

图 5　教师选择教学内容与学业质量的关系

（六）布置预习作业与学业质量的关系

如图 6 所示，布置预习作业与学业质量之间没有明显的相关性。总体来看，江苏省的小学语文教师都比较重视学生的课前学习，能够布置适当的预习作业。

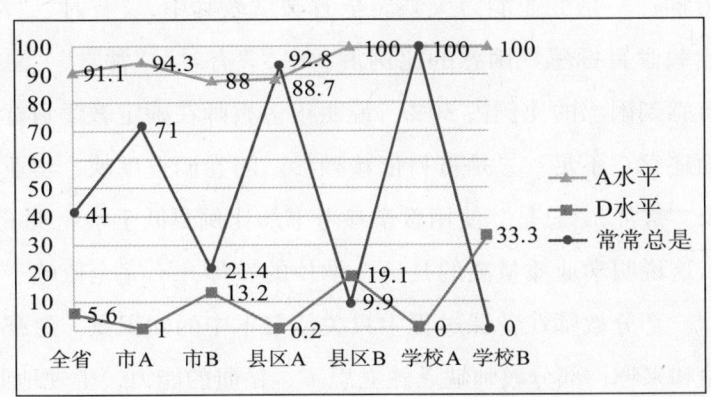

图 6　布置预习作业与学业质量的关系

二、语文教师备课情况的问题分析

根据以上分析,结合平时的观察与调研,我们发现目前教师的备课还存在一些问题。

第一,学校备课制度有待进一步完善。学校备课制度,即学校对教师备课的要求与规定。学校备课制度往往比较细致规范,但在操作中落实不到位,造成备课耗时低效。主要表现在两个方面:一是应付相关部门检查。很多学校的备课是为了应付上级业务部门的检查,主要关注是否备课、栏目是否齐全、内容是否具体,很少关注备课内容是否符合教学的需要,造成教师只注重备课形式,不注重备课内容。二是集体备课形同虚设。集体备课需要备课组全体成员的积极参与和主动研讨,并最终达成共识。而在实践中,备课组成员往往缺乏集体备课的热情,处于应付的被动状态。

第二,教师备课理念有待进一步提升。备课理念从某种角度上看就是教学理念,有些教师的备课理念还停留在旧的课程观念上,认为课程是知识,教师是知识的传授者,学生是知识的接受者;认为课程就是教材,教材又是知识的载体,因而只有教材意识。在旧课程观的影响下,部分教师的备课基本上还停留在分析教材、梳理知识点、着重于考试要点,停留在对教材和教参的学习与模仿上,忽视学生的认识水平、兴趣和能力发展。

第三,教师备课能力有待进一步提高。教师备课能力不够理想,主要表现在两个方面:一是专业能力欠缺。全省被试教师中,"有时""常常""总是"对确定教学目标感到困惑的比例占39%,"有时""常常""总是"对选择教学内容感到困惑的比例占30%,说明很多教师在确定教学目标、选择教学内容方面还存在不足。二是盲目依赖教参。问卷调查反映,学业质量高的县区、学校"常常""总是"使用教学参考书的比例要低于学业质量薄弱的县区、学校,这说明学业质量高的县区、学校的教师并不完全依赖于教学参考书进行备课。部分教师在备课过程中只关注书本中的知识点,忽视学生个体的生活体验和兴趣;部分教师缺乏独立思考、钻研的能力,生硬地照搬教参,分不清主次,抓不住重点。

三、改进建议

针对上述问题，我们提出以下建议：

（一）形成以人为本、合作共享的备课文化

加强团队协作已经成为现代社会人际关系的一种重要特征，学校要通过集体备课的教研方式，逐步形成学校的备课文化，乃至教学文化。

1. 集体备课促进教师的专业成长。集体备课的过程，由于在个体中汇集了群体的合力，会使教师原有的长处更加完善，有利于教师从更高的起点发展，并逐步形成自己的良好的教学风格。集体备课本身就是一种科学研究活动，其基本方法在于"行动研究"，它能够使广大教师在理论与实践之间架起一座融通的桥梁。于漪老师有一句名言——"把备课作为研究"，就是这个意思。

2. 集体备课促进教学的优质均衡。集体备课是备课组成员共同研究教材，在达成共识的基础上，集体构建课程实施的过程。集体备课的基本流程是：小组活动—问题探究—达成共识—形成草案—反馈讨论—形成定稿。集体备课的优点在于集思广益，能最大限度地发挥每个人的优势，实现资源共享，并在集体研讨的过程中，使每个教师更加准确地把握教学目标与教学内容，在同一年级产生同质的教学效果。

3. 集体备课促进教研的内涵发展。学校通过集体备课，可以丰富校本教研的内涵，如"汇聚众人智慧，惠及师生发展"的备课理念，"备学材、备学情、备学法"的备课策略，"目标要简明、内容要简约、环节要简化、方法要简便、媒介要简单、语言要简洁"的"六简备课"要求等。

（二）进行合理分层、扎实有效的备课改革

1. 尝试教师分层备课。充分体现"以人为本"的备课理念，学校可以根据教师的年龄特点开展分层备课，如工作5年以内的年轻教师，可以进行手写备课；工作5年以上、50周岁以下的教师可以在优秀备课资源上进行复备；50周岁以上的教师可以结合教学参考书，在教材上备课。无论采用哪种备课

形式，都是对备课的不断完善。

2. 倡导教师独立备课。教师上好课的前提条件就是必须提升独立备课的品质。教师独立备课时需要研究课程标准、教材等各种资源；研究学生，研究他人的教学方案；研究信息技术的适应性，研究教学方法的有效性，研究教学评价的恰当性，研究自身的心理特点和教学风格等。没有教师的独立备课，集体备课就没有价值。

3. 加强教师集体备课。集体备课是教师团队对教学的科学性、艺术性、创造性不断探索和追求的过程。集体备课时，教师既可以针对教学的各个环节进行研讨，也可以就教学资源的应用、信息技术与课程的融合、教学情境与教学方式的选择、作业的选择与评价、重难点的突破、个别化教学、课程评价等多个维度展开探讨。

4. 鼓励创新备课形式。倡导网络备课，利用网络电子备课平台，营造一个供教师备课、交流、反思和针对具体问题进行讨论的网络环境，提高区域教师交流的效率和质量，使集体备课进入信息时代。

（三）提升解读教材、撰写教案的备课能力

1. 借鉴先进的备课理念。教师备课要坚持立德树人、发展学生语文核心素养的理念；要学习借鉴先进的教学理念与改革经验，如项目学习、单元学习、任务学习、探究学习等新型学习方式；要注重预设的开放性和灵活性，不仅要预设各个教学环节可能发生的情况，还要根据学情设计弹性化的教学方案。

2. 厘定合理的教学目标。教学目标引导教师明确教学的方向，具有标准性和规定性。教学目标要体现语文课程标准的学段要求，要体现课文的文体特征，特别要把握单元的语文要素。教师在厘定教学目标时，要从识字写字、阅读方法、内容理解、语言表达等几个维度去确定，突出语文要素，关注阅读与表达。在厘定教学目标时，既要体现统一要求和标准，又要切合学生发展的实际情况。

3. 选择适当的教学内容。教材是教师教学和学生学习的依据，是教学内容的载体,是教师的教与学生的学之间的中介。教师备课时,要根据教学目标与课后练习的内容选择适当的教学内容,把握教学内容的整体结构,教学容量、难易度安排要科学有序,贴近学生发展的实际;要创设情境引导学生感知、辨析重点与难点知识,建立不同知识之间的有机联系,并将教学内容应用到实际生活中去。

4. 学习名师的备课经验。于永正老师的几条备课经验值得我们学习:第一条,理解字词句在课文中的意思,凡是遇到课文中把握不准读音的生字和新词,都要查字典弄明白;需要学生会写的生字词,一定先写一写,准确掌握每个字在书写规范上应注意什么,尤其是在哪儿起笔,在哪儿收笔。第二条,注重朗读课文,一般课文要朗读四五遍,尽量不出任何差错。第三条,正确领会作者遣词造句、谋篇布局的意图,以便能够在教学中更好地指导学生品词析句、咬文嚼字。第四条,理清文章的思路,力图通过抓住每篇课文的关键词语和句子,找到文章的线索,明确文章的主旨,实现与作者、与文本的"对话",并在此基础上对文本进行个性化解读。第五条,认真思考课后习题的要求并亲自做做。

5. 形成优化的教学过程。教师备课,要注意尊重学生个体差异,优选教学策略与方法,强化学生的研究意识、批判意识与反思意识;根据学习目标,将现实生活的真实问题引入课堂,树立问题意识,鼓励学生发现和提出问题;突出重点,关注难点,揭示教学内容的内在规律和本质特征;为学生留有足够的阅读、思考、质疑、讨论、练习和展示的机会。通过科学组织、学生参与、互动交流、动态生成、精致讲练等方式,有效展示知识的发生发展过程、思维的开展过程,促进学生核心素养的提升。教学流程要精心规划,教学指导要精准,课堂教学结构要精巧。在教学过程的设计中,避免一问一答的串讲式备课,倡导"板块化"备课,让学生经历体验、理解、内化、迁移的学习过程。

第二节　基于数据的学业监测与评价

让数据说话："多维度学习诊断"工具的开发与价值分析

黄　慧[①]

在教育教学评价活动中，我们已积累了丰富的数据资源，但对于数据的处理与应用，多数学校还流于表面，既简单又粗糙，甚而异化，更不能做到"让数据说话"。如何采取有效策略，正确还原并放大数据分析的教学指导功能，从而促进教与学的改进，是当前学校教育教学管理现代化亟待解决的问题。为了顺应评价改革大趋势，充分利用大数据，切实开展学习分析与诊断，从而指导和改善教与学的行为，温州实验中学于2010年开始"基于数据的多维度学习诊断"的研究，通过数据采集、数据建模、数据解释，开发多维度的学习诊断工具。本项目中的数据并非通常意义上的考试成绩、分数或问卷调查的数据，而是指根据测量学原理和统计学方法，将考试成绩、问卷调查数据根据需要转化为有分析价值的数据。"基于数据的多维度学习诊断"是指在学校的教育教学活动，如行政管理、班级管理、学科组建设、班集体建设，教师教学、学生学习、家庭教育以及教学变革中，借助数据，科学地、有针对性地对学校的教育教学活动进行诊断、分析，进而提出指导建议，改进教育教学，提高教育质量。

一、面向不同对象的六种直观可视化学情诊断报告单的开发及应用

数据分析具有很强的专业性，基于学校评价体系开展数据学习分析难度较大，很多地方都采用技术外包的方式来解决。但数据统计和解读专业性过强，各种阅卷公司提供的报告单成了教师读不懂也不想读的天书。经过研究，

[①] 黄慧，浙江省温州市实验中学副校长。

我们发现，在自主研发各种指标、策略的过程中，将数据分析和学校的教育教学各项工作有机地融合在一起，使管理、教研、课改和评价相辅相成，良性增长，有助于提升教育品质和成效。为此，我们根据不同的定位和功能筛选相应指标，在多维分析基础上，自主开发设计了六类报告单，通过数据挖掘、数据解释、数据建模，借助最通用简便的 Excel 技术，给出各种图形对数据进行形象的刻画，让数据说简单易懂的话，让一线教师在缺少教育测量与统计知识的情况下，能明白数据所揭示的现象，并形成基于校情的、有范式、能变通的学校层面的多维度学习诊断工具。

（一）行政学情报告单——学校管理：宏观把握，微观诊断

行政报告单通过动态分析折线图、增值评价图等，呈现班级、学科、个人成绩变化趋势，凸显数据异常点，帮助教师了解学科动态变化趋势。学校可以通过全科分析雷达图、班级动态雷达图、班级均值分析图和群体分布图等发现班级弱势与优势学科，把握班级发展趋势、离散程度，做班级发展状态分析。学校还可以通过跨年度段际学科难度值对比图、跨年度段际得分率人数对比图等，将绝对值评价和相对评价相结合，把握学校教学质量发展变化趋势，并根据实际情况锁定特殊群体，跟踪数据，对特殊群体进行重点关注分析。校行政管理借助这样的数据分析反馈既可以宏观审视学校教学工作的总体情况，有利于趋向性、系统性地制定校本化的教学方针，避免盲目管理；同时发现教学异常点，分析出教师之间的差异，去了解他们授课方法的不同之处，使教师之间能取长补短，并即时调整完善，发挥教师最大的能量，最终让学生得到最大的收益。

（二）学科学情报告单——备课行为：聚焦问题，分享智慧

通过成绩分布条形图、成绩对比盒式图、动态变化趋势图等，我们做出学科宏观分析和精细分析，使备课组通过总体态势分析，能直观呈现学科教学结果的基本情况和发展态势，达成对教学阶段性成效的客观共识。教师结合精细诊断，从具体的试题入手，追踪知识模块的达成情况，确定教学得失，

由低得分率题总结学科教学存在的漏洞。通过类比成绩、反思提炼，由高得分率的任课老师分享其成功经验（某个知识点的讲解处理，平时作业的指导落实等等），从而制定近阶段教学质量提升的具体策略。

（三）教师学情报告单——教学行为：巧借数据，精细教学

学科教师要合理地运用考试结果，需要通过考试数据的分析，获取原汁原味的学生考试信息，关注每个学生个体的动态变化。同时，通过班级群体教学质量分析，得到正确的评价意见，根据数据精细诊断联系教学、反馈教学、反思教学和检讨教学，从中发现教学的长处及软肋。构建基于学情提升学习能力的试卷讲评课课型，分为"整体性考情分析——激励鞭策""精细化归类分析——诊断归因""自主性纠错——收获提升"三大版块，弥补了传统试卷讲评课"题题分析、均衡用力；就题论题、不求拓展；师讲师评、参与不够"的缺陷。

（四）班级学情报告单——班级管理：科学管理，有的放矢

班主任协同任课教师，利用班级学情报告单，做班级学习成效发展趋势分析和个体学习分析，反馈班级管理的成效和对个体学情的把握。班主任通过学科均衡分析发现短板学科，通过各科各层次比例分析图了解不同学科学生群体分布情况，以及该学科不同层次水平学生的表现，针对性确定解决的对策。对全体学生就"症"分类，按互补原则，构建班级学生学习共同体，跟踪共同体成员成绩变化，跟进有效评价。借助数据召开"学情研究主题班会"提升学生自主数据分析解读的能力，关注数据对应的学习行为改进点。

（五）个体学情报告单——自主学习：自我诊断，改进行为

教师通过错题分析表、知识点达成雷达图、百分位增值评价等数据分析，精细诊断本次测验中存在的个性化问题，把握个体动态变化趋势，寻找弱势学科，引导学生从关注分数到关注分数背后的原因、行为。教师帮助学生通过分析明了哪些题错了再错，哪些知识点遗忘，哪些解题方法并未掌握，是哪些学习行为、方法、习惯产生这些变化，并使学生明白这些正是学习提高

的关键环节。借助不同题型的得分情况分析学生学习特点，师生合力找到学习的着力点以及适合的学习策略和方法，后续的补救性学习也能实现个性化策略应对。

（六）试卷质量报告单——命题能力：及时诊断，研究提高

召开专门的命题分析研讨会，运用实测数据做分析，借助实测数据进行跟踪，通过得分率对比分析表、错因分析归类统计表，通过难度对比值差异的原因分析及学生典型错误定性分析，挖掘试题内容和能力目标的科学度、表述的清晰度、难易安排的合理度等方面掌控命题的难度和把握命题的质量，促进命题能力的提高。

二、"多维度学习诊断"工具的价值分析

（一）学习评价从经验简单评定转向基于数据的深入分析

在学校的教育教学管理中，对各项测量评价的数据应用还习惯依赖传统经验，导致很多学校对测评数据的处理相当传统，既简单又粗糙，大量数据往往处于沉睡状态。这种数据分析的简单化处理，导致测试的评定功能被放大，而诊断、分析、反馈指导功能过于弱化。

在开发"多维度学习诊断"工具的过程中，开发者收集翔实的考试数据，并对考试数据做统计分析，整理出不同功能的学情报告单，重要的目的是要引起不同主体对数据背后隐含的教育信息的关注。通过结果分析反馈，校行政管理可以宏观审视学校教学工作的总体情况，有利于趋向性、系统性地制定校本化的教学方针，避免盲目管理。同时发现教学异常点，分析出教师之间的差异，进而根据差异，再去了解他们授课方法的不同之处，促进老师之间取长补短，并即时调整完善，发挥老师最大的能量，让学生得到最大的收益。备课组通过总体态势分析达成对教学阶段性成效的客观共识。结合精细诊断确定教学得失，由低得分率题总结学科教学存在的漏洞。通过类比成绩、反思提炼，由高得分率的任课老师分享成功经验（某个知识点的讲解处理，平时作业的指导落实等等），从而制定、形成近阶段教学质量提升的具体策

略。利用班级学情报告单,班主任协同任课教师,通过数据诊断,明确弱势学科,以及该学科不同层次水平学生的表现,共同商量解决的对策。对全体学生就"症"分类,按互补原则,构建班级学生学习共同体,跟踪共同体成员成绩变化,跟进有效评价。借助数据召开"学情研究主题班会"提升学生自主数据分析解读的能力,关注数据对应的学习行为改进点。

(二)学习评价从教师立场的群体综合分析转向学生立场的个体诊断

按照惯例,很多学校对数据的处理依据老套路,如分数排名、总分、平均分、及格率、优秀率等,更多的是一种从教师立场出发的群体综合分析,往往把一群学生当作一个学生教。其实学生的个体差异很大,需要站在每个个体学生立场进行数据分析,对学习个体进行精细化的分析诊断评价,以实现学生的个性化学习。

(三)学习评价从重视知识点达成的"扫描"转向对学生学习行为与学习品质的透视

有效学习发生的影响因素是多维的,而目前的数据分析往往着重于学生某一知识点的达成度,忽视了学生的学习行为以及影响要素之间的作用,缺乏对学习影响要素的分析和研究。

通过学情"诊断书"代替传统分数成绩单的实践运用,学生、家长和教师不再盯着每次纸笔测试分数的高低、排名,而是关注学情研究的具体薄弱点和行为的改进点,从关注昨天学习成效的评价,转向指向明天的学习发展策略。

"小昕在此次科学期中考中,做错的6道题目涉及的知识点分别是食盐的用途、化学反应中生成物的判断与设计、生成物和反应物的计算、测量和运用图像模型等。这些全部一目了然地列在学情报告单上,她在'失分原因'分析栏中,填写了原因,主要有审题不仔细、考虑不周、图表没看懂等,并分析了应该努力改进的几个方面。"

小昕的妈妈周女士在各科的学情报告单上签字,并陪着女儿一起订正错

误……学情报告单能够还原考试对教与学的指导功能,并在一定程度上缓解很多家长盯着分数看的状况,引导家长正视孩子遇到的具体问题。

——2013年12月2日《温州都市报》B3版《市实验中学用学情报告单帮学生解析优势与不足》

(四)学生从被动的学习者转型为自觉、自主、自立,能够监控和管理自我的独立学习者

我们得到越来越多的数据,但仍有一些东西在学校里并没有改变——我们对孩子的教育方式没有改变。用工业化的生产模式来教育孩子,这是荒谬的,因为每个孩子都是独特的,他们有自己的需求,有自己的期许、希望,深入开展学习分析研究,在数据挖掘、数据建模、数据解释中,发现数据背后的深层信息,并将所捕捉到的这些信息转化成为一个全新的视角,给每个学生提供个性化的教学内容、教学服务以及教学方式,真正促进学生学习及自我管理能力的提高,最终实现促进有效学习的目的。

学生自我分析1:

从我的全科雷达图(图1)中可以看出我的数学、思品、社会学科在前20%的同学中有一定优势,属于我的优势学科,这和我对这两个学科的喜欢程度是有关的,尤其是思品、社会学科。因为我一直对社会时事和法律感兴趣,学起来就特别轻松。而科学学科失分点基本都在记忆部分,不擅长记忆和背诵是我的学习上的短板。语文、英语学科也一直在拖我的后腿,原因主要也是我讨厌记忆背诵,对这两个学科的学习兴趣不浓,接下来我要从培养自己对语文和英语学习的兴趣入手,找到兴趣点,让自己能在这两科的学习效率中提升。我还要克服自己平时越擅长越投入时间的错误时间分配习惯,

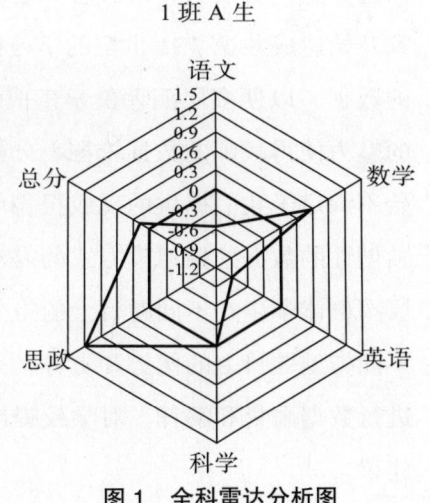

图1 全科雷达分析图

重点攻自己不擅长的学科。此外需要"偷师"几个文科学霸的记忆方法。

学生自我分析2（图2）：

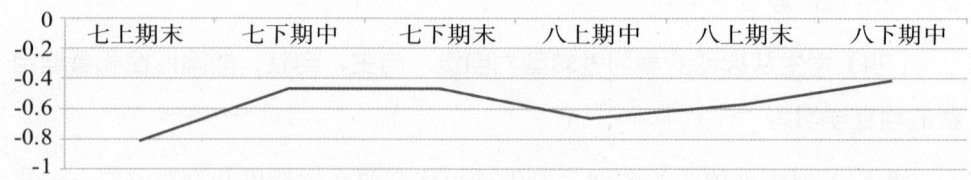

图2　学习动态变化图

从八上开始我努力让自己上课不偷吃东西，一开始真的很难受，我相信坚持下去一定能改掉这个毛病，果然改掉了！有那么一丝的成就感，而我的进步正是来源于这种成就感。渐渐地我喜欢去改掉各种坏习惯——下课不问问题、作业有时抄同学的，这些坏习惯都被我改掉了，现在上课还有跟同桌说话的现象，这个习惯我也会渐渐改掉。我相信克服了越多的困难，我的信心越会大增！

（五）教师从对数据抵触转向主动创造性地使用数据

数据评价具有揭示优点和缺点、失败和成功的能力，很多教师在一开始回避数据，对数据分析有着一定的抵触情绪。随着我们实证研究的推进，大家开始达成共识"21世纪的学习模式就是提倡利用技术收集学生学习过程中的数据，以便多层面评价学生成绩，为改善教和学提供有力的依据"。数据的魅力使得教师的数据挖掘、分析、解释等运用能力大为提升，渐渐地，开始不满足于我们提供的现成报告单，对我们的数据团队也开始提出各种具有独创性的数据挖掘建模方式的需求，比如九年级数学备课组提出要挖掘不同层次群体学生在不同题目上的得分差异比，据此数据分析出不同层次学生在不同类型题目上的优势和劣势。王利平老师自发对学校的自主学习课堂模式进行数据采集和解释，对学校提出"按学生学习特点分类走班"的课堂变革建议。

王利平老师的案例分析：

教学对象：七（2）班

执教老师：王利平

教学内容：数学 2.3《解二元一次方程组》两课时

第一课时 2013 学年第一学期第四周周四上午第 2 节

学习方式：学生自主学习和小组合作，教师个别指导。

结果：全班 47 位学生，其中 22 位学生基本没问题，14 位学生全然不会，11 位学生一知半解。第二课时 2013 学年第一学期第四周周五下午第 1 节

学习方式：在教师引导下的局部自主学习。结果：全班一半以上学生对解方程组的方法有了较全面的认识，基本没有问题，10 来位学生能掌握但仍有不足。数学、科学应按学生自主学习能力的差异实行分类走班。

近 6 年的探索中，我们将数据驱动教学改进的理念落实到日常的教学管理中，从校本实际问题需求出发，确定校本维度，借助最通用简便的 Excel 技术，建立学情分析系统，挖掘学业评价的数据价值；研发面向不同对象的六种直观可视化学情报告单；提炼六类学习诊断、分析指导的运用策略，为每类群体开展学习诊断与分析提供针对性的路径；构建基于诊断的多维度学习指导课程；形成基于校情的，有范式、能变通的学校层面的学习诊断和指导系统。

数据驱动基础教育质量监测评价

刘 丹[①]

怎样才能科学、公正地评价每一所学校的教育质量呢？什么是衡量学校好坏的标准呢？教育家布鲁姆说：衡量学校好坏的唯一标准是学生在原有基础上进步的幅度。20世纪80年代初期，美国率先提出用"增值评价"来评价学校。迄今，已有越来越多的国家用增值评价来评价学校教育的质量与效能。因此，基于学生发展相关的大数据来驱动教育教学改革，促进学生全面发展，提高教育质量，辽宁省在基础教育质量监测评价方面进行了积极探索。

一、基础教育质量监测与评价工作的基本情况

从辽宁省基础教育发展现状来看，全省义务教育学校标准化建设水平得到了空前的保障和提高，基础教育正在加快向内涵发展转变、向教育现代化迈进。仅从达到国家义务教育基本均衡发展县（市、区）这一指标来看，全省已有48个县（市、区）通过了国家相关认定，占全省县（市、区）总数的43.6%。预计到2017年10月，全省110个县（市、区）将通过此项验收。由此可见，辽宁省各级政府对基础教育的投入是巨大的。与此同时，政府也需要通过质量监控对教育的产出和效能进行保障，而仅仅依靠分数高低来考评不同学校的办学效能显然是不公平且不科学的。怎么评价合适呢？这就对教育质量监测与评价工作提出了新的要求和挑战。再者，采用过程性评价与结果性评价相结合是实施教育评价改革的重要环节，如何发挥教育质量监测在过程性评价中的重要作用，如何将其与学业水平考试和中、高考有机结合起来，更好地为各级政府和教育行政部门提供决策依据，为各类学校教育质量的全面提升提供准确参考？这些都是我们在开展教育监测与评价工作时必须

[①] 刘丹，辽宁省教育厅义务教育处副调研员。

解决和实现的。为此，我们做了大量的前期调研和研究。经过几轮论证和考察，我们选择了从监测学生的进步程度和学校的努力程度开始，开启了全省教育质量监测与评价工作。

二、基础教育质量监测与评价工具

增值评价是我省基础教育质量监测与评价所采用的工具，它是发展性评价的一种方式，它面向全体学生，关注每一个学生在原有基础上进步的程度和学校的努力程度，并以此公正科学地评价学校。30多年来，国际上已广泛应用它来评价学校和教师。我省质量监测评价除学科测试外，还有相关因素问卷调查。如：测试初中选择了14个方面（高中15个方面）作为与学习进步的相关因素做了问卷调查。包括学生自身因素：学生个人基本情况、学生学习压力情况、学生学习适应情况、学生学习策略情况、学生学习动机情况、学生学习效能感情况、学生问题解决能力情况、学生心理健康情况、学生品德行为情况、学生职业兴趣（高中）。外在环境因素（家庭环境、学校环境、社会环境）：学生家庭情况、学生师生关系情况、学生同伴关系情况、学生学校环境情况、学生课业负担情况。该评价分两次呈现参与地区和学校的报告，第一次为"起点报告"，第二次为"增值报告"。学校的起点报告包括：基线测试结果分析（学校的起点情况及学生一般能力的准备情况）、学生背景问卷分析和学业成绩相关因素分析（选择了16个方面作为与学习进步的相关因素做了调查）；地区的起点报告包括：基线测试结果分析、学生背景问卷分析和学业成绩相关因素分析、教师背景问卷分析和校长背景问卷分析。增值报告包括：各地区和各学校学生学习的增值情况及对增值情况的分析，帮助学校随时分析教育效能情况，检验干预性政策是否有效。

增值评价服务周期为三年，具体过程为：第一学年上学期开展基线测试，出具省、市、县（市、区）和学校起点报告；第二学年下学期进行跟踪问卷调查；中（高）考结束后，将学生中（高）考成绩与基线测试结果进行对比分析，出具市、县（市、区）和学校增值报告。增值评价的作用主要体现在两个方面：一是通过起点报告，较为全面地分析学生学习准备情况，为学校教学计划和教育教学内容的安排、调整提供参考；二是通过增值报告，较为准确地界定和描述学生 3 年学习所取得的进步程度和学校在教育教学方面的努力程度，为教育行政部门合理、公平地考核评价不同层次学校的教育质量和改进学校教育教学提供依据。

三、基础教育质量监测与评价结果的应用价值

1. 为教育决策提供客观依据

科学的教育决策应当基于大数据研究之上，某项教育措施和改革是否可行，某种教育方法是否有效等评价无不需要通过客观数据为其提供最及时、可靠而直接的反馈信息，以便随时修正教育决策研究的方向和策略。目前我省各级教育行政、教育督导、教育教研和基础教育质量监测评价部门在改进评价方式方法、开展定量评价、用测试数据驱动改革提升教育质量等方面进行了大胆尝试和积极探索。

2. 为教学规划助力护航

增值评价中的基线测试和增值评价解决了出口和入口的关系、不同学科之间的横向比较、不同层次班级的横向比较、对学生个体的关注度以及学校、班级、学科自身的纵向比较问题。教师在课堂教学中需要对学情进行分析，增加针对性，增值评价潜在的诊断功能为其分层次选择适宜的教学策略提供了数字依据。同时，增值评价激发了教师的创造力，推进了教师专业化成长。我省相关学校在基于数据注重考查学生的进步程度和学校的努力程度，以评价促教、以评价促学，促进学校、教师和每一名学生全面发展的探索与实践中迈出了坚实的步伐。

3. 为管理者与教师促成有效对话

有效的评价为有效的对话提供了更便捷的通道。评价后的反应和效果往往很难让评价者完全掌握和掌控，加之时间的因素，既要保证评价的新鲜度，又要处理大量的数据，保证无误，就难免会出现令评价者感到意外的情况和反应。如果我们的评价工具不科学，带来的评价结果不公正，或不具说服力，评价者与被评价者的对话就不会是有效对话，这对双方的工作都会造成不同

程度的被动。只有当教师正视现实，接受事实，与管理者形成共识的时候，才能更快地越过分数，进入到教学改进策略的研讨中。

四、深入推进监测工作的主要思路

深入开展教育质量监测评价，全面助力教育事业发展，推进监测规范化、自主化、信息化和开展标准规范、全面多元、发展开放的教育评价是我省基础教育质量监测工作的主要目标。为此，我们正在积极研究探索，着力推进"三大突破"。

一是研制义务教育学业质量评价标准。我们已从全省优秀教研员、学科带头人、骨干教师中遴选140余人组成专业研发队伍，组织申报并已获批立项省级教育科学规划课题，确定学科评价标准编制框架，正在抓紧研制具有国际视野，与国家课程标准相适应、相补充，符合我省实际的义务教育学业质量评价标准。

二是研发义务教育质量监测工具。从全省具有丰富考试命题经验的人员中遴选100余人组建专业工具研发队伍，开展教育质量监测命题技术专题培训，积极研发具有我省特色的义务教育质量监测工具。

三是推进教育质量监测信息化。积极借助现代信息技术，启动基础教育大数据挖掘、展现和应用管理研究，建设基础教育质量监测数据分析系统，基于数据服务决策管理和教育教学改革。

与数据深度对话 依数据科学管理
——四川省成都市锦江区教育质量监测体系建设之路

蒋晓明[①]　陈　瑾[②]　邓小兵[③]

四川省成都市锦江区近年来致力于推进教育现代化、均衡化、国际化和信息化工作，基本建立起"规模适度、结构合理、发展均衡、内涵丰富、特色鲜明、品质优良"的现代教育公共服务体系。为了进一步提升教育质量，精准把握教育质量的内涵、状况和影响因素及其机制，我们尝试建立了包括课堂监测、飞行监测、综合监测等手段的一整套监测制度和报告制度，期望能够形成符合区域实际需要的、科学的学生素养发展水平评价标准，并建立相应的质量改进体系，促进区域、学校、教师基于测评结果实现自主反思、自主发展，提升区域教育决策、学校教育教学管理、教师专业发展水平，最终促进学生全面发展和区域教育质量的全面提升。基于此，从2012年起，在锦江区教育局的统筹安排下，锦江区教师进修学校在全区开展教育质量监测工作。

一、教育质量监测工作目标定位

（一）发展全面质量

锦江追求的全面质量是指全面关照学生的生命性质量（包含学生身体素质与运动素养、心理健康以及人际关系、亲社会行为等）、发展性质量（包含学生的个性特长、实践能力、创新能力等）以及学业性质量（包含学习成绩、学习品质等）。我们希望通过实施科学的监测与评价，通过以下途径实现锦江

[①] 蒋晓明，四川省成都市锦江区教师进修学校校长。
[②] 陈瑾，四川省成都市锦江区教师进修学校副校长。
[③] 邓小兵，四川省成都市锦江区教师进修学校教研员。

的全面质量追求。

把握区域教育总体状况，基于数据科学决策与管理，找到区域科学发展的着力点与生长点，实现区域教育改革和发展的战略目标；推动区域、学校、教师建立起关注学生发展、促进反思改进的评价文化，树立全面发展的质量观；帮助学校了解师资队伍和学生发展概况，反思学校建设和教育教学管理工作效果，制定切实可行的教育教学改革思路策略，促进质量提升；帮助教师了解学生学业、非学业的发展状况及影响学生发展一些重要因素的具体状况；了解自身发展现状，及时调整自身教育教学工作，通过积极的自我反思改进实现专业发展。

（二）培养监测队伍

为了培养和建立锦江区自有的教育质量监测团队，在2012—2014年，我们采取"帮—扶—放"的推进模式，即通过教育质量监测项目组北京师范大学脑与认知科学研究院心理与学习评价中心专家团队的"示范、指导、提炼"，锦江区"学习、模仿、创新"的运行方式；2015—2016年，锦江区自主开展监测工作。最终，锦江区形成具有自身特色的评价监测体系，建设了一支监测队伍，区域具有了自主开展监测工作的机制和能力。

（三）提供决策依据

准确把握区域教育均衡化、现代化、国际化、信息化的发展现状，为区委区政府、教育行政部门加强教育宏观管理、诊断教育问题，基于数据科学决策提供依据，找到区域教育改革发展的着力点与生长点。

二、教育质量监测工作成果

（一）初步形成个性化的区域教育质量评价监测体系

我们建设和完善了"价值理念先进、指标特色鲜明、部门协同有力、运作流程高效、价值应用充分"的锦江教育质量评价监测体系（图1），由"价值理念体系、指标标准体系、组织管理体系、实施规范体系和结果应用体系"五大子体系组成。

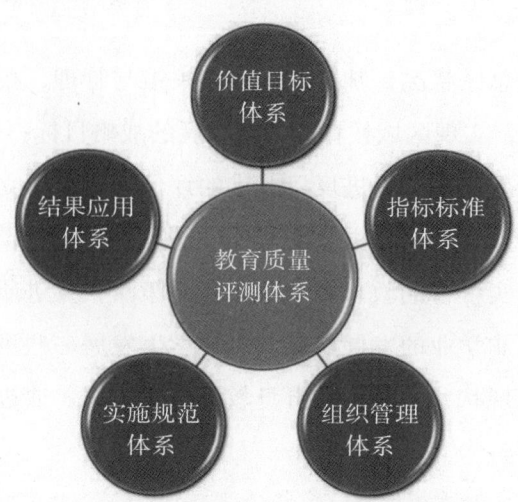

图 1 锦江区教育质量评价监测体系构成图解

价值理念体系体现评价和监测工作的理念和方向；指标标准体系构成评价和监测工作的核心内容；组织管理体系保障评价和监测工作的有序分工和高效协同；实施规范体系使评估和监测的具体操作能够严格按照科学流程和规范要求进行；结果应用体系则是评价和监测结果的全方位、多层面应用，是评价和监测价值目标实现的关键。

（二）实施符合区域实际的教育质量监测

教育质量的内涵是多方位、全过程、多层次的。在内容上，既包括学业，也包括学习的态度和运用知识的能力，以及适当的价值观和生活方式；在过程上，既包括课程标准，也包括教学及其结果；在评估层次上，涵盖了微观、中观和宏观，从评估学生、教师到学校管理、地方教育行政政策等。教育质量监测工作实施几年来，为了准确了解区域教育的现状和需求，对监测年级样本始终全覆盖。

1. 监测样本（表1）

2. 监测指标：学业发展水平及相关因素（表2）

3. 监测报告：关注全面，分层报告（表3）

4. 监测数据：形式多样，相互印证

表1　锦江区教育质量监测基础数据

2012	2013	2014	2015	2016
示范开展年度监测	协和开展年度监测	自主开展年度监测	独立开展年度监测	独立开展年度监测
根据区域需求与现状,北师大选择和确定监测内容与工具	基于上年监测结果,与北师大共同研讨,对监测内容与工具进行微调	区域根据已经建立的教育质量监测指标体系决定监测内容,与北师大共同准备工具	区域根据已经确立的教育质量监测指标体系决定监测内容,区域自主开发工具	重新建构监测实施体系;新增三类监测指标和内容;全面改革"家校合作"工具;创新报告反馈形式
参评年级:4、5、6、7、8年级 参评学校:47所 参评学生:2.07万人 参评教师:1322人 参评家长:2.05万人	参评年级:4、5、6、7、8年级 参评学校:45所 参评学生:2.06万人 参评教师:2308人 参评家长:2.02万人	参评年级:4、5、6、7、8年级 参评学校:48所 参评学生:2.15万人 参评教师:1470人 参评家长:2.14万人	参评年级:4、5、6、7、8年级 参评学校:45所 参评学生:2.14万人 参评教师:1449人 参评家长:2.14万人	参评年级:4、5、7年级 参评学校:42所 参评学生:1.4万人 参评教师:3073人 参评家长:9000人

表2　锦江区教育质量监测一级指标比照

2012年		2013年		2014年		2015年		2016年	
评价方式	测评内容	评价方式	测评内容	评价方式	测评内容	评价方式	测评内容	评价方式	测评内容
学生自评	学业成就-语文 学业成就-数学 体质健康 社会性发生(含心理健康,思想品格)	学生自评	学业成就-语文 学业成就-数学 学业相关影响因素(含学业负担) 体质健康 社会性发展(含心理健康,思想品德)	学生自评	学业成就-语文 学业成就-数学 学业影响因素(加学生耐挫力等) 体质健康 情绪与行为(加同伴交往)	学生自评	学业成就-语文 学业成就-数学 学业影响因素(加作业效能等) 体质健康 情绪与行为	学生自评	学业成就-语文 学业成就-数学 学业成就-英语 学业影响因素 体质健康 情绪与行为
教师自评	心理健康-工作压力 心理健康-职业倦怠	教师自评	教师上课情况	教师自评	教师上课情况	教师自评	教师上课情况	教师自评	教师上课情况 教师发展状况 学校管理状况
师生互评	师生关系	师生互评	师生关系	师生互评	师生关系	师生互评	师生关系	师生互评	学校管理状况
家长评	家庭背景	家长评	家庭背景	家长评	家校合作(家庭背景)	家长评	家校合作(家庭背景)	家长评	家校关系

表3　锦江区五年教育质量监测报告比照

2012	2013	2014	2015	2016
北师大撰写区域报告	北师大撰写区域报告	区域自主撰写报告	区域自主撰写报告	区域自主撰写报告
区域报告6套 学校报告593份 教师报告3383份 班级报告2335份	区域报告5套 学校报告495份 教师报告859份 班级报告2314份	区域手写报告14套 学校报告490份 教师报告929份 班级报告2385份 学生个体报告4006份	区域手写报告14套 学校报告数据801份 学生个体报告21401份	区域报告手写报告16套 学生个体报告13884份 学校管理状况报告42份 学校教师发展状况报告42份 学校教育质量状况报告42份 五年学业质量发展状况报告30份

全区质量监测角度多元立体,有区域政策与管理、学校师资状况,也有课程教学状况、学校管理状况等。监测数据更多体现学生的全面发展状况而非局限于学业状况,关注学生发展的相关影响因素有家庭、学校、社会等。同时,部分数据还对学校教育环境、课程与教学、学生发展状况进行关联性分析。评价结果注重多重比较,既可以对自身状况进行描述,也能进行区域间、群体间以及和相关规定比较。

5. 监测结果：锦江教育质量稳步提升（图2）

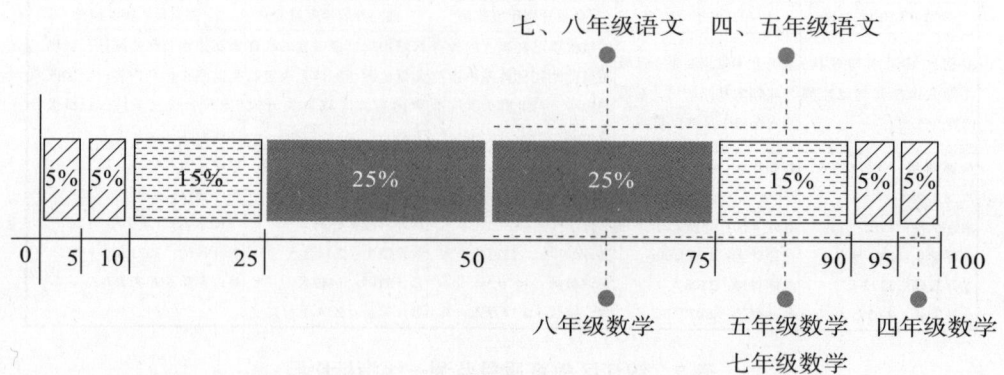

图2　2013年与2014年锦江区各年级学业成绩与全国常模对比

全区学生学业水平高于全国一类地区常模，2014年学业质量监测结果优于前两年，除2015年八年级语文和2016年七年级语文平均分略低于预期外，其余各年级语文和数学学业成绩均符合工具开发时的预期；学生对课程满意度较高，学生积极情绪逐年提高，消极情绪改善明显；师生关系逐年向好，学生评价上升趋势明显；家校合作形式呈多样化发展趋势。

（三）开发了科学、普适的教育质量监测工具（图3）

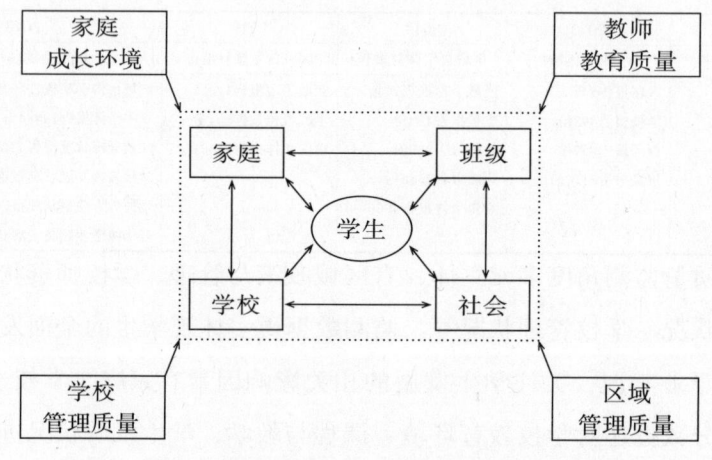

图3　锦江区教育质量评价监测工具指标体系框架图

科学的监测工具是教育质量监测科学性的前提和基础。根据锦江区教育质量监测工作规划，2014年起，学业监测工具由锦江区监测团队自主开发、自行决策。2014年的学业监测在采用锦江区教育质量评测团队自主研发的测查工具的同时，为保证信度、效度也吸收了北京师范大学脑与认知科学研究院心理与学习评价中心的部分工具。2015、2016和2017年我区监测团队自主研发了初中及小学的语文、数学、英语学业监测工具和家校合作、教师发展、学校管理、教与学效益等非学业工具，共计29套。

（四）培育了区域自有的教育质量监测队伍

在教育质量监测工作实施的过程中，通过高级研修班、跟岗实践与研修、监测与培训结合、边监测边应用等方式为我区相关管理干部、具体实施监测工作的骨干人员提供了监测的理论、测评工具编制与选择、测评取样设计、测评实施、测评数据分析、测评结果解读等多方面的培训与指导，提升了我区评价监测人员的能力，建立和完善了我区自有监测队伍。通过培训，我区工具命制人员已基本掌握监测工具命制技术，能够自主命制开发区域评价监测工具；监测实施人员基本能操作测评平台、规范实施监测流程；报告撰写团队完成的报告能达到较高水平。2014、2015、2016年教育质量评价监测从工具编制、监测实施、数据处理到报告撰写均由我区监测团队在专家指导下自主完成。

（五）推进了立体化的改进策略

监测结果的改进工作在整个教育质量监测体系中占有最重要的地位（图4）。我们始终坚持一个理念：没有改进，就不需要监测；没有监测，改进的方向模糊。几年来，监测结果的改进工作，促进了教育行政部门间协同作战、系统建构，有利于各部门对区域状况深度了解、政策调整，更好地为锦江教育服务；促进了教研部门和学校明确教育教学研究主要问题导向，提升区域研究人员能力；促进了学校、教师从数据和实证等多角度分析学校的问题，针对性制定改进策略，提升学校教育教学品质。

基于核心素养、着眼未来的学习

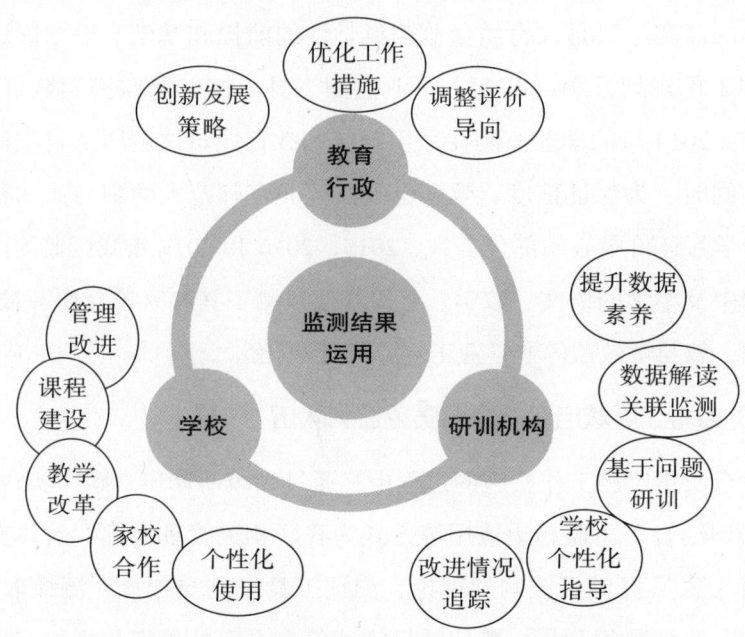

图 4　锦江区教育质量评价监测结果应用图示

1. 为政策的调整提供了依据

推进了教育局督导项目调整。教育局不考核监测结果，但是将监测结果的改进状况纳入到督导评估中。由教育督导室牵头，教育局领导、业务科室、教师进修校共同参与，采取阶段监测与过程记载、定性与定量结合的方式进行改进状况的考核。

推进了部分政策及发展策略调整：先后出台《成都市锦江区教育局关于进一步加强中小学德育工作的实施意见》《成都市锦江区教育局关于中小学班主任队伍建设的实施意见》《成都市锦江区教育局关于进一步加强全区学校体育工作的实施意见》《成都市锦江区教育局关于进一步加强学校艺术教育工作的实施意见》等文件。

2. 为机制的变革提供了支持

以建立教育质量监测体系为基础，立足本区特点，更有科学性和针对性地从政策决策、组织管理、队伍建设、教育教学、特色发展等各个方面进行改革和创新，寻找区域"再发展"的适合道路。通过对教育产出与效益的评估、调整和持续优化教育投入决策的动态机制；转变传统教育管理部门职能，打破传统封闭的行政管理及割裂的教研指导和教育督导工作机制，形成管学、办学、助学、评学分离的有效服务模式；协同整合区域教育系统内的人员、经费、设备、信息系统，发挥更佳的教育资源配置功能。

3. 推进了教科研部门的联动

监测结果及监测数据的分析为区域及各学校提供了课程建设的依据，找准了课题研究的目标，明确了课堂改革的方向；监测数据将课程建设、课题研究、课堂教学从目标到内容有机地整合在一起，推进了教科研部门的联动。我区教科研部门在深度分析监测数据的基础上，进一步优化完善了"三课一体"的改进方案，以课程建设统整学校教育工作，以课题引领学校发展、教师发展，以课堂教学为改革的核心，构建区域教师教育体系和教学质量改进体系。

4. 促进了学校、教师的自主发展

从学校层面来看，各校成立监测改进领导小组，积极借助数据为教育教学工作把脉，从教师个体、年段组、大教研组、学校层面自下而上开展活动分析。

从教师层面来看，通过各校组织的反思改进活动，教师个人的数据意识明显增强，主动结合数据深入思考、剖析问题；针对问题积极探索，共商对策，找准改进措施并付诸行动；注重持续跟进，及时总结、整理改进成果，形成文案。

我们期待怎样的教育评价

——以数据驱动教育变革的郑州实践

姬文广[1]

一、我们期待怎样的教育评价观

教育的本义，是培养"全面发展的人"，是使每一个生命生长为更好的自己。但是，受历史阶段的制约，长期以来，我们的教学以追求考试分数和升学率为导向，偏离了教育的本义。考试内容过于注重书本知识的搬运，考试结果用于排名、区分和选拔，把学校、教师和学校绑架在"分数"的战车上，形成了"知识本位、常模参照、甄别选拔"的功利主义取向的教育评价观。这样往往压抑了学生发自内心的求知欲和积极主动的学习愿景，学生的社会责任感、创新精神和实践能力得不到有效培养，缺乏可持续发展能力。

如何让学生伴随着知识的增长，保持终身学习的兴趣和愿望，不断增进学习的自信和效能感，培养批判性思维和社会责任感，同时，学生所付出的各种代价（时间、睡眠、作业、压力等）能够控制在身体发育和心理成长可接受的范围？如何让学校的教育教学，从知识立意转向能力立意，从以人为竞争对手的常模排名转向以认知能力为坐标的标准参照，从"对学习的评价"转向"为学习的评价"？我们尝试建立一种"能力导向、标准参照、诊断改进"的现代教育评价观——教育评价不是为了"证明"，而是为了"改进"；不是指向过去，而是指向未来；教育评价，不是教与学的催命判官，而是教与学的指南针、教与学的方法论；教育评价，不是独立于教育教学之外，而是教育教学本身的组成部分。这，正是我们期待的教育评价观。

---

[1] 姬文广，河南省郑州市教研室主任。

二、探索中的郑州教育质量评价

（一）教育质量评价指标体系的初步建构

目前，在郑州市基础教育质量综合评价的框架下，我们以学业质量评价改革为突破口，协同专业研究机构，初步建立起郑州基础教育质量评价指标体系。

在义务教育阶段学生发展指标体系（图1）中，不再唯学业成绩，而是指向人的全面发展，包括品德行为、学业成绩、高层次能力、学习兴趣、艺术兴趣、体育兴趣、学习压力、睡眠、作业、补课、自尊、主观幸福感等。

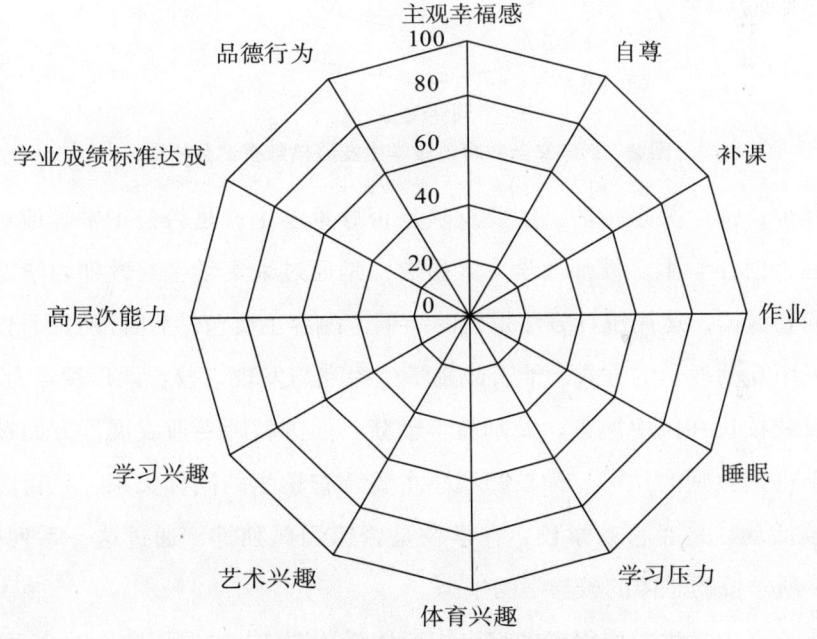

图1 义务教育阶段学生发展指数雷达图

影响义务教育阶段学生发展指标体系（图2）中，指向为了学生发展的相关因素，包括学习自信心、学习策略、学习动机、学业均衡、教师方式、校长课程领导力、师生关系、同伴关系、亲子关系、家长参与、学生教育满意度、教师教育满意度、家长教育满意度、学校归属感等。

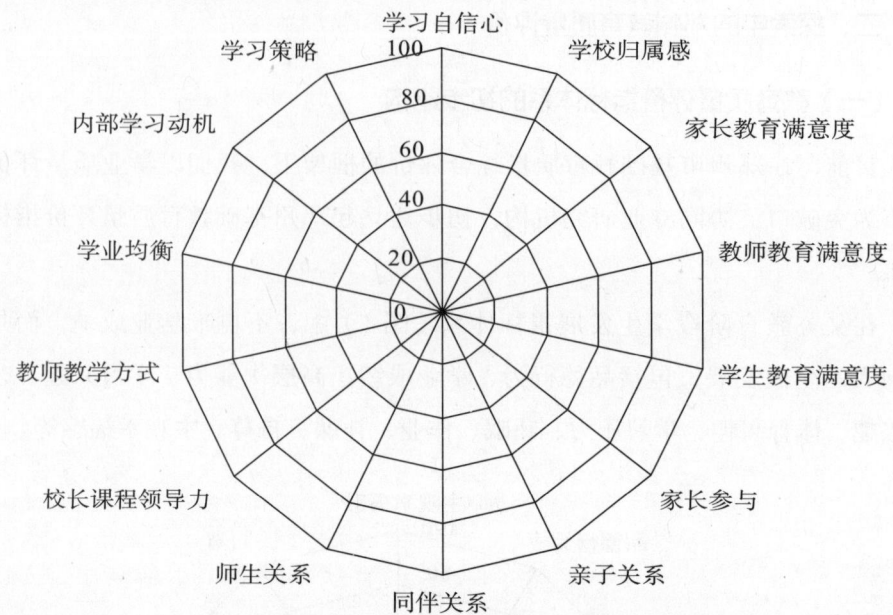

图 2　影响义务教育阶段学生发展指数雷达分析图

其中，师生关系指数，主要反映是否尊重学生、是否公正平等地对待学生、是否信任学生。教师教学方式指数，是通过采集学生对教师教学方式评价的问卷数据、运用统计方法得到的结果，内容主要包括教师能否因材施教、能否采用互动教学的方式、能否鼓励学生探究与发现。校长课程领导力指数，主要反映校长在民主决策、鼓励教学创新、促进教师专业发展等方面在多大程度上得到教师的认可。学校归属感主要调查学生的同伴关系、是否愿意参加学校活动、是否喜欢学校、在学校是否感到孤独等，通过这一系列指标，刻画一所学校的总体的教与学的生态。

影响高中学生发展因素的综合指标体系（图3）中，指向人的全面发展，指向影响人的全面发展的因素，主要包括基本能力、学习压力、学习适应、学习策略、学习动机、学习效能感、问题解决、心理健康、师生关系、同伴关系、学校环境、品德行为、亲社会性、智能特征、认真自控、外倾性、情绪稳定性等。

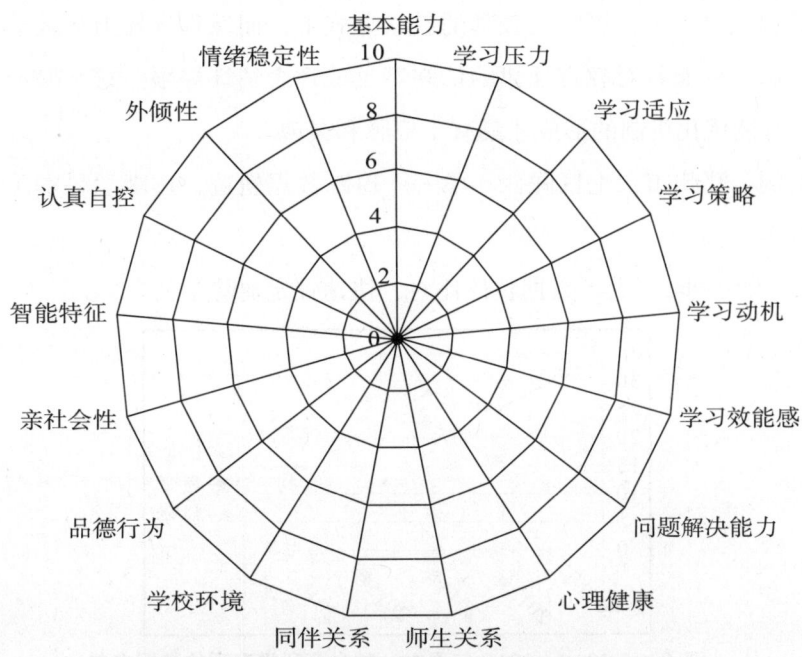

图3 影响高中学生发展因素指标体系雷达分析图

各项指标体系的建立,都和"教与学"具有某种程度上的相关性。各要素经过监测形成了数据,从而让指标体系的建立开始具有真正的生命力,数据帮助我们:从"对学习的评价"走向"为学习的评价",从"证明(指向过去)"走向"改进(指向未来)",从"甄别选拔"走向"诊断改进",从"经验主义"走向"数据实证"。

(二)"为学习的评价"的实践探索

1. 数据驱动教学改进,形成持续优化机制

数据驱动教学改进的路径是比对数据—显现问题(现象)—揭示问题(本质)—研究论证—实践改善—监测评价。

在数据与数据、数据与常模的比对中,发现本质问题。比如,发现学生在某一内容模块或某一题目类型上出问题,虽是通常现象,但本质往往可能是教与学没有上升到学科思想方法的层面上来,或者教与学的过程不符合某一认知规律。比如,在学校管理上,学生某些发展指数不理想,根子可能在

校长课程领导力上，可能在教师的教学方式上，而课程领导力和教学方式的症结背后，可能是对教育规律的认知不足或理念情怀局限。只有揭示了本质问题，持续优化机制的形成才具有了根脉和灵魂。

案例：郑州市二七区陇西小学——追踪数据轨迹，透晰学科本质，改进改善教学。

（1）第一步，"大"数据整体比对，快速锁定弱势学科

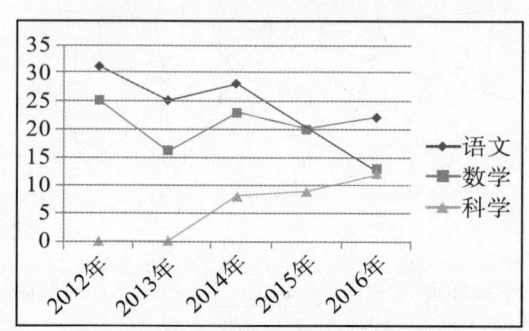

图 4-1　2012—2016 年语文、数学及科学表现的数据走向

读学校报告。从数据走向看，科学学科表现逐年攀升，势态良好；语文和数学学科起点较高，但起伏中已开始走低，与其他学校间的学科优势正在逐渐缩小。数学学科的表现始终低于语文，更在 2016 年跌至近五年最低，学科面临挑战。由此，将数学锁定为学校重点改进学科。

（2）第二步，"小"数据二次解读，逐层聚焦主要问题

读学科报告。我们对这些数据进行了二次关联、分类、统计和分析，将问题逐层剖析、不断聚焦。

其一，从能力维度分层比对——发现问题。

按照课程标准，数学学科内容领域在监测项目中分为"了解""理解""应用"。

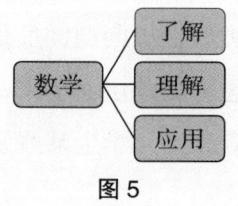

图 5

将这三个能力维度数据抽取出来进行了横向比对。

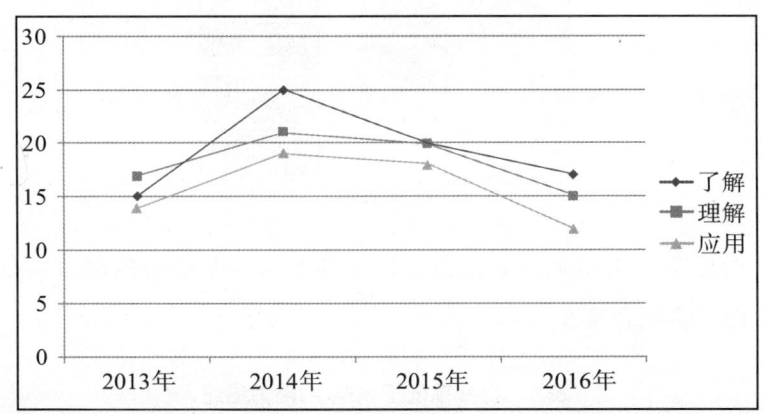

图 4-2 数学学科在"了解""理解""应用"三个维度数据的横向对比

汇总发现,在三个维度中,应用维度表现始终低于其他两个维度。

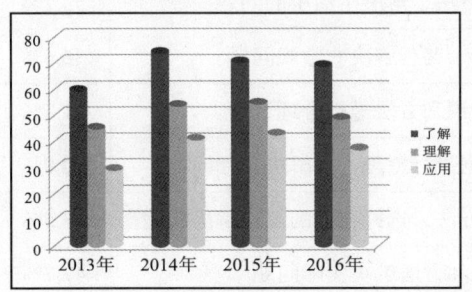 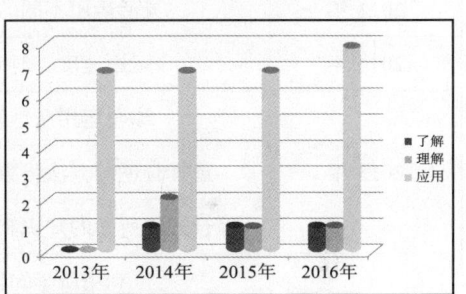

图 4-3 数学学科"了解""理解""应用"维度在 A、B、C 水平上学生的比例分布

再看三个维度 A、C 水平学生的比例分布,浅灰色为近几年学生在应用维度的表现。A 水平中,应用维度学生比例最低,在此维度处于 C 水平的人数比例又远远超出了"了解"与"理解"两个维度。可见,"应用"维度是数学学科中亟待挖潜和提升的薄弱项目。此维度的学业水平,直接影响学校数学学科的整体质量。

其二,从具体指标查找共性——聚焦问题。

"应用"维度包含了"提出问题""解决问题""推理""反思"四个指标。

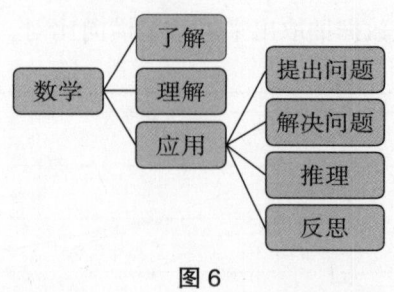

图 6

哪些指标需要重点关注？汇总 5 年来涉及这四个指标的题目得分率，通过查找共性，将问题聚焦。

表 1　得分率低于 60% 的能力描述

年份	能力描述	得分率
2012 年	灵活解决实际问题	58.2%
2013 年	灵活运用不同的方法，解决生活中的问题	59.1%
2014 年	运用速度、时间、路程解决非常规问题	36.6%
2015 年	综合运用所学知识和方法进行合理设计	41.7%
	选择合适的方法将数据进行整理，并解决实际问题	50.9%
	综合运用所学的知识和方法，选择合适的策略解决问题	58.5%
2016 年	利用所学知识和方法解决实际问题	47.7%
	根据信息和已经解决完的问题，提出新的数学问题	50.2%

这些能力描述无一例外地都指向一个指标——"解决问题"。这说明"解决生活中实际问题"是学生在"应用"维度中最大的不足，制约着学科发展。

（3）第三步，反思数据结论，深入剖析问题本质

数学学科中，学生解决问题的过程往往是综合运用知识技能的过程。所以，看似是解决问题能力的短板，本质上是学生综合运用能力的缺失。因此，我们更加关注了学生的综合运用能力的培养。

（4）第四步，追踪数据细节，有效寻求突破路径

在解决数学学科问题指标下的典型题目中，我们对作答情况的数据进行了分析。通过对典型题目错误类型的分析，我们发现，学生在解决问题方面

的不足分为两类：一是完全不理解，找不到解决的办法；二是不会描述、表达解决问题的过程。不会描述、表达的学生比例均高出完全不会的学生比例。答案就在问题中，由此，我们也寻找到了突破点。

对解决问题过程的解释与描述，是综合运用知识与技能对复杂数量关系进行表述的训练途径，是对问题解决过程的梳理、反思与验证，训练学生对解决问题过程的描述与表达，就是在培养学生的综合运用能力。

于是，学校以综合运用能力提升为主线开展数学学科校本研修活动，针对"解决问题过程的描述与表达"，明确课中、课后借助文字、符号、几何等直观形式综合解释的具体方法，通过语言表达、书面表达、交流评价等多种方式进行，不断探索综合运用能力提升的有效途径。

（5）第五步，排查关联数据，多维共促问题改善

学业质量的改善，除了受学科本身影响，与影响学业发展的众多因素也密不可分。我们梳理了5年内师生关系、学习兴趣/动机、教学方式三项指标的数据轨迹，希望通过多维度的共同发力，协同改善学生高阶思维能力。

图4-4中的数据显示了师生关系项良好且稳定，学习兴趣/动机项虽有波动，但数值相对较高，教学方式项的数据轨迹显示起伏大，且不稳定，数值也相对最低。这说明数学本身就是一门注重实践、操作的学科，很多内容需要在"亲身经历"中体验并自主建构。如果能改善数学课堂的教学方式，一定会极大地促进学科质量与学生核心素养的提升。

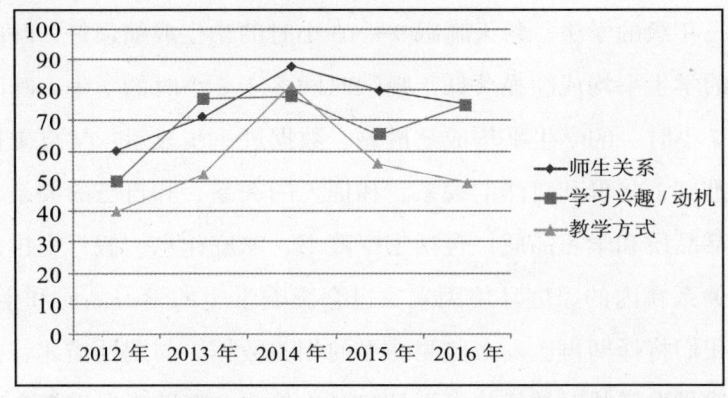

图4-4　5年间师生关系、学习兴趣/动机、教学方式数据轨迹图

学校在每学期举办一届的"舒展"课堂观摩研讨活动中,优化课堂形态流程,突出学生自主学习;改进课堂评价量表,引导老师从学生高阶思维与核心素养的角度反思教学行为、转变学习方式。

2. 数据发现典型案例,形成寻根问道机制

形成寻根问道机制的路径是,比对数据—发现典型—实地调研—呈现路径—揭示规律—培育发展。

增值学校的指数表现是相似的,但通向增值的路径各有各的不同。通过数据的比对和实地调研,我们把典型案例发现出来,将有效经验提炼出来,把不同路径呈现出来,把教育规律揭示出来,把隐形的模型建构出来,从而引发更多的学校、学科去进行自我觉察,去探索适合自己的路径。

3. 数据引导社会舆论,形成环境优化机制

形成环境优化机制的路径是比对数据—发现相关—慎重研判—发布数据—家校共育—引导舆论。

在学校课程建设的顶层设计中,除了包括学生成长课程体系和教师发展课程体系之外,家长成长课程体系也应当是必不可少的。每一所学校本身同时也是一所家长学校,每一次家长会,同时也是一次与孩子一起成长的具有仪式感的事件。

在区域层面,郑州市首次面向社会发布了健康指数和监测结果的相关数据。其中,统计数据显示,睡眠时间的减少不一定会带来学业成绩的提高,对于小学三年级的学生,每天睡眠9—10小时的学生成绩最好,睡眠时间少于8小时的学生平均成绩显著低于睡眠时间多于8小时的学生,睡眠时间不足(少于7小时)的学生平均成绩最差。数据进一步显示:父母秉持的价值观和行为准则,父母和自然的关系、和他人的关系、和自己的关系,会影响学生的生活品质和学习品质;包括家庭藏书、家庭作息、假日安排、电视时间、亲子关系在内的家庭环境因素,也会影响学生的学习品质和生活品质。接下来,我们将择期再次发布监测结果的相关数据。周期性描述、分析中小学生教育质量发展状况的优势、不足和变化趋势,有助于促进教育质量信息

的数字化与可视化，推动教育本质与教育规律的科学传播，调动广大民众理性参与教育过程，促进公众理解教育，普及现代教育思想和价值理念，引导全社会树立科学的教育质量观和积极的舆论导向。

简言之，指标体系的建构和监测评价的实践，帮助我们在改进与转型的道路上明确了一些方向和路径：

1. 转变教育管理模式：综合评价—问题认定—原因分析—决策改进—行动落实。

2. 转变教学研究方式：问题导向—注重实证—合作团队—整体研究。

3. 转变教师教学行为：标准—教学—监测—分析—改进。

4. 转变学生学习状态：兴趣—习惯—态度—能力—品质。

5. 转变教育价值观念：绿色—增值—可持续。

评价的最大价值就是让今天的教育具有未来的意义。未来在哪里，评价就在哪里。

需要导向：习作资源库建设的意义、向度及校本路径

王学进[①]

习作资源库是为了满足教师习作指导需要和学生"读写一体化"需要而分主题、按类别筹建的学习素材库，我们按形态特征将习作资源分为显性资源和隐性资源两大类。显性资源包括按主题系列罗列的名篇名作、优秀习作及相对成熟的教学设计、完整课例、微课、音频、跟主题相关的经典理论、前沿论述等；隐性资源包括学生已有的生活经验，写作的喜好、兴奋点，每一主题写作的困顿点，不同年段学生写作的重难点分析等质性资料。

一、资源库建设的意义

1. 重建教学关系：由传统的授受式走向引领发展的自主探究式

习作教学中，我们提出"从主题阅读走向主题习作"的思想，基于学生前期富有针对性的主题阅读，使学生获得主题习作中需要的写作知识和写作语感，以此开展学生自我探究、自我发现等读写学习活动。我们要求"写作知识"的习得必须来源于经典的主题阅读，是学生经历主题阅读后的发现、归纳与提炼。因此，基于"需要"的习作资源库建设实现了教师的"教"和学生的"学"的相互促进，既满足了教师教学和专业发展的需要，又为学生自主探究与互动交流提供了可能，从教与学两个层面发挥出课程资源的最优效用。

2. 放大教育格局：由静态封闭的经验型走向互享共建的生长型

基于"需要"的习作资源库中的资源不是一成不变的，而是随着教学进程的展开、时代的发展、学生个性化需求的差异而动态调整。此资源库中的资源也不是一个个固化的教学设计、可供教师"拿来主义"的，而是一种类型文章的写作思路、指导意见，从某种意义上说，资源库中的资源为教师

[①] 王学进，江苏省常州市邹区实验小学副校长，高级教师，常州市学科带头人。

提供了一条可供举一反三的教学思路，为学生提供了一条自主阅读、自我发现探究的"学习路径"。

写作不再囿于本位，因"读写融通"格局更宽。习作教学的展开始终遵循"读写互相映照"的思想，教师不局限于"就写作教写作"，而是努力寻找有效的"读写通道"，将生活和阅读作为写作的两翼。生活为学生解决了"写什么"的问题，阅读为学生解决了"如何写"的问题。阅读为更好地写作提供了可能，写作的展开又反哺阅读的品质。读写融通，互相映照，相得益彰。

教师不再因循守旧，因"多体共建"资源更优。基于"需要"的习作资源库里的资源是随着不同的参与主体而动态变化的，这样就确保其针对性和前瞻性。有了教师、家长的共同参与，学生佳作的及时补充，资源便有了"源头活水"，越发优质，富有个性和灵性。资源建设也不局限于班内共建共享，备课组、区域研究共同体都在同筹共建，最大限度地实现了资源共享，加速了区域均衡发展的进程。

资源不再固化沉睡，因"时代发展"流通更快。教师个体不再是教学资源的唯一供给者，某一范围内的研究共同体互通有无、资源共筹，教师、学生、家长都是有效资源的积极贡献者；资源库里的资源会随着教材的修订调整、研究的深入、时代对教育的新诉求、学生群体的差异等因素而进行适时调整，动态建构。

二、资源库建设的向度

1. 建立"协同共建"的运行机制

为确保立足学校、辐射研究共同体的资源库建设可持续、可生长，需成立健全的组织机构。组织机构的确立有两条路径：一是由学校分管教学的校长担任主要牵头人，由分管语文（习作）教学的主任主抓，将教研组长、备课组长凝聚成一个发展共同体，明确分工，有序开发资源，不断丰富资源库；二是以项目研究为抓手，项目负责人为第一责任人，这个项目一般以课题研究、名师工作室为载体，项目负责人所在单位为主体单位，成员所在单位为实践、共建单位。由项目负责人根据资源库的类别明确分工，一起开发，边实践研究，边调整优化资源库资源。共建学校可以以此为抓手，激活学校教师的积极性、创造性，共同参与资源库建设。这样就能以点带面，校与校之间形成"资源共建网"，能在更大范围内服务教师、惠及更多学生。由此而开发出的资源就有着很强的系统性、针对性、可操作性和优势互补性。

2. 选择"实用便捷"的支持载体

写作资源库的建设"无论在内容还是功能上都应充分考虑教育的实际需求，使学生、教师和其他教育工作者能方便及时地获取所需信息"[1]。信息社会，信息传播的载体层出不穷，选择怎样的载体，完全出于"实用、快捷"考虑，公用邮箱、博客、微信群或QQ群、网盘（云盘）各有所长。

公用邮箱可用于存储教学设计、作文、课件、美文、视频、音频等多样化课程资源。教师把课程资源发送至公用邮箱后，便可指导学生在任意时间、地点登录学习。

班级博客可以实现教学资源的广泛应用，博客中主要存放供学生进行主题阅读的名篇美文、学生的优秀习作。"读写一体化"中的"读"不是读单篇文章，而是读有主题的群文，有时还是整本书阅读。大量阅读的时间必须放在课前。文章存储在班级博客的另一好处是学生可根据需要在文章中做批注式阅读。以博客为载体的课程资源库不受时间和空间的限制，可以使教学更有针对性，教学实例更加丰富、生动。

微信群、QQ群可以与计算机、手机相连，因其即时、普遍、简易、实用、高效等特性已成为人们广泛使用的网络通信载体。教师可通过对微信群或QQ群的合理利用变更传统教学模式，师生间需要及时交流、批阅的短小文章可以借此平台实现一对一、一对多、多对多的交流，帮助教师实现维系教学资源、提供课堂互动、实施在线教学、进行课后管理等系列教学行为。

学校网站或云平台是集资源分布式存储、资源管理、资源评价、知识管理为一体的资源管理平台，相比当下众多载体，它是最符合目前教学需要的。[2]习作教学中用到的"完整优课""微课"及音频、视频等资源均可以存放于此，方便教师对课程实施结果进行定量分析和定性分析，找到课堂学习与网络教学的黄金分割点。

借助网络载体,学生可以方便地完成预习、复习、巩固等学习任务,这样既培养了学生独立自主的学习习惯,又为教师节约了备课时间。教师可以将节约下来的时间用于课堂教学研究,从而突破教学时空,实现教学无界化,推动教学信息化发展。

三、资源库建设的校本路径

1. 用好"百宝箱",建设"学材智库"

习作资源库里的资源需要大家共同来建设,而准确把握和满足学生对写作的真实需求是资源库建设的关键。我们每学年面向全体学生,分年级进行问卷调查,全面了解学生对写作的需求情况,抽取出共性的、指向学生写作素养形成的"关键性需求",对其进行归类,成立资源库建设项目组。

项目组的主体立足本校语文教师,协同研究共同体的成员,会同家长,发动学生。会同家长的目的是提高家长对"以读促写"的关注度,形成强有力的"家校共育"运行机制;发动学生参与资源建设的目的是让学生养成广泛阅读、主题式阅读的习惯,通过比较、分析、筛选,锤炼语言,发展思维。学生推荐的资源在某种程度上更加契合他们已有的认知水平,较好地弥补了成人思维的缺陷,让共享的资源更加贴切学生。

主要做法有:以年级为单位,根据写作任务群,放置一个个"百宝箱"(学校内触手可及的实体箱、存于云端的电子箱等)——资源搜集器。箱子上注明要搜集的资料,教师、学生、家长及时将搜集到的优质文章投入其中,每月进行一次汇总,选出具有学习价值的材料,通过QQ群、微信群随时传阅,并汇总积聚于网络平台,使之成为下一届师生利用的有效资源。

资源库里的资源总体上呈逐年递增趋势,因为每使用一届,最新资源也会随之厚实一次。此处的"厚实"不单指量的积累,也指质的优化。厚实的资源为教师优选学材、选择适合本班学生学情的素材提供了"源头活水"。

2. 实施"三课",开播"空中课堂"

本着"共建共享"的理念,鼓励师生积极参与课程资源的开发与实施,

表 1　学生参加劳动实践的情况

	频率/类型					
校内劳动实践情况	频率	没有过	一年一次	一学期一次	一月一次	一周一次
		2.5%	1.1%	7.9%	26.6%	61.8%
	类型（多选）	实践基地学习	学校各类服务岗	职业岗位体验活动	其他	
		42.3%	51.5%	18.6%	38.8%	
校外劳动实践情况	频率	从来没有	1~2次	3~6次	6~10次	10次以上
		24.9%	55.3%	16.3%	2.0%	1.4%
	类型（多选）	社区便民公益服务	文化宣传活动	环保志愿活动	关爱他人服务	其他
		22.7%	23.3%	32.8%	30.9%	52.8%

数据显示，学生校内劳动实践的频率较高，一周参与一次校内劳动实践的比例达61.8%，其中参与最多的是学校各类服务岗与劳动实践基地的学习。学生校外劳动实践的类型虽然也比较丰富，但频次总体较少，有24.9%的学生没有参加过校外劳动实践，参加过3次及以上的学生占比不足20%。初中应是职业生涯体验的起步阶段，有18.6%的学生参加过职业岗位体验活动。此外，分别有38.8%和52.8%的学生参加过选项以外的"其他"校内、校外劳动实践，可见劳动实践类型颇为多样。

（二）家庭劳动实践

初中生已具备较强的自我服务能力，62.1%的学生每周至少3次主动整理自己的生活物品和学习用品。

初中生参与家务情况较好。表2呈现了不同区域、性别学生做家务的频次。40%的学生表示每周至少做三次家务，39.4%的学生表示一周做一两次家务。在每天都做家务的学生中，乡镇农村占比最高（19.2%）。

表 2　全省不同区域、性别学生做家务频次

		每天都做	一周三四次	一周一两次	一月一两次	基本不做
全省		15.7%	24.3%	39.4%	12.3%	8.3%
地域性质	城市	12.8%	22.2%	40.3%	15.0%	9.7%
	县城	12.4%	22.7%	41.6%	14.4%	8.9%
	乡镇农村	19.2%	26.3%	37.5%	9.7%	7.3%

续表

		每天都做	一周三四次	一周一两次	一月一两次	基本不做
性别	男	17.3%	24.6%	36.6%	12.1%	9.4%
	女	14.1%	23.9%	42.2%	12.5%	7.3%

从性别看，每周至少做三次家务的男生占比 41.9%，高出女生 3.9 个百分点。基本不做家务的学生中，以城市学生或男生居多。可见，乡镇农村学生参与家务劳动的情况好于县城和城市学生。

表 3 数据显示，周末有 5.6% 的学生每天都会做"烧饭"家务，26.8% 的学生每月会做一两次"烧饭"家务，39.4% 的学生基本不做"烧饭"家务。

表3　周末学生做"烧饭"家务频次

	从不或几乎没有	每月1次或2次	每周1次或2次	每周3次或4次	每天或几乎每天
全省	39.4%	26.8%	22.6%	5.6%	5.6%

三、实施劳动教育的主要路径

监测数据表明，浙江省初中学校劳动教育路径健全。图 2 呈现了来自教师问卷的学校劳动教育实施情况。

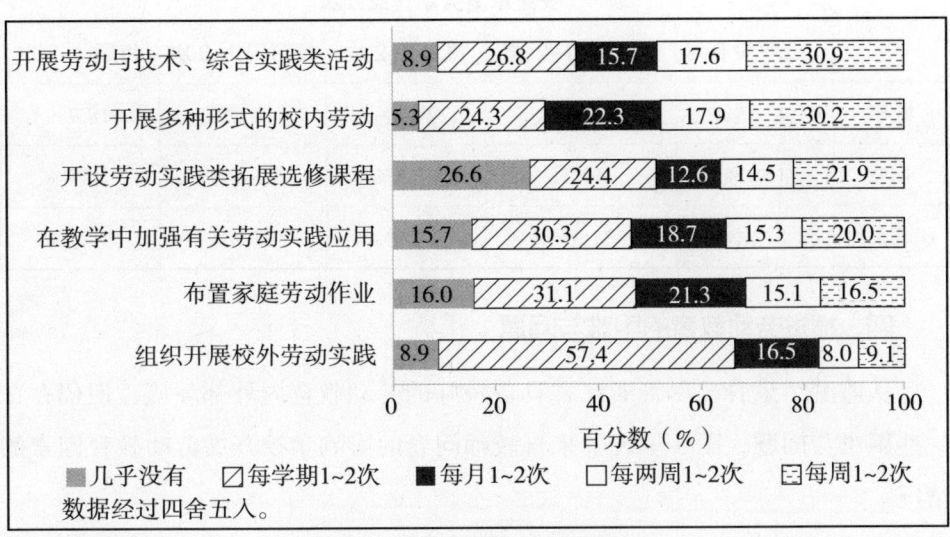

图2　学校劳动实践活动分布

由图 2 可知，学校开展劳动与技术、综合实践类活动的必修课程中，每周 1～2 次占 30.9%、每两周 1～2 次占 17.6%。学校开展卫生保洁、绿化种植、以劳动教育为主题的班队活动、社团、兴趣小组等校内劳动的频次较高，在教师组织学生开展校内劳动的频次上，每周 1～2 次占 30.2%、每月至少 1 次占 40.2%。学校还开设如家政、烹饪、手工、园艺等劳动实践类拓展选修课程来丰富课程内容，开设这些课程的频次是每周 1～2 次占 21.9%，每两周 1～2 次占 14.5%。学校以布置家庭劳动作业的形式，推进并评价家庭劳动教育成效，在给学生布置家庭劳动作业的频次上，每周 1～2 次占 16.5%、每两周 1～2 次占 15.1%。学校组织开展公益活动、志愿服务、以劳动教育为主题的研学旅行和社会实践等校外劳动实践的频次相对较低，每学期 1～2 次占 57.4%，每周 1～2 次占 9.1%。这表明，学校虽然能正常开展劳动实践教育，但其频次相对较低，内容单一，亟须构建起科学的劳动教育课程体系，探索多样化的劳动教育实践路径。

表 4 数据显示，每周 1～2 次安排家庭劳动作业的教师中，城市、县城和乡镇农村占比分别为 18.9%、16.9%、14.5%。可见，城市教师布置家庭劳动作业情况好于县城教师，县城教师好于乡镇农村教师。

表 4　安排家庭劳动作业频次

	几乎没有	每学期 1~2 次	每月 1~2 次	每两周 1~2 次	每周 1~2 次
城市	13.1%	32.1%	21.2%	14.7%	18.9%
县城	16.1%	30.1%	21.5%	15.4%	16.9%
乡镇农村	17.8%	31.3%	21.1%	15.2%	14.5%

四、推进劳动教育的困难与问题

从监测结果看，尽管浙江省具备较好的劳动教育内外部环境，但仍存在一些困难与问题。图 3 呈现了来自教师问卷的影响学校开展劳动教育因素的情况。

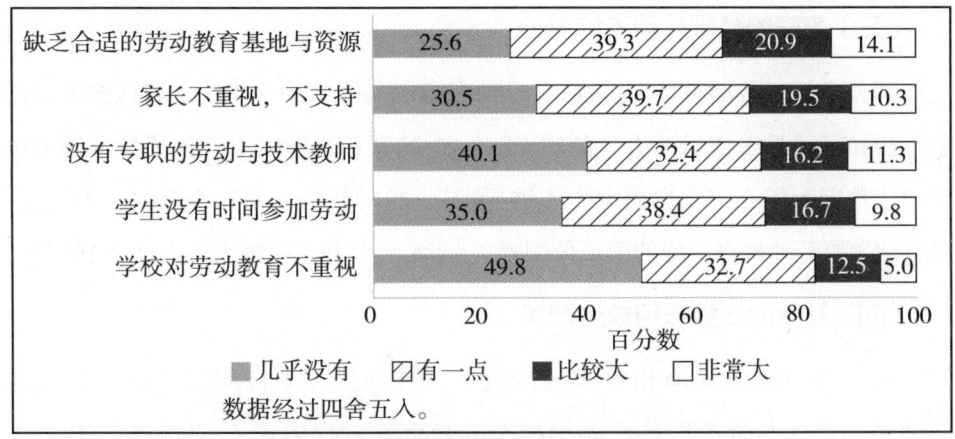

图 3　影响学校开展劳动教育因素的选项分布

从影响"比较大"或"非常大"的频次看,"缺乏合适的劳动教育基地与资源"是首要因素,"家长不重视,不支持"次之,第三是"没有专职的劳动与技术教师"。这表明,初中教师已普遍认识到劳动场地、家长支持和教师劳动教育专业化水平是影响学校劳动教育成效的重要因素。

(一)劳动实践发展不平衡

数据显示,浙江省劳动实践水平总体不高,"优良率"有待进一步提升。劳动实践指数好、较好、一般水平占比分别为 3.4%、50%、46.7%。不同区域的劳动实践水平差异较大,如 A 市劳动实践好、较好、一般水平的占比分别为 4.6%、55.5%、39.9%,B 市相应水平的占比分别为 2.1%、40.8%、57%。不同性质学校劳动实践水平差异较大,民办民工学校劳动实践较好水平的学生占比 71.4%,远远超过公办学校(49.5%)和一般民办学校(48.5%)。

(二)学校的主导作用不够明显

浙江省对劳动教育虽然一直非常重视,但与国家要求的"中小学劳动教育课每周不少于 1 课时"相比仍有差距。有 35.7% 的教师"每学期 1~2 次或从未"开设劳动和综合实践类活动课程,46% 的教师"每学期 1~2 次或从未"在教学中渗透劳动教育,47.1% 的教师"每学期 1~2 次或从未"安排家庭劳动作业。

(三)家庭的基础作用不够充分

部分家长对劳动教育不重视,19.4%的家长持有"中学生的主要任务就是读书,参加劳动是工作后的事"的观点。8.4%的家长之所以不让孩子参加搞卫生劳动,是因为担心"学生搞卫生不够干净"。教师认为"家长不重视,不支持"是影响学校劳动教育实施的第二位因素("非常大"和"比较大"占比29.8%)。

(四)社会的支持作用缺位严重

校外劳动实践基地和实践场所较少,教师认为学校周边"缺乏合适的劳动教育基地与资源"是影响学校劳动教育的首位因素("非常大"和"比较大"占比35%),持这一观点的乡镇农村教师(37.7%)高于城市教师(32.1%)。可见,乡镇农村更缺乏校外劳动实践基地与资源。另一数据表明,57.7%的学生未参加过生产劳动,81.4%的学生未参加过职业岗位体验活动。据调查,缺少相关劳动场所是导致学生校外劳动实践活动无法正常开展的主要因素。

五、劳动教育与学生发展的关系

如表5所示,将劳动实践指数与责任感、学习动力、运动健康、自我认知、家庭教育、师生关系、亲子关系、兴趣爱好、家长参与、同伴关系等监测指数做相关性分析,结果显示,各监测指数与劳动实践指数之间具有显著的正相关,且劳动实践指数与责任感指数相关性最高。

表5 监测指数与劳动实践指数的关系

指数	相关系数
责任感指数	.352**
学习动力指数	.278**
运动健康指数	.256**
自我认知指数	.255**
家庭教育指数	.218**

续表

指数	相关系数
师生关系指数	.215**
亲子关系指数	.214**
兴趣爱好指数	.207**
家长参与指数	.178**
同伴关系指数	.173**

** 相关性—在 0.01 层上显著

责任感是指学生通过履行一定符合规范的行为来对自己、他人、集体和社会负责的过程，包括履行义务、职责和其他的要求。一方面，责任感强的学生，往往参加的劳动实践也多；另一方面，劳动实践活动恰恰又是提升学生责任感的良好载体，通过劳动实践活动可以强化学生的担当精神，培养学生的责任意识及形成勇敢、坚毅的品质。

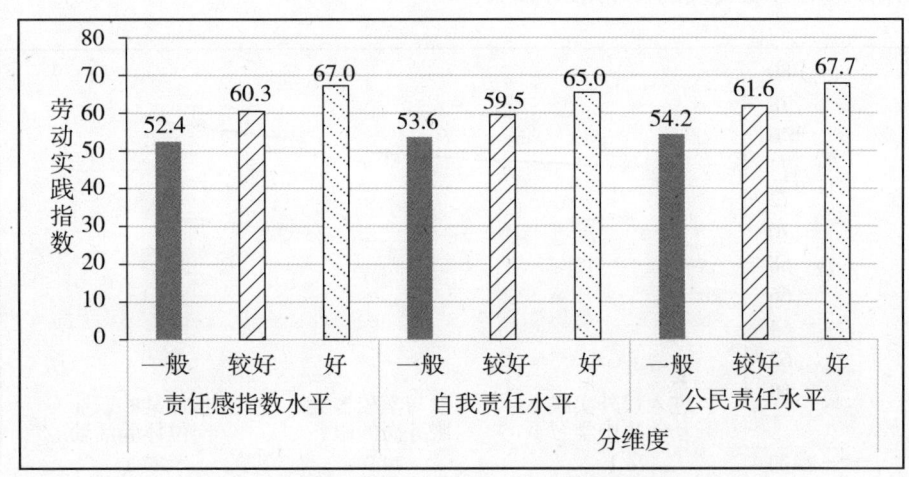

图 4　不同责任感水平下的劳动实践指数得分

由图 4 可知，随着责任感指数水平的提升，劳动实践指数得分越来越高，两个分维度也有类似结论。"公民责任"各水平对应的劳动实践指数得分均高于"自我责任"各水平。可见，公民责任意识对劳动实践的影响相对较大。

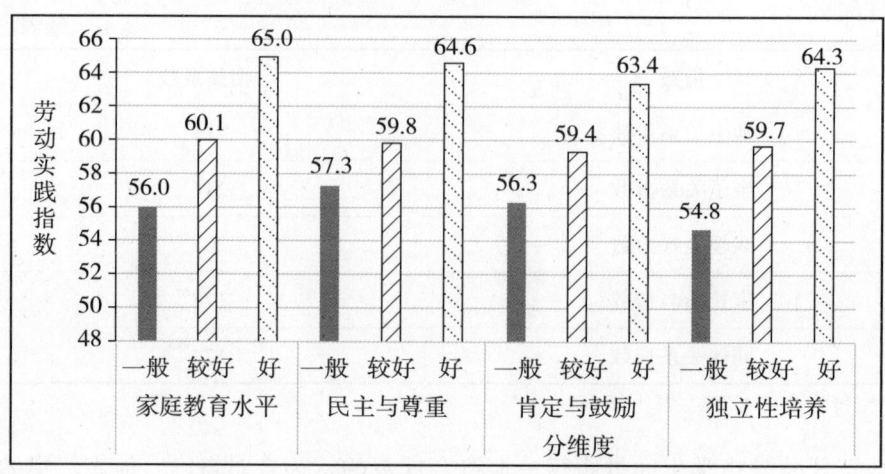

图5 不同家庭教育水平下的劳动实践指数得分

由图5可知,随着家庭教育水平的提升,劳动实践指数得分越来越高,三个分维度也有类似结论。"民主与尊重"各水平对应的劳动实践指数得分均高于"肯定与鼓励"和"独立性培养"各水平。可见,"民主与尊重"的家庭教育方式对劳动实践的影响相对较大。

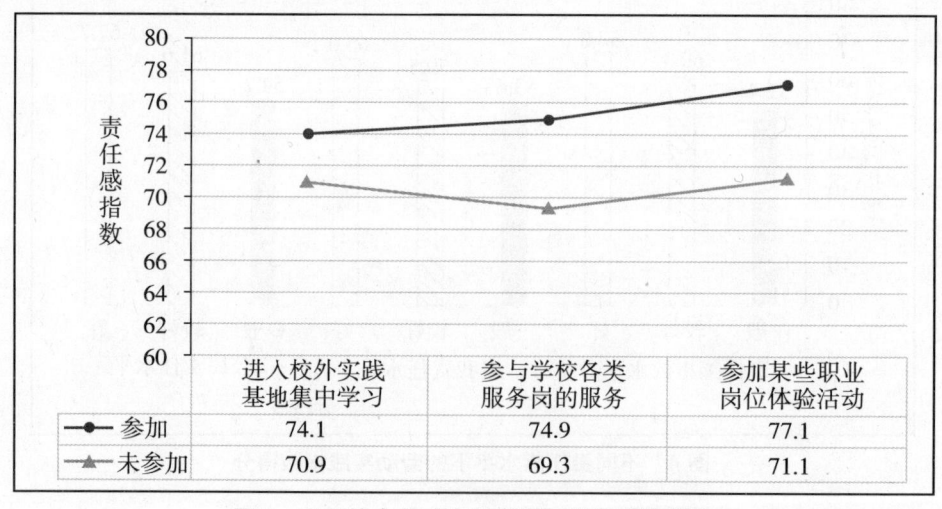

图6 不同校内劳动实践类型与责任感的关系

由图6可知,从学校组织的各类型常规校内劳动实践活动参加情况与学生责任感关系看,参加校内活动的学生责任感指数得分远高于未参加校内活动者,且参加职业岗位体验活动更有助于责任感的形成。

由图 7 可知，从学校组织的各类型常规校外劳动实践活动参加情况与学生责任感的关系看，参加校外活动的学生责任感指数得分远高于未参加校外活动者，且参加社区便民公益服务或文化宣传活动更有助于责任感的形成。

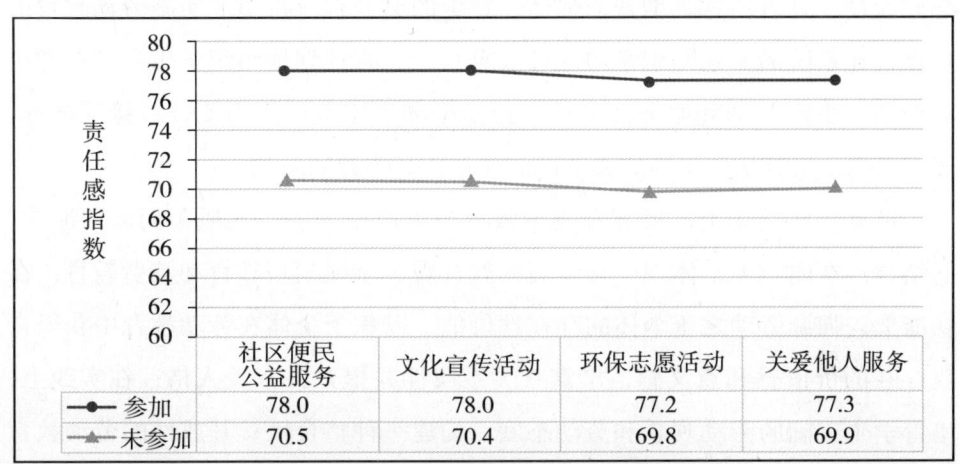

图 7　不同校外劳动实践类型与责任感的关系

劳动教育具有树德、增智、强体、育美的综合育人价值，充分挖掘其促进学生健康成长的隐性价值具有重要意义。事实上，劳动教育不仅要有物质层面的呈现，而且要有精神层面的升华，应重视培养学生的劳动素养。例如，学生在做家务的过程中，学会了自己管理时间，统筹协调了家务与学习的关系，做事短时高效。学生承担力所能及的家务劳动，培养了独立意识和克服困难的能力，体会到劳动的艰辛，更加珍惜劳动成果；感受到劳动的乐趣，形成积极的劳动态度。

六、对策与建议

基于本次监测结果和对浙江省当前劳动教育现状的分析，下面对全面推进初中生劳动教育提出三条建议。

（一）赋予劳动教育新内涵

监测数据表明，劳动教育对学生"责任感"的形成有积极的促进作用；也有研究表明，"责任感"和"学习动力"对学生学业成绩具有显著的正向作

基于核心素养、着眼未来的学习

用。可见，有必要赋予原有的劳动教育以新的内涵。

中共中央、国务院《关于全面加强新时代大中小学劳动教育的意见》（以下简称《意见》）指出：劳动教育是国民教育体系的重要内容，是学生成长的必要途径，具有树德、增智、强体、育美的综合育人价值。实施劳动教育的重点是在系统的文化知识学习之外，有目的、有计划地组织学生参加日常生活劳动、生产劳动和服务性劳动，让学生动手实践、出力流汗，接受锻炼、磨炼意志，培养学生正确的劳动价值观和良好的劳动品质。

可见，在立场上，要充分实现教育与生产劳动的"实质"而非"形式"的结合；在内容上，体现一种发展的教育观，重视闲暇教育和消费教育；在功能上，强调劳动之于个体的存在性价值，以赋予个体在劳动教育中获得自我存在的价值感和意义感，丰富其关系属性并提升其审美人格；在实践上，培育学生正确的劳动观念和劳动态度，构建一种整合性、开放性的劳动教育实践体系。这样的劳动教育看重的是劳动素养的培育，而不能只简单理解为开设劳动课。教育方针中所提的德、智、体、美、劳都是素养概念，它们并不对应具体学科，即不能说"德"对应于德育学科，也不能把"体"看成体育课完成的任务。同样道理，学生的劳动素养不只在劳动课中养成，家校的日常打理、班级的卫生轮值、环境布置，学科教学的实物计量、实地调查，各种综合实践课的实践活动，都有劳动素养的培育功能。

初中生正处于青春期，生理上的日渐成熟促使其在心理上寻求独立自主，对父母的依赖逐渐减少，希望摆脱父母的"控制"。但他们在学习和生活中也面临着很多的挑战和问题，仍然需要家长的支持、陪伴和指导。所以，家长需要转变教育角色、调整教养方式，给予孩子信任和理解，及时提供帮助和指导，在劳动教育中渗透责任意识的培养，激发孩子的学习动力。

（二）构建劳动教育评价指标体系

学校应把劳动教育纳入教学计划，设置劳动课程，培养劳动素养，不断完善劳动教育的方案和保障制度，实施劳动教育精细评价。对照《意见》制定出具有区域特色的劳动教育评价指标体系。例如，课程设置一般包括劳动必修课、劳动拓展课、劳动周、学科渗透等,教学实施包括教学内容、教学形式、教学资源和教学评价等,保障机制包括制度保障、师资保障、经费投入和安全保障等,劳动素养包括劳动观念、劳动知识与技能、劳动习惯和劳动实践能力等。课程设置上也可借鉴国外成熟经验,如日本的劳动课程包括家政课、午餐教育和田地教育;德国的劳动课程包括技术、经济、家政和职业技术;芬兰的劳动课程包括手工课、家政课、编程课程及综合课程等。

探索建立劳动教育评价实施策略,推行问题清单、任务清单和责任清单来规范和评价劳动教育。对照评价指标体系查找学校劳动教育中存在的问题,列出清单,并采取有效措施积极改进;依据学生的身心特征以及本地、本校的实际情况,分类型、分项目详细制定开展日常生活劳动、生产劳动和服务性劳动的任务清单,以增强劳动教育的针对性和可操作性;建立责任清单,落实劳动教育责任制,明确各级政府、学校、家庭、企业、社区等各相关部门的主体责任,必要时建立劳动教育负面清单。

同时,将学生平时劳动的结果纳入个人综合素质评价,教育督导部门则将学校劳动教育结果纳入对学校的发展性考核,以促进劳动教育目标的有效达成。

(三)建设劳动教育支持系统

劳动教育要渗透到学校德、智、体、美各育之中,离不开家校合作和社会支持。因此,要加强学校、家庭和社会协同开展劳动教育,确保劳动教育有效落实。

学校是劳动教育主阵地。学校要重视校内外结合的实践基地的开发和利用,梳理学校劳动教育的场地,保证每个班级在校内有劳动实践区,有若干可供学生劳动实践的场地,有可供开展创新性劳动学习活动的专用教室。教师要充分利用课堂这一主阵地对学生进行劳动教育,使其形成正确的劳动价值观;要对班级中热爱劳动、劳动能力强的学生进行表扬,鼓励其他学生向他们看齐。学校要开展相关活动激发学生的劳动兴趣,如举办植树节活动、小制作竞赛等,这既有利于变被动劳动为自觉劳动,又可以提高学生动手动脑能力。

家庭是劳动教育的练兵场。学校的劳动教育以面向集体为主，缺乏针对性，这就需要家庭与学校合作，实现劳动教育的全员化、个性化。在家庭教育中，应培育孩子的劳动精神以锤炼其勤劳向上的品格，培养孩子的劳动习惯以激发其热爱生活的态度，训练孩子的劳动技能以提升其实践创新能力。家长应配合学校促进学生劳动技能的培养，可区别于学校课程的专门培养，灵活地安排家务劳动内容，在基本家庭活动中引导孩子学会自理技能和劳动技能，如"会烧饭菜""会洗补衣服""会种园""会修理"等，既能拓展学校教授的劳动内容，又能根据家庭特点对孩子进行补充培养。教师也可以布置家庭劳动作业，助力形成家校教育合力。

社会是劳动教育实践台。学生最终要在社会中生存，学校和家长都应组织学生多参与社会实践活动，校外实践劳动既培养了学生吃苦耐劳的精神，又增强了他们的服务意识和责任担当，这是学校和家庭劳动教育的延伸。加强社会联动，充分挖掘、利用社会各个机构和组织给学生提供的劳动教育场所，促使各类劳动教育实践基地、研学旅行营地以及其他社会资源联动。各级培训部门要组织劳动教育的专项培训班，更好地推动劳动教育师资队伍建设。只有学校、家庭和社会形成教育合力，才能使劳动教育经常化、日常化。

法国哲学家卢梭认为："一个小时劳动教育给他的，比终日向他讲述所记住的东西还要多。"期待劳动教育越来越实至名归，在校园、在家庭、在全社会蔚然成风，在学生心中生根、发芽、枝繁叶茂；更期待学生"劳力劳心，亦知亦行"，对知识躬身修行、用身体"丈量"世界，多动手实践、多出力流汗，在接受锻炼、磨炼意志的过程中，享受到劳动的快乐与成就，用双手成就美好的人生。

区域监测视角下家庭教育行为的数据分析
——基于2017年苏州市义务教育学业质量监测数据的家庭教育研究

解问鼎[①]

苏州市教育质量监测中心在教育部基础教育质量监测中心、北师大中国基础教育质量监测协同创新中心的支持下，于2017年9月组织实施了全市第三次义务教育学业质量监测。

监测年级包括初中七年级、八年级和九年级，全市范围内共有157所初中校经过科学抽样成为样本校，其中初一学生42674名、初二学生33936名、初三学生30696名。

本次监测通过对10个市（区）初中抽测，获取学生在语文、数学、英语和科学四门学科的学业表现，以及学生学习状态、心理健康、家庭环境、学校环境等相关因素，以期全面了解苏州各区域初中学业质量状况、影响因素状况和作用机制。

在本研究中，学生的总体学业水平以量尺分数的形式呈现。量尺分数是根据学生的作答情况，采用项目反应理论模型得到学生能力分数后再转换成的测验标准分数。量尺分数具有不受测试题目差异和题目难度影响的特点，从而使得同一年度中以及不同年度间完成不同题本的学生分数具有可比性。相关因素问卷采用SPSS17.01进行数据分析，并对相应变量进行描述统计与相关性分析。

一、监测结果与分析

本文通过分析2017年监测数据，并与前两年监测结果进行纵向比较，除了在学生阅读方面有新发现外，在学生参加课外辅导方面也发现诸多问题。

[①] 解问鼎，江苏省苏州市教育质量监测中心数据部副主任。

以此为线索，本文分析挖掘影响学生学业成绩的关键因素，以便总结经验、发现问题、精准施策。

（一）学生阅读情况以及阅读与学业成绩的相关性分析

1. 超过九成初中生都喜欢阅读

监测数据显示，初一、初二、初三学生选择非常喜欢阅读和比较喜欢阅读的比例分别是92.2%、91.7%、89.4%。整体来看，苏州初中生喜欢阅读的比例超过九成，而比较不喜欢和非常不喜欢阅读的初中生约占一成，这与各级各类学校以及家长对孩子阅读的重视程度是分不开的（图1）。

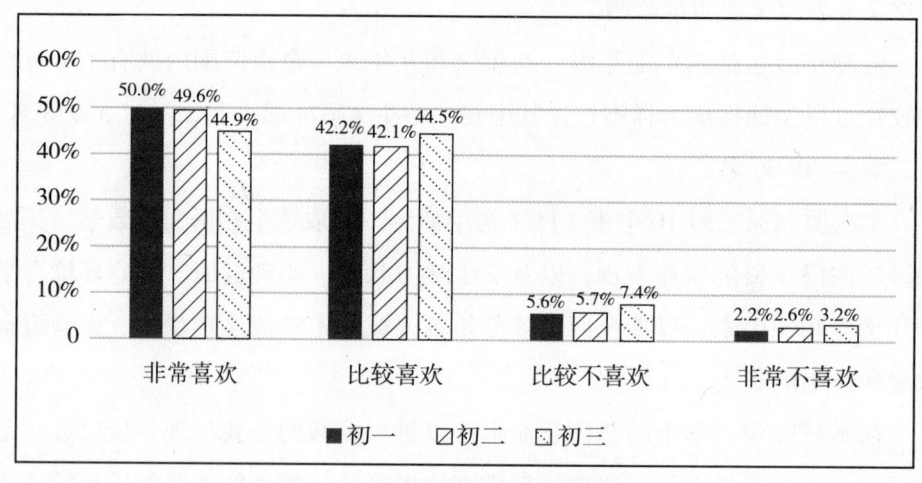

图1 初中生喜欢阅读的占比情况

2. 总体来说，苏州初中生越来越喜欢阅读

对初中生非常喜欢阅读和比较喜欢阅读占比情况的统计，可以直接反映出学生喜爱阅读的程度，同时通过对不同年份同一年级学生喜爱阅读程度的比较，能够反映出各中小学校对于培养学生阅读兴趣的效果。

监测数据显示，2016年初一学生非常喜欢阅读的比例是52.8%，比2015年初一学生增加了4.3个百分点。同时，2017年初二学生非常喜欢阅读和比较喜欢阅读的比例是91.7%，相比2016年初二学生非常喜欢阅读和比较喜欢阅读的比例也有所增加，尤其是非常喜欢阅读的学生，2017年初二学生有

49.6%，明显高于 2016 年。

这一进步是基于前两年对初中学生阅读情况监测结果运用的成果。2015—2016 年，苏州各区域、各学校所申报的监测结果运用的案例中，阅读案例有 11 个，2016—2017 年仅阅读案例就有 45 个。苏州各中小学校基于每一年的监测结果，认真分析和研究提高学生阅读素养的途径，对学生阅读的重视程度越来越高，学校开展的阅读活动也更加多样和丰富；同时，家长对孩子阅读的关注和陪伴阅读也是苏州初中生阅读兴趣提高的重要原因。

3.学业成绩好的学生普遍喜爱阅读

本次监测结果显示，学生的阅读喜好与学业成绩之间有着密切的关系。监测结果呈现出初中生的学业成绩随着阅读兴趣的降低而降低的特征，而非常喜欢阅读和比较喜欢阅读的初中生，各科学业成绩明显好于比较不喜欢阅读和非常不喜欢阅读的孩子的成绩。

通过对学生喜欢阅读的程度与语文学科学业成绩的分析发现，非常喜欢阅读的学生，语文成绩最高，与非常不喜欢阅读的学生相比，语文成绩的分差均超过了 75 分（图 2）。

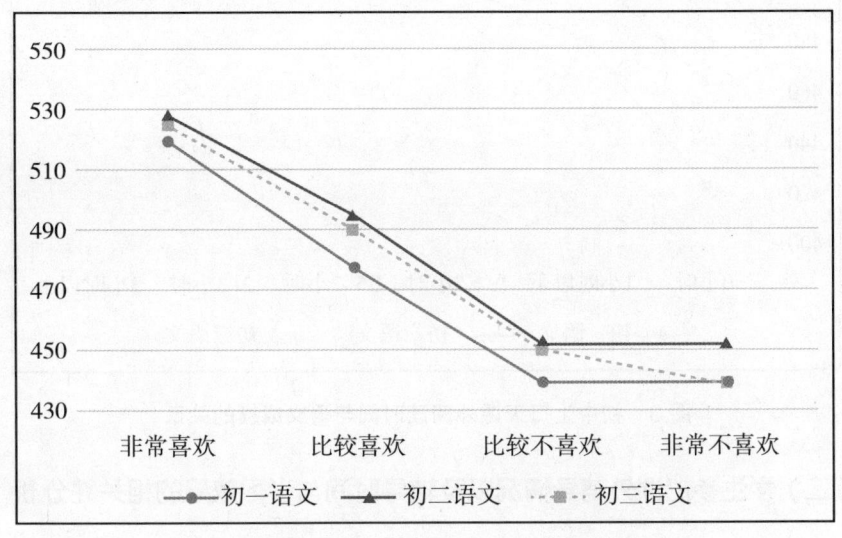

图 2 学生喜欢阅读程度与语文学业表现比较

以 2017 年初一学生为例,非常喜欢阅读的孩子,他们的语文、数学、英语和科学的平均得分最高。其中,非常喜欢阅读的孩子语文平均成绩 519.3 分,非常不喜欢阅读的孩子语文平均成绩 438.6 分,两者分差达到了 80.7 分。

4. 学生每天阅读时间与学业成绩呈倒 U 型关系

除阅读喜好外,监测还发现学生平均每天阅读课外书或杂志时间的长短也与其学业成绩之间存在着一定的关联。整体来看,初中生每天的课外阅读时间与语文、数学、英语以及科学四门课的学业成绩都呈倒 U 型相关。

以语文学科为例,初一、初二学生平均每天阅读 1.5 ~ 2 小时,语文成绩得分最高,初三学生平均每天阅读时间在 1 ~ 1.5 小时以及 1.5 ~ 2 小时的时候,学生的语文成绩最好。但是不管是初一、初二,还是初三年级,平均每天阅读 3 小时以上,语文成绩都相应地降低(图 3)。显然,阅读时间过短的学生学业成绩相对较差,但也并非花费在阅读上的时间越长学生的学业成绩就越好,过长的阅读时间在一定程度上反而会影响到学生的学科学习时间。

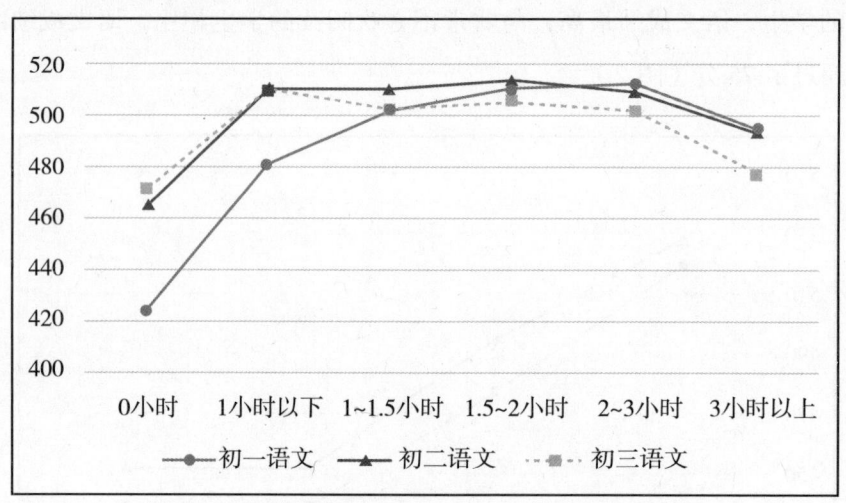

图 3 初中生每天课外阅读时间与语文成绩的关系

(二)学生参加课外辅导情况以及辅导时间与学习效果的相关性分析

1. 平均一半初中生参加课外辅导

对初中生的课外辅导情况统计显示,初一年级至初三年级参加课外辅导的学生比例分别是 48.4%、60.5%、64.7%，即有一半以上的初中生参加课外辅导。尤其是初三学生，参加课外辅导的比例最高。

2. 学生参加课外辅导班以自我要求和家长意愿为主

数据统计发现，初中生选择参加课外辅导班大多是家长要求以及学生自己希望参加，教师要求学生参加课外辅导班的比例很小，说明苏州各学校的教师能够理性看待课外辅导，未对现在社会过热的课外辅导起推波助澜的作用。并且随着年级增长，家长要求学生参加课外辅导的比例在依次降低；初三学生自己希望参加课外辅导的比重有所上升（图4）。

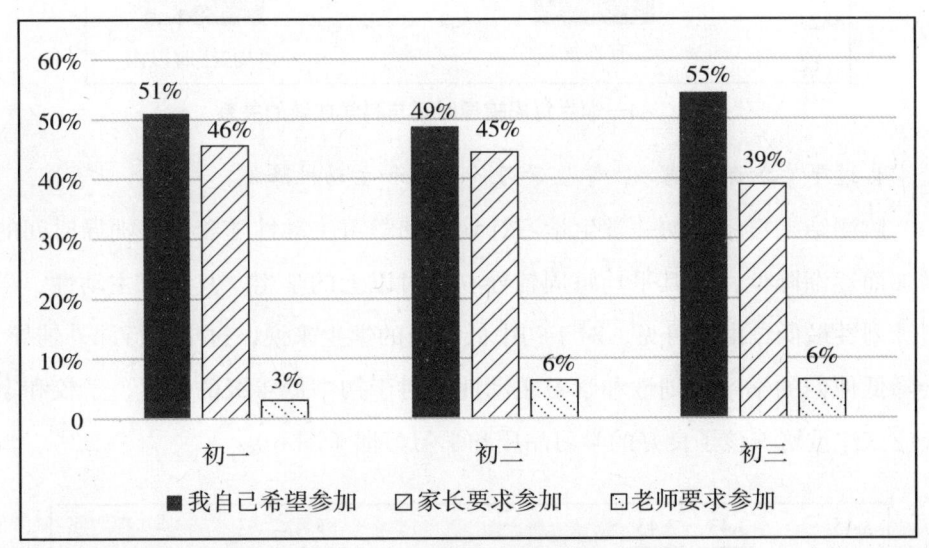

图4　初中生参加课外辅导班的原因

3. 并非辅导时间越长，学业成绩就越好

数据显示，12.1%的初三学生每周课外辅导超过6个小时、9.3%的初二学生每周课外辅导超过6小时、7.8%的初一学生每周课外辅导超过6小时。但是，在对课外辅导时间与各科成绩的关系进行分析发现，并不是辅导时间越长，各科成绩越好。以初一学生为例，没有参加辅导的学生，平均科学成绩是493.9分，而每周辅导2小时以内的学生，平均科学成绩是486.7分，成绩并未明显提高，反而降低（图5）。

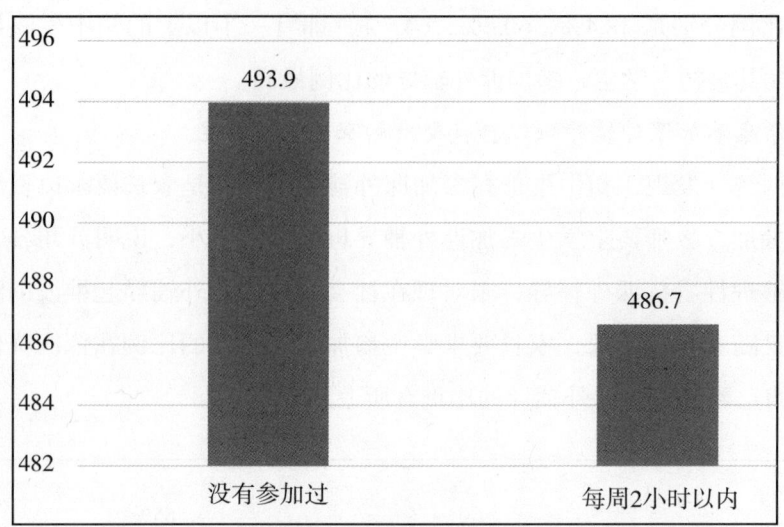

图 5　初一学生每周辅导时间与科学成绩的关系

4. 过早参加课外辅导，学生学习计划性和主动性降低

监测结果显示，初一学生学习计划性和学习主动性随着课外辅导时间的增加而逐渐降低，尤其平均每周辅导 6 小时以上的学生，其学习主动性、学习计划性最低。由此可见，对于初中低年级的学生来说，过早进行课外辅导，会降低他们的学习计划性和学习主动性。对于初中低年级的学生，学校和家长应该注重培养孩子良好的学习品质和学习习惯（图 6）。

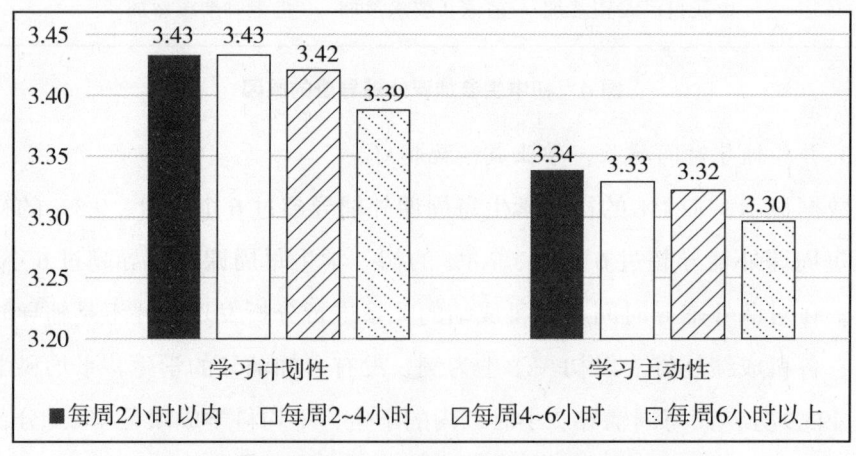

图 6　初一学生学习计划性、主动性与课外辅导关系

5. 学业心理压力与课外辅导时间呈正相关

监测结果显示，初中生学习心理压力随着辅导时间的增加而增加。初中三个年级学生均呈现课外辅导的时间越长，学生学习心理压力越大的现象。尤其是平均每周辅导时间在6小时以上的初中生，学习心理压力最大。通过初中生学习心理压力高分组人数比可以看出，平均每周辅导6小时以上，学生心理压力在高分组所占人数比例最多，约是没有参加课外辅导学生的三倍。

（三）影响学生学业发展的相关因素分析

1. 有父母陪伴阅读的孩子学业成绩更好

监测结果显示，父母经常陪伴孩子阅读，学生的语文、数学、英语、科学各科得分都最高，父母在家不阅读的孩子各科得分最低。以数学学科为例，对父母在家不阅读、从不陪伴阅读、有时陪伴到经常陪伴阅读这四种情况分析发现，孩子的数学成绩依次呈增长趋势（图7）。

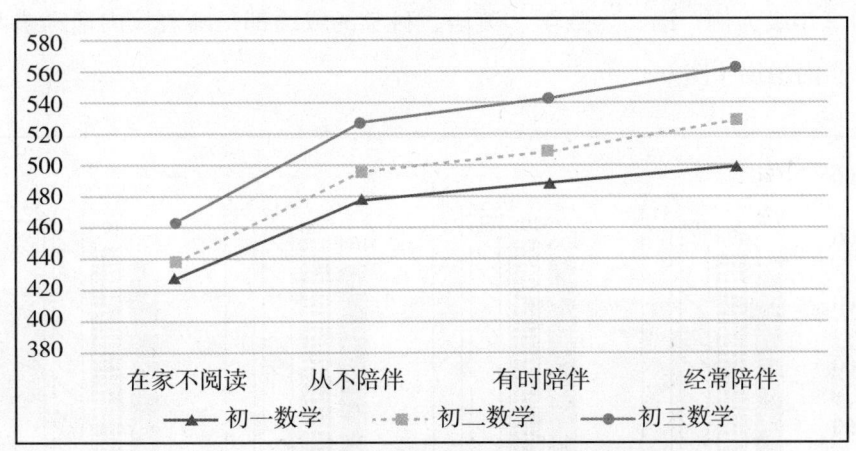

图7 父母陪伴阅读与孩子数学成绩的关系

2. 学习习惯、学习兴趣和自尊水平与学业成绩的相关性最高

根据2017年学业质量监测数据分析显示，与学业成绩相关性最高的指标均包括学习习惯、学习兴趣和自尊，其中初二、初三年级这三个指标相关性均排位靠前且基本稳定（图8），其中，学习习惯的相关性明显高于学习兴趣和自尊水平，这充分说明学习成绩好尤其需要学习习惯好。

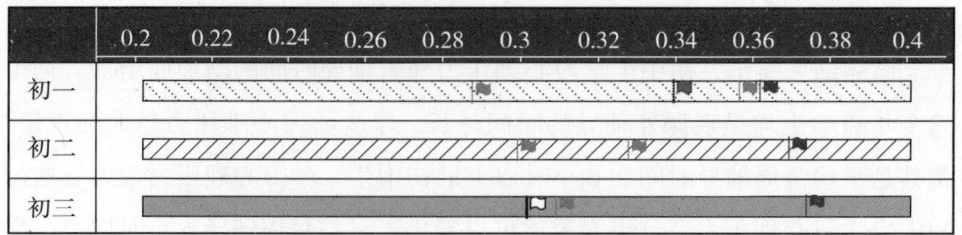

图8 初中学生学习行为特征与学业成绩的相关性

将初中学生学业成绩按照前25%、25%—50%、50%—75%和75%—100%分为Ⅰ、Ⅱ、Ⅲ、Ⅳ四个水平。可以看出，学业成绩越好，在学习习惯、学习兴趣和自尊水平上的得分也越高，三个因素与学业成绩之间存在着正向相关关系。

3. 校内活动参与度越高，孩子学习成绩越好

监测结果显示，学生的校内活动参与度越高，学生的各科成绩反而越好。以初三年级为例，语文、数学、英语、科学的成绩都是随着校内活动参与度的升高而增加（图9）。

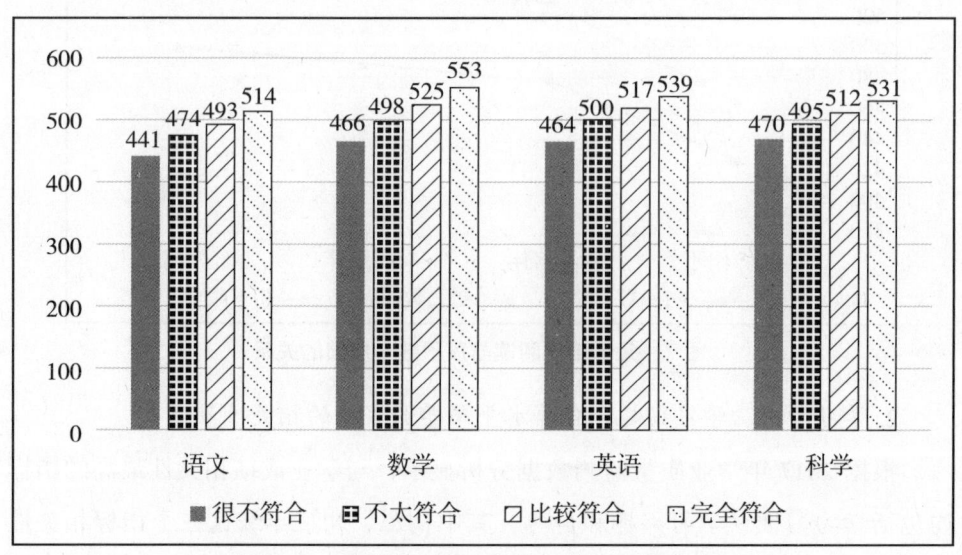

图9 初三学生参与校内活动与各科成绩的关系

二、启示与建议

监测的工具价值在于诊断预警，而终极目的在于改进提升。监测数据的深度挖掘可以帮助各级政府、教育部门和社会各界树立全面、科学的教育观，进而改进教育行为，共同推动区域教育质量的提升。基于监测结果，得到如下启示和建议。

（一）丰富课外阅读，助力学业进步

通过监测发现，苏州初中生越来越喜欢阅读，这一进步离不开苏州各中小学校及家长的努力，值得肯定。同时，数据显示，学业成绩越好的学生越喜爱阅读，每天的阅读时间也与学生的各科成绩密切相关，因而，学校和家长应该重视孩子的阅读，丰富学生课外阅读的内容和阅读方式。但是，由于学生每天阅读时间与学业成绩的关系呈倒 U 型，所以家长需要对孩子的阅读时间进行合理的引导和规划。此外，有父母陪伴阅读的孩子学业成绩更好，这一监测结果启示我们：父母应主动地参与到孩子的阅读之中，经常陪伴孩子阅读，才能使孩子养成良好的阅读习惯，提高阅读质量，进一步助力学业的进步。

（二）科学看待补习，减轻课业负担

本次监测数据显示，初中生的课业负担比较重，课外补习的学生近一半，其中课外补习人数最多的是初三年级的学生。但是，并非辅导时间越长，学业成绩就越好；过早参加课外辅导，学生学习计划性和主动性降低。因而，基于本次监测结果所反映的课外辅导问题，建议家长和学生正确看待课外补习，避免"校内减负、校外增负""教师减负、家长增负"等新问题出现。家长要给学生创设更丰富的课外活动内容，与学校共同探索适合学生的科学有效的学习方法，提高学生的学习效率。

（三）正视社会实践，成就全面发展

在很多家长的观念里，专心学习才能提高成绩，因而不愿意孩子在学校里做一些与学习无直接关系的事情。但是监测结果显示，经常参加一些校内

外实践活动，或者为班级做些服务性、实践性的事情并不会影响孩子成绩，反而会使孩子学习成绩更好。着眼学生的长远发展，丰富的实践活动可以帮助学生构建丰富的社会关系，为学生实现自身全面发展积累丰富的实践体验。所以，父母应该正视学生参与校内外活动的价值，在注重孩子学习的同时，也应该鼓励孩子多参加各类社会实践活动，让孩子拥有全面发展的机会。